태양 아래 모든 것

Everything Under the Sun © 2012 by David Suzuki and Ian Hanington
First Published by Greystone Books, an imprint of D&M Publishers Inc.
2323 Quebec Street, Suite 201, Vancouver, BC, V5T4S7, Canada
All rights are reserved.

No part of this book may be used or reproduced in any manner whatever without
written permission except in the case of brief quotations embodied
in critical articles or reviews.

Korean Translation Copyright © 2016 by RHODOS PUBLISHING CO.
Korea edition is published by arrangement with Greystone Books
through JS CONTENTS

이 책의 한국어판 저작권은 JS 컨텐츠를 통한 저작권자와의 독점 계약으로 로도스에 있습니다.
신저작권법에 의해 한국 내에서 보호를 받는 저작물이므로 무단전재와 복제를 금합니다.

태양 아래 모든 것

지구의 생태 미래를 위하여

데이비드 스즈키 · 이언 해닝턴 지음 │ 우석영 옮김

로도스

서문

아마도 100년은 긴 시간이 아닐 것이다. 하지만 지난 세기를 돌아볼 때 우리는 상상할 수 없을 정도의 변화가 있었음을 발견한다. 인구는 약 15억 명에서 70억 명으로 기하급수적으로 증가했다. 사람들은 시골에서 도시로 거처를 옮겼고, 오늘날 절반이 넘는 인류는 이미 도시에서 살고 있다. 산업화된 국가의 경우 전체 인구의 약 80퍼센트가 이미 도시인이다. 자동차를 비롯한 여러 놀라운 기술 진보 덕분에 그럴 수 있었고, 또한 다른 많은 일들도 할 수 있었다. 하지만 그 기술에 너무나 깊숙이 연루되었고, 그리하여 우리가 설계한 도시 중 많은 곳은 사람이 아니라 자동차를 위한 도시가 되고 말았다. 지식과 발명품 들은 인구 증가 속도에 발맞출 수 있었다. 하지만 이것이 의미하는 바는, 때때로 그 지식과 발명품 들이, 좀 더 합리적으로 계획할 수 있는 우리의 능력을 앞질러 출현했다는 것뿐이다. 또 오늘날 우리는 더 많이 소비하고, 폐기하며, 오염시키고, 더 많은 지구 자원을 사용하며 살아가고 있다.

이해할 만한 일이지만, 많은 사람들은 그리하여 우리 자신을 어디로 내몰았는지에 대해 두려운 마음으로 성찰하고 있다. 하지만 귀를 틀어막고 콧노래를 부른다거나 모든 것이 아무렇지도 않은 듯이 행동한다면, 이 곤경에서 절대 벗어날 수 없다. 위대한 과학자 알버트 아인슈타인은 이런 말을 남겼다. "문제가 발생했을 때 우리가 활용했던 사고(思考)와 동일한 사고로는 문제를 해결할 수 없다." 인류는 창의적이며 적응에 능하다. 만일 더 밝은 미래를 창조해야 한다면, 반드시 그 미래를 상상해야만 한다. 하지만 그때 우리는 새로운 사고방식과 지각방식을 적용해야만 할 것이다.

어떤 이들은 우리가 불러일으킨 문제들이 극복할 수 없는 것이라 생각하기도 한다. 그들은 우리의 현 시스템과 인프라가 너무 견고히 구축된 탓에, 이제껏 해온 대로 기업 활동을 유지하는 것 외에 다른 일을 도모한다는 건 불가능하다고 믿는다. 하지만 이는 어리석은 믿음이다. 현대식 주거 공간과 경제는 대부분 화석연료를 기반으로 만들어졌다. 교통, 상품, 서비스를 위해, 그리고 인간에게 편리와 제품을 제공해주는 에너지를 위해 활용되어온 그 연료 말이다. 화석연료 과다 사용이 낳은 문제들(환경오염, 기후변화, 수질오염, 생태계 교란, 지정학적 불안, 사회적 불평등)과 씨름할 필요가 없다 할지라도, 화석연료의 공급이 무한하지 않다는 사실을 여전히 기억해야 한다. 고갈되기 전일지라도, 화석연료는 점점 더 접근이 어렵거나 추출비용이 더 많이 드는 지역에서 발견될 것이다. 심해 채광이나 타르 샌드가 그러한 예다.

금융 시스템은 인구 팽창, 수요 팽창의 속도에 발맞추고자 단기간에 발전했다. 하지만 그 시스템은 이미 수요를 활용하기 위한, 심지어는 허위의 수요를 창조하기 위한 수단으로 변질되고 말았다. 세계 시장은 단순히 사람들에게 상품과 서비스를 생산, 공급하는 데에만 머무르지 않는다. 세계 시장은 이윤 증대를 목표로 하며, 이러한 사태는 어마어마한 부의 불평등을 야기하고 있다. 그리고 이러한 사정은 우리를 어떤 부조리한 상황에 몰아넣고 말았다. 즉, 실제로는 필요하지도 않은 상품들을 생산하려고 더 많은 시간을 들여 일하고, 그러한 상품들을 더 많이 사려고 더 많이 돈을 버는 상황 말이다. 이는 끝없는 성장 그리고 유한한 지구의 유한한 자원을 무한히 착취하는 시스템 구축으로 이어졌다.

좀 더 간단히 말하지면, 이러한 사태는 더 이상 합리적이지 않다.

이러한 경제 시스템이 얼마나 새로운 형태의 시스템인지, 고장난 경제 시스템이 얼마나 빨리 개선될 수 있는지, 우리는 자주 망각한다. 그 어떤 휴가나 혜택도 없이 일주일에 6일, 하루에 12시간 또는 그 이상 노동했던 시절로부터 분명 진보를 이룩해왔지만, 오늘날에도 여전히 그 시절의 일부 구태의연한 사고방식을 버리지 못한 채 살아가고 있다. 우리는 역사로부터 배워야 한다. 미국과 같은 '문명화된' 국가의 지도자들 중 다수가 노예제는 경제에 필요불가결하다고 믿었던 것은 지금으로부터 그리 멀지 않은 과거의 일이다. 하지만 수많은 이들은 인권과 인간 존엄이 인공적인 경제 시스템보다 더 중요하다는 점을 인식했고, 그리하여 노예제 폐지를 위한 투쟁을 성공으로 이끌 수 있었다. 그리고 놀랍게도, 노예제 폐지는 경제를 파괴하지 않았다!

과거의 수많은 투쟁과 마찬가지로 지구를 보호하는 일은 사회정의 의제와 불가분의 관련을 맺는다. 불평등, 가난, 전쟁은 자주 환경 문제를 야기하거나 악화시킨다. 오늘날 전 지구적 규모의 인간 착취와 자원 착취로 인해 산업화된 국가의 국민들은 지속 불가능한 질 높은 삶을 누린다. 좀 더 간단히 말해, 오늘날 우리의 소비량은 지나치게 많다. 또 환경 재앙이 닥칠 경우 살아남을 가능성이 거의 없는 이들이 대규모 환경 문제에 대해 깊게 고민하기는 어렵다. 당장 가난한 식구들을 먹여 살려야 하는 이라면, 식용가능한 동식물이 멸종 위험에 처해 있든 말든 걱정할 여유란 없을 것이다.

불평등과 착취를 고무하는 세계 시장 경제는 최근의 발명품이다. 지금 내가 '발명품'이라고 말했다는 사실에 주목해주시길. 그 경제는 중력이나 열역학 법칙처럼 실제적이며 불변하는 무엇이 아니다. 만일 그 경제 시스템이나 우리가 창조한 여타 다른 시스템이 작동하지 않는다면, 그것을 교정 또는 교체해야 마땅하다. 언뜻 어렵게 들릴지도 모르지만, 우리는 그러한 일을 역사 속에서 실제로 숱하게 해왔다. 그렇다고 그 일이 쉽다는 말은 아니다. 과거의 어떤 변화들은 대참사를 동반한 전쟁이나 혁명 또는 군비 경쟁이나 우주탐사 경쟁을 불러왔다. 그러나 결국 변화에는, 늘 자리에 차분히 앉아 문제와 최선의 해결책을 논구하는 사람들이 개입되어 있었다. 우리의 희망이란, 대참사가 오기 전에 생각하고 논의할 것을 시작하는 일이다. 물론 우리는 그렇게 할 수 있는 지점에까지 당도해 있다.

오늘날 지구는 환경오염, 기후변화, 생물종 멸종, 해양·육지 생태계 파괴 등 점차 파국에 다가가고 있다. 어떤 이들은 이를 부인할 것이고, 어떤 이들은 이에 대해 할 수 있는 일이란 아무것도 없다 말할 것이고, 또 다른 이들은 이 모두가 신이 짜놓은 계획의 일부라 말할 것이다. 하지만 분명한 건 이러한 일이 지금 일어나고 있다는 것, 무언가를 할 수 있고 또 해야만 하는 상황에 있다는 것이다. 당신이 어떤 종교적·영적

신앙을 지녔든, 생존과 건강에 필요한 그 모든 것이 여기에 존재하는 한, 아름다운 행성에 태어나 살아가는 축복을 누리고 있다는 점을 결코 부정할 수는 없을 것이다. 그 행성을 돌보는 일, 우리와 그 행성을 공유하는 모든 생명체가 살 만한 곳으로 유지하는 일은 우리 모두의 손에 달려 있다.

해결책은 분명 있다. 우리에겐 과학과 기술이라는 무기가 있고, 문제를 해결하려 애쓰는 수많은 열정적 지식인들이 있다. 그러나 우리에게 없는 것이 있다. 변화의 의지와 상상력이다. 지금, 이것이 필요하다. 또한 아인슈타인이 말했듯이, 새로운 방식으로 생각할 필요가 있다. 문제는 기술적이라기보다는 사회적인 것이다. 우리를 살아 있게 하는 자연계와 조화를 이루며 우리들 자신도 서로 조화롭게 살아갈 길을 더욱 분명히 선택해야 한다. 시간과 공간의 기적적인 일치 덕에, 지구가 우리의 생존 조건을 제공하는 태양으로부터 충분히 먼 간격을 두고 떨어져 있기에 비로소 우리의 생명활동이 가능하다는 사실을 인정해야만 한다. 바로 그 태양이 우리가 필요로 하는, 이런저런 형태의 그 모든 에너지를 제공해주고 있다. 태양 아래서 어떻게 잘 살지를 배운다는 것은 곧 그 에너지를 어떻게 좀 더 잘 활용할지를 알아내는 것을 의미한다.

이 책이 모든 해답을 제공하지는 못하겠지만 적어도 대화에 기여할 수는 있을 것이다. 이미 우리가 초래한 문제와 그 해결 방안에 대해 사람들이 생각하도록 힘을 보태줄 대화 말이다. 이 책은 그 해결 방안들 중 일부를 논의하려 한다. 하지만 좀 더 많은 생각이, 또 독자 여러분의 생각이 필요하다. 창의성과 상상력이 필요하다. 또한 서로 대화를 나누어야 한다. 이 책은 우리 시대의 가장 중대한 대화에 참여하시라는 하나의 초대다.

차례

서문 5

1 ___ 크고 작은 모든 생명체 15

포유류가 위협받을 때 우리도 위협받는다 | 생물종 감소는 소리 없이 퍼지는 전염병
개구리의 해 | 머커, 토우칸, 만두비 | 벌들이 사라지면 우리 모두는 쏘인다
대왕 폐하 만세! | 카리부 보호는 시급한 과제 | 외래종의 침입을 막아야 한다
참을 수 없는 BC 주의 포상 사냥 | 공원 내 사냥과 보존은 모순 | 고래를 위한 정의
호랑이의 미래를 위해 모인 지도자들 | 오늘의 떼죽음(Aflockalypse), 영원한 멸절

2 ___ 사람들은 이동한다 52

쓰레기란 없다 | 도시를 더욱 살 만하게 만들면 세계를 구할지도 모른다
자전거를 타라, 세계를 구하라 | 자전거 인프라는 훗날 보답한다
자동차와 전쟁을 벌인다면 어느 편이 승리할까? | 지속 불가능한 자동차 문화

3 ___ 치유하는 에너지 71

에너지를 가르쳐주는 일본의 위기 | 어떤 핵반응
독일 에너지 송전망을 탈바꿈시킨 셰어의 결단 | 다른 대안보다 더 건강한 풍력에너지
타르 샌드(tar sands)의 문제 | 리브랜딩은 타르 샌드 오일을 '윤리적'인 것으로 만들지 않는다
우리의 의심을 자아내는 화석연료 산업 | 인민의, 기업에 의한, 기업을 위한 정부
언제나 지저분했던 석유 중독 | 기름기투성이의 재난: 대체 우리는 언제 배울 수 있을까?
규제 실패를 보여주는 루비콘 족의 투쟁 | 우리를 궁지로 몰아넣는 탄소 포집?

4___ 과학은 존재를 비춘다 107

새로운 과학은 큰 그림을 본다 | 지금은 과학을 정말로 중시해야 할 때
생체모방: 탁월한 자연은 희망을 보여준다 | 과학을 거부하는 정치인은 리더로 부적합
때론 할리우드에도 로켓 과학자가 필요하다

5___ 현 경제는 우매하다? 123

새로운 경제 패러다임이 필요한 시점 | 성장을 멈추지 않을 사탄 베헤못(behemoth)
만일 내게 4조 달러가 있다면 | 숲을 구하면 돈이 나올까?
자연의 효용과 서비스 계산하기 | 환경에 해를 가하는 일은 경제에도 해롭다
카본 옵셋: 지구고온화를 막는 한 가지 도구 | 탄소세로 공기를 정화하자
기후변화는 경제적 광기의 증후 | 자연은 실제적인 한계선을 부여한다

6___ 점점 뜨거워지는 지구 154

과학은 기후변화의 위협에 관해 명백한 입장을 보인다 | 과학자의 연구를 강타한 조사
부인론자들에게 반복해서 강타를 날리는 과학 | 기후 음모론이라고?
숲은 지구고온화 퍼즐의 한 조각 | 숲의 보호로 얻을 수 있는 혜택
나무 포옹자 vs 굴뚝 애호가 | 테크놀로지 해법은 심각한 결과를 야기할 수 있다
기후변화와 홍수 | 진보의 가능성을 보여주는 오존층 합의
식물성 플랑크톤이 없다면 우리는 살 수 없다

7___ 신비한 심층의 탐사 185

경고음을 울리는 국제 연구 | 바다에 또 우리 자신에게 저지르는 일

해저를 탐사하는 블루 카본 보고서 | 바다를 돌볼 새로운 길을 찾아내야

생태계 관리 노력에 힘을 모으자 | 해저 구글링하기 | 유람선 산업의 쓰레기 처리 기준은 향상되어야

흰돌고래가 가르쳐주는 것 | 수치스러운 시간

8___ 70억을 위한 식탁? 210

당신의 채소는 충분히 녹색인가? | 농업에 관해서라면 작은 것이 더 나을지도

채취하는 이들과 곰들을 위한 베리 | 유전자 조작 식품 작물에는 더 많은 과학이 요구된다

로카보어(locavore)로 사는 삶 | 훌륭한 커피를 만드는 음지의 관행

소비자의 수요가 기업의 현저한 변화를 이끈다 | 연어의 경우 야생어업이 해답

막대한 가치를 제공해주는 조그만 정어리들 | 블루핀 블루스에 대한 치유법은 무엇일까?

9___ 건강한 인간, 건강한 지구 240

우리를 돌보는 일, 지구를 돌보는 일 | 지금 몸에 무얼 바르시나요? | 향과 감수성

의도하지 않은 결과를 초래하는 게놈 연구 | 청정수가 풍부하다고? 당연시하지 말자

숲이 건강에 중요함을 이야기한 UN | 활동의 혜택 납득하기

야외 놀이는 어린이들과 지구에 이롭다 | 학교 담장을 부수자 | 자녀에게 건강을 가르쳐라

우리가 만든 엉망진창을 아이들이 정리해줄 거라 기대해서는 안 돼

10 생명, 우주, 만유 273

70억은 너무 많은 걸까? | 더욱 밝은 21세기를 상상하라 | 자연이 있는 고향에서
반(反)녹색파는 과거에 머물러 있는 이들 | 환경주의자가 되는 법
인류가 만루를 만들었을지 모르지만 마지막 타자는 자연 | 우리의 지각 필터가 세계를 주조한다
녹색으로 가는 길은 쉽다 | 생명을 뒤바꾼 전 지구적 체험
근육이 아니라 두뇌가 생존의 지름길 | 우리 시대에도 의미를 지닌 옛 시절의 우화들
크리스마스 때 뭐하고 싶니? | 모든 것은 밝혀진다 | 아버지가 내게 가르쳐준 것들
과거를 묵상하는 어느 까칠한 노인네

    역자 후기 317
    찾아보기 329

1

크고 작은 모든 생명체

언젠가 학부모들의 요청을 받아, '우리 모두는 동물'이라는 사실을 아이들에게 알려준 적이 있다. 물론 '우리 모두는 동물'이라는 건 기초 과학적 사실이다. 우리가 몸집에 비해 상대적으로 훨씬 큰 두뇌를 지니게 된 것은 축복이지만 인간과 다른 동물들 간에는 수많은 공통점이 있다. 살기 위해 공기와 물, 먹을거리가 필요하고, 생존 본능 또한 지니고 있는 것이다. 그런데 쓰레기 배출과 소비를 부추기는 경제 시스템, 그리고 기하급수적인 인구 증가는, 많은 경우 우리가 우리와 이 세계를 공유하는 다른 생명체들의 필요를 무시하고 살고 있음을 뜻한다. 다른 생명체들이 우리에게 의존하는 것보다 도리어 우리가 그들에게 더 많이 의존한다는 사실도 우리는 무시하고 산다. 이 장에서 보여주겠지만, 우리는 동료 생명체를 염두에 두지 않으며, 인간으로서 생존하고 성취감과 행복을 느끼는 데 정녕 무엇이 긴요한지를 점점 망각하고 있다.

포유류가 위협받을 때 우리도 위협받는다

때때로 우리는 자신이 동물이라는 사실을 망각한다. 우리는 포유류이고, 모든 포유류처럼, 사실상 모든 동물처럼 생명의 그물에 연결되어 있으며 서로 의존하고 있음을 말이다. 그 그물의 일부가 위험에 처한다면, 인류 모두가 위험에 처하는 꼴이 된다. 위험에 처한 이들 가운데에는 우리의 포유류 사촌도 포함되어 있다. 국제자연보호연맹(IUCN)에 따르면, 만일 우리가 지금 당장 보호 행동에 나서지 않을 경우 5,487종의 포유류 가운데 4분의 1은 30년 내에 멸종한다. 멸종하리라고 예상되는 종에는 유인원, 원숭이, 북극곰, 태양곰, 판다 등의 곰, 정어리고래와 긴수염고래 같은 다수의 해양 포유류가 포함되어 있다.

이러한 생물학적 위기의 원인은 서식지 손실과 손상, 침략성 종의 도입, 환경오염, 포획, 기후변화 등이다. 수많은 포유류는 몸집이 크고(코끼리, 하마, 코뿔소) 비범한 지능을 보이며(침팬지, 고릴라) 사나운 성질을 지녔고(사자, 호랑이, 곰), 그러한 사실을 근거로 우리는 종종 그들이 인간의 영향을 덜 받을 것이라 짐짓 가정해왔다. 하지만 이는 전혀 사실이 아니다.

많은 포유류의 생존 활동 자체가 그들 자신의 생존을 취약하게 하는 데 일조한다고 과학자들은 믿고 있다. 예컨대, 특히 북극곰과 회색곰은 스스로 에너지를 내는 데 다량의 먹을거리가 필요하고, 몸집이 크며, 간헐적으로만 생식(生殖)을 하고, 생식할 때 적은 수의 자식만을 생산하기에 그 종수가 감소하기 쉽다. 지속 불가능한 방식의 수렵 또는 서식지 파괴와 같은 인간의 영향은 이러한 생물종의 생존 능력에 한층 압박을 가하고 있다.

하지만 다행한 소식도 있다. IUCN 평가서는 '공동의 보호 운동'이 멸종 직전의 포유류 수를 늘릴 수 있다고 밝히고 있다. 예컨대 미국 어류·야생동물국(the U. S. Fish and Wildlife Service)은 검은발달비를 8곳의 미 서부 주와 멕시코에 다시 들여놓음으로써 이 동물을 '야생동물 멸종군'에서 '멸종위기 동물군'으로 이동시키는 데 성공했다.

그러나 오늘날 누가 검은발달비에, 야생말에, 아프리칸 코끼리에 관심을 둔단 말인가? 우리는 멸종위기와 무관하게 살고 있지 않나? 인류는 가장 수가 많은 포유류 종이며, 대기권을 비롯해 지구 구석구석에 그 영향력을 행사하고 있다. 그러나 전체 포유류의 4분의 1이 멸종되는 정도로 생명의 그물이 변화하는 상태를 인류가 견뎌낼 수 있다고 생각한다면, 우리는 몽상을 하고 있는 것이다. 이 상태가 장기간 지속된다면 파국이 올 수도 있다. 지구 내 최고 포식자인 인류의 생존과 웰빙은 만유 생명의 웰빙에 의존하기 때문이다. (이 경우의 '장기간'은 겨우 30년을 의미함을 생각해보라!)

설사 단기간을 고려한다 해도, 우리의 동료인 동물들을 보호하는 일은 우리를 위한 최선의 일이다. IUCN 생물종 프로그램의 담당자 제인 스마트(Jane Smart) 박사는 이렇게 말한다. "우리가 시간을 끌수록, 미래의 멸종을 막는 데는 더 많은 비용이 들어갈 거예요. 어떤 종이 위험에 처해 있고, 무엇이 위험이며, 어디에 위험이 있는지 우리는 이미 알고 있습니다. 팔짱 끼고 사태를 관망해도 좋을 상태는 더 이상 아니라는 거죠." 금융기관이 파산할 때 나타나는 인간 행동의 신속성과 그 규모를 보면, 우리에게 위험 인지 시 행동할 능력이 있음을 알 수 있다. 생물종의 멸종위기는 (몇몇 금융기관이 아니라) 우리 자신의 생존 자체를 위태롭게 하고 있다.

위험에 처한 모든 생물종이 확실히 생존하도록 지금보다 훨씬 더 많은 일을 해야만 한다. IUCN은 포유류 외에 태평양 사카이(sockeye) 연어를 '멸종위기 적신호 동물군'에 포함시켰다. 북미 서부 연안의 거주민들은 인간·곰·조류에게 먹을거리가 되어주며 숲을 풍요롭게 하는 양분이 되는 연어가 연안 생태계의 혈액임을 알고 있다. 연어와 생태계와의 관계는 생명의 그물이 어떻게 서로 연결되어 있는지를 보여주는 완벽한 사례다.

이 유한한 지구 내에서 이제까지 우리의 활동 방식 자체가 크게 바뀌어야 한다. 계속해서 서식지를 파괴하고, 물과 공기를 오염시키고, 어류와 다른 동물을 그들의 생식 속도보다 빠른 속도로 살상할 수는 없다. 더욱이 우리 모두는 깨지기 쉬운 생명의 그물에 모두 연결되어 있으므로, 그들을 위해서만이 아니라 우리 자신을 위해서라도 동물들과 그들의 서식지를 보호해야 한다.

생물종 감소는 소리 없이 퍼지는 전염병

과학자들은 기후변화와 야생생물 멸종이라는 두 가지 위험이 청정 대기, 청정수, 양토를 비롯한 지구의 생명 부양 시스템을 위협하고 있다고 경고한다. 기후변화의 원인과 결과에 대한 자각은 늘어나고 있고, 이로 인해 몇몇 정부는 청정에너지와 같은 분야에서 해결책을 모색 중이다. 하지만 정부 지도자들 대개는 현재 진행 중인 생물종 멸종을 하나의 문제로 인식하지 못하고 있다.

2010년 6월 『가디언(Guardian)』에 실린 기사 「자연 서비스의 가치를 정책입안자가 알게 하라」에서 프랑스 생태장관이자 세계자원협회 (과학·연구 분야) 부회장은 이렇게 주장했다. "기후변화의 영향과는 달리, 생물다양성과 생태계 서비스는 대부분 소리 없이, 지역 단위에서, 누가 사라지는지 알 수 없는 방식으로 조용히 사라지고 있다. 아마도 이 점은 '점점 뜨거워지고 있는 지구'에 비해 자연의 파괴가 왜 훨씬 더 적은 경고음을 야기했는지에 대한 하나의 이유일 것이다."

슬프지만, 이는 사실이다. 기후변화의 결과 지구에 심각한 손상을 입힌 대규모 산불, 무시무시한 열풍, 지독한 폭풍과는 달리, 동식물 종수 감소 문제는 오직 그것이 심각한 경제적·사회적 문제로 귀결될 경우에만, 예컨대 어류 남획으로 대서양 연안 캐나다의 대구 어장과 뉴질랜드, 오스트레일리아의 오렌지 러피(orange roughy) 어장이 붕괴되어 수많은 어민이 생계난에 시달리게 된 경우에만, 정치인의 주목을 받는 듯하다.

진화하는 데 수천, 수만 년의 세월이 걸리는 먹이사슬이 현재 우리 주위에서 무너져가고 있다. 숲 속 나무를 벌채하고, 습지를 마르게 하며, 녹초지에 포장도로를 까는 매 순간마다, 우리의 행동은 전례 없는 속도로 야생생물 서식지를 파괴한다.

과학자들은 오늘날 우리가, 인류가 초래한 대규모 야생생물 멸종위기의 한가운데에 있다고 경고한다. 알려진 생물종 가운데 조류의 12퍼센트, 포유류의 23퍼센트, 양서류의 32퍼센트를 비롯한 17,000여 종의 동식물이 오늘날 멸종위기에 처해 있다. 인류의 영향에 가장 취약한 모습을 보이는 일부 종들은 인류로부터 널리 사랑을 받아온 아이콘 생물이다. 예컨대 우리의 지구를 아름다운 곳으로 만들어왔던 8종의 희귀 곰들 중 태양곰, 판다, 북극곰 등 6종이 현재 심각한 상황에 처해 있다.

정치 지도자들의 반응은 대개 미미했다. UN은 2010년을 세계 생물다양성의 해로 선포했고, 세계 각국은 대다수 국가가 서명한 '생물다양성 협약'이라는 국제규약의 요청에 따라 생물다양성 손실률 감소 성과를 보고했다. 하지만 UN은 각국이 "2010년까지 지구 내 만유 생명의 복리와 빈곤 완화를 위해 전 지구적·지역적·국가적 단위에서의 현 생물다양성 손실률을 대폭 줄이겠다"는 이 규약의 목표를 달성하는 데 실패했음을 인정했다.

'2010 생물다양성 목표'의 달성에 집단적으로 실패했지만, 세계 각국은 생물다양성 손실 속도를 늦추려는 새로운 국제적 목표를 협의 중이다. 지금까지 의미 있는 진보가 부족했음을 생각해볼 때, 사치스러운 호텔 무도회장에서 진행되는 이러한 회동이 지상 생물 보호에 얼마나 효력이 있을는지 충분히 의심할 만하다. 하지만 세계 생물다양성 협약 논의의 한 결과물은 우리에게 희망을 준다.

2010년 세계 각 정부 협의팀은 한국 부산에 모여서 일종의 '초기 경보 시스템'으로 작동하는 새로운 세계 과학 조직 결성을 합의·승인했다. 이 조직은 각 정부 지도자들에게 주요 생물다양성 손실을 알리고, 각 정부가 이 해로운 트렌드를 전도하기 위해 해야 하는 업무들을 지적한다. 이 새로운 세계 생물다양성 과학 조직은 과학을 통해 지구고온화에 대한 전 세계적 이해를, 또 지구고온화를 저지하는 전 세계적 행동을 촉매해온 기후변화 다자간 협약(IPCC)을 모델 삼아 창립되었다.

작업의 신뢰도를 실추시키려는 거대 다국적 석유 기업들의 노력에도 불구하고 IPCC는 지구고온화의 원인과 영향에 관련된 현 수준 최고의 과학적 증거자료들을 축적해왔고, 이 문제에 대한 가장 효과적인 해결책들을 열거해왔다. 이 과정에서 IPCC는 각 정부가 기후변화를 선결 의제로 삼도록 했고, 스스로가 (정치나 대중 홍보 정보 조작의 그물을 피해) 이 이슈에 관한 언론의 이해와 보도를 돕는 데 비교 불가능한 가치를 지닌 효과적인 도구임을 입증해왔다. 새로 창립된 '자연을 위한 IPCC'가 정책입안자와 대중을 교육, 감화해 움직이게 하는 데, 그리하여 생물다양성 위기를 막는 결정적 행동에 나서게 하는 데 그와 비슷한 역할을 해주기를 고대한다.

개구리의 해

온타리오 주에서 고등학교를 다닐 때, 집 근처 늪에서 오래도록 놀곤 했다. 봄철이 향긋한 향기를 맡는 일, 개구리 우는 소리를 듣는 일, 그리고 훗날 내 인생과 직업에 엄청나게 중요한 일이 된 곤충채집은 그 외롭던 날들의 위안이었다.

곤충만큼이나 나는 늘 개구리를 사랑했고 개구리에 매료되었다. 이 놀라운 양서류는 자연의 질서에서 매우 중대한 자리를 차지한다. 이들은 포식자인 동시에 먹잇감인데, 자기들보다 덩치 큰 종들에게 먹잇감이 되면서도, 곤충을 잡아먹으며 곤충 개체수의 균형을 잡아준다. 만약 개구리가 사라진다면 지구는 순식간에 파리나 다른 곤충들로 뒤덮이고 말 것이다. 난 파리도 좋아한다. 그러나 아주 좋아하지는 않는다!

사실 오늘날 개구리는 지상에서 사라져가고 '있다.' 많은 이들이 개구리 울음소리를 들으며 잠에 빠져든 경험이 있을 것이다. 하지만 지금 행동에 나서지 않는다면, 우리 아이들과 손자들이 그 자장가를 들을 가능성은 거의 사라질 것이다. 과학자들의 추정에 따르면 지금까지 알려진 6,000종의 양서류 가운데 3분의 1에서 절반까지가 우리 시대에 멸종될 수 있는데, 이는 공룡 멸종 이후 최대 규모의 멸종이다. 100종 이상이 이미 1980년 이래 사라졌다고 추정된다.

상황이 심각한 지경에 이르자 대학, 동물원, 수족관을 비롯한 여러 기관들과 자연보호주의자들은 2008년을 '개구리의 해'로 지정했다. "개구리는 중요해. 팔짝 뛰어 들어와!" 우리 모두가 가슴 깊이 새겨야 할 모토다. 개구리와 그들이 사라지고 있는 이유에 대해 더 많이 알면 알수록, 개구리를 구하는 일에 더 많이 참여하면 할수록, 임박한 재앙의 뿌리를 잘라낼 가능성은 더욱 커질 것이다.

그러나 우리가 걱정해야 하는 건 개구리만이 아니다. 생물학자들은 개구리와 다른 양서류를 가리켜 '위험 사태를 알리는 경종(The canary in the coal mine)'이라고 말한다. 자연 질서 내 그들의 독특한 지위 탓에 개구리는 환경 문제에 영향을 받는 첫 번째 종이기 쉽고, 그리하여 우리 자신을 비롯하여 타 생물에게 경종을 울려줄 수 있다.

전 세계 개구리와 양서류에 대한 위협 중 하나는 '키트리드(chytrid)'라 불리는 균류의 확산이지만, 지금 당장 문제가 되는 다른 요소들 역시 양서류를 위협하고 있다. 이 요소들에는 지구고온화, 서식지 손실, 살충제 사용, 환경오염, 외래종의 침략, 심지어는 식용이나 애완용으로의 사용이 포함된다.

균류를 처리하는 일은 어려운 과제다. 키트리드는 1934년에서 1950년대까지 임신 테스트용으로 활용되었던 아프리카 발톱 개구리(African clawed frog)의 거래 탓에 처음으로 확산되었으리라 추정된다. 오늘날까지 100종 이상의 개구리를 감염, 살상해온 이 균류는 아직도 과학자들의 골칫거리다. 포자는 피부 바깥층을 감염시키지만, 그 메커니즘은 여전히 해명되지 못했다. 아이러니하게도 이 균류는 아프리카 발톱 개구리에게는 치명상을 입히지 않는다.

키트리드에 가장 크게 위협받는 개구리 종을 보호하고자 동물원, 수족관, 식물원의 생물학자들은 IUCN과 공조하여 '양서류 방주(Amphibian Ark)'라는 프로그램을 만들기에 이른다. 이 프로그램 아래서 자연보호주의자들은 (포획으로부터의) 보호와 번식을 목적으로, 위협받는 개구리들을 [방주 안으로 – 역자] 수집하기 시작했다. 꼭 좋은 결과로 이어지리라는 보장은 없지만, 이 프로그램은 분명 해볼 만한 시도다. 한 가지 문제는 이런 프로그램에서 유전적 다양성을 유지하는 일이다. 하지만 또 하나의 큰 문제는 그 개구리들을 다시 자연에 돌려보내려 할 때 나타날 것이다. 그들이 미래에 살아갈 곳이 과연 남아 있기는 할까? 자연의 순환계 안에서 포식자이자 먹잇감으로서 개구리가 담당하는 중대한 역할을, 또 개구리가 사라진 생태계를 상상해보라. 지구고온화는 생물종들의 서식지를 이미 변형하고 있다. 그렇다면 수집된 개구리들을 자연에 다시 풀어놓을 때, 그들을 이전 거주지로 돌려보낸다는 건 사실상 불가능하다.

 이러한 것들이 우리가 극복해야 할 과제들이다. 몇몇 정부는 잔디와 정원에 사용되는 유해성 살충제의 사용을 금지했는데, 이는 개구리를 비롯한 수많은 동물의 죽음을 방지할 것이다. 또 우리는 자연보호 단체에 동참함으로써, 개발 계획에 관한 결정을 내려야 할 때 생물 서식지 문제를 우선 고려 사항이 되도록 가능한 모든 차원에서 정부에 로비를 함으로써, 동물 서식지 보호에 힘을 보탤 수 있을 것이다. 지구고온화를 늦추고 쓰레기 생산량을 줄이는 노력 또한 변화를 만드는 일에 추가되어야 한다. 우리는 개구리 울음소리를 들을 수 있어야만 하고, 그래야 우리의 아이들과 그 아이들의 아이들 역시 그 소리를 들을 수 있다.

머커, 토우칸, 만두비

자연에 대해 새롭게 더 알게 될 때마다 자연의 신비와 복잡성에 언제나 놀란다. 잡지 『생물학적 보존(Biological Conservation)』에 실린, 히아신스 머커 새와 토코 토우칸 새와 만두비 나무 사이의 관계에 관한 2008년의 한 연구는 정말이지 놀랍기 그지없다. 이 연구의 제목은 「자연보존의 퍼즐: 멸종위기의 히아신스 머커는 번식을 위해 제 둥지 위협자에 의존한다」였다.

히아신스 머커는 브라질 중부지역에 서식하는 멸종위기의 새로, 이 새는 제 집을 고를 때 까다롭기로 유명한데, 대다수는 만두비 나무 안에 자연스럽게 형성된 구멍에서만 살아간다. 하지만 해당 지역에서 자라는 만두비 나무의 수는 그다지 많지 않다. 새와 서식지를 보호하려는 노력의 일환으로 발레 도 리우 도스 시노스 대학의 마르코 피조(Marco Pizo) 박사와 그의 연구팀은 만두비 나무의 씨앗이 어떻게 퍼지는지 조사했다. 그리고 그들은 토코 토우칸 새가 이 나무 씨앗의 83퍼센트 이상을 수집하고 퍼뜨린다는 사실을 발견해냈다.

여기까지는 아무런 문제가 없다. 문제는 토우칸이 머커의 주된 포식자라는 것이다. 만두비 나무의 씨앗으로 주린 배를 채우는 것 외에, 토우칸은 머커의 알도 즐겨 먹는다. 연구진은 토우칸들이 머커의 집을 차지하고 그 새끼 새들을 살육하는 장면을 목격하기도 했다.

그러니까 아이러니하게도 머커는 생존을 위해 제 주요 포식자인 토우칸에 의존하고 있는 셈이다. 이 매혹적인 관계를 발견한 후 연구팀은 '보존 생물학 퍼즐'이라는 용어를 만들었다. 왜냐하면 "히아신스 머커를 보존하려는 그 어떤 계획이라도 토우칸을 염두에 두어야만 하는데,

토우칸은 머커의 포식자인 데다가 특별히 위험에 처한 생물종도 아니어서 잘 실행되지 않고 있기 때문이다."

이 퍼즐은 환경보호가 문제일 때 큰 그림을 보는 일이 왜 중요한지를 설명해준다. 어느 단일종만을 선택하여 보호하려는 시도는 실패하기 마련인데, 이유는 간단하다. 자연이 너무나도 복잡하기 때문이다. 이를테면 노르웨이, 핀란드, 시베리아, 알래스카, 그린란드, 캐나다 전역에서 발견되는 상징적인 생물종인 카리부(caribou)를 생각해보라. 카리부는 오늘날 자신들의 광대한 서식지 전체에서 고난을 겪고 있다. 캐나다 브리티시컬럼비아 주(BC 주)의 경우, 열대우림 안쪽에 거주하는 산악 카리부의 수가 약 1만 마리에서 약 1,900마리로 급감했다. 주된 원인은 영리 목적의 벌목으로 인한 처녀림 서식지의 파괴이지만, 과학자들은 늑대와 쿠거(cougar)와 같은 포식자들 역시 카리부의 급감에 한몫을 담당했을지 모른다고 생각한다. 이런 이유로 BC 주정부는 카리부의 주요 서식지를 보호하는 한편 늑대와 여타 포식자의 사냥 계획에 착수했다. 이러한 '포식자 억제' 야생생물 관리법은 캐나다 내 타 지역과 캐나다 외의 다른 나라들에서도 점점 더 많이 고려 또는 활용되고 있다. 하지만 포식자-먹잇감 간 상호관계의 과학 자체에 대한 이해가 빈곤한 탓에 이러한 관리법은 심각한, 예기치 못한 결과를 가져올 수도 있다. 히아신스 머커의 경우 주요 포식자 사냥은 곧 그 생물의 종말을 초래하는 길이 되는 것이다.

만일 야생생물 관리 계획과 보존 노력을 성공으로 이끌고자 한다면, 반드시 더 넓은 맥락을 이해해야만 한다.

이러한 이해법, 즉 '생태계 접근법'에 대해 정부는 논의만 하고, 그 논의를 행동에 옮기는 데는 늑장을 부려왔다. 북태평양 연안 통합 관리 지역(PNCIMA), 즉 캐나다 서부 연안의 한 지역을 지칭하는 공식 (어쩐지 관료주의적인) 명칭은 이러한 접근법을 표명한다. BC 주의 그레이트 베어 레인포레스트(Great Bear Rain forest) 옆에 있고, 88,000평방킬로미터에 이르는 이 해양지역은 (캐나다 – 역자) 중부, 북부 해안과 하이다 과이(Haida Gwaii) 지역을 포함하고 있다. 또한 이곳은 돌묵상어, 흰긴수염고래부터 거대한 갈조류 숲, 유리 해면 산호초(glass-sponge reefs)에 이르는, 다양하고 매력적인 생물들의 서식지이기도 하다. 캐나다 정부는 PNCIMA 관리법으로 '생태계 접근법'을 활용하겠다고 천명했지만, 실제로 행동에 옮긴 것은 거의 없다.

숲과 마찬가지로 바다는 (그 안에) 모든 것이 상호연결되어 있는 복잡한 환경이다. 지상에서든 바다에서든 어느 한 개체종 수의 거대한 변화는 (멸종을 포함) 생태계 전체에 걸쳐 파문을 일으킬 수 있다.

훌륭한 자연보존 계획의 실행에는, 결정의 근거를 독립된 각 생물종에 대한 이해가 아니라 전체로서의 생태계에 대한 이해에 두려는 지역 공동체와 정부의 노력이 필요하다. 또한 우리와 자연의 관계는 종종 히아신스 머커와 토코 토우칸 사이의 관계만큼이나 복잡하고 까다롭지만, 우리 자신이 그 전체의 일부임을 늘 기억해야 한다.

벌들이 사라지면 우리 모두는 쏘인다

어떤 이들은 벌을 공포의 대상으로 여기기도 한다. 하지만 벌이 없었다면 인류는 생존하지 못했을 것이다. 단순히 벌이 우리에게 꿀과 밀랍을 제공하고 있다는 말이 아니다. 그들은 지상에서 가장 중요한 수분(受粉)매개자들 중 하나다. (사실, 북미에 사는 벌은 꿀을 생산하지 않는다. 대부분의 북미 꿀벌은 유럽으로부터 수입된 종들이며, 또 벌이라고 다 쏘는 것은 아니다!)

우리가 먹을거리로 삼는 식물을 비롯하여 지구의 식물 중 90퍼센트 가까이가 생식을 위해 수분매개자들에게 의존한다. 먹을거리를 제공하는 것 말고도, 식물은 토양을 대지에 붙들어 토양 침식을 막고, 영양분을 분해·흡수하여 영양 사이클에 동력을 제공한다. 나비와 벌새, 그리고 (다른 동물 가운데에서) 박쥐 역시 수분매개의 역할을 수행하지만 벌은 가장 보편적인 수분매개자다. 벌을 잃으면 식물을 잃게 되고, 식물을 잃으면, 글쎄…….

문제는 오늘날 벌이 사라지고 있다는 것이다. 전 세계적으로 수분에 활용되는 유럽산 꿀벌의 수가 감소하고 있는데, 이는 북미산 벌들의 수가 감소하는 것과 비슷한 추세를 보인다. 우리는 그 원인의 일부밖에 알지 못한다. 거주지, 쇼핑센터, 아무 생산력도 없는 잔디 등을 개발할 목적으로 야생지대가 점차 사라짐에 따라 그들의 서식지가 파괴되어 줄어들고 있다는 것이 가장 큰 문제다. 살충제 사용 역시 벌을 비롯한 수분매개자를 살해하고 있다.

그러나 이 윙윙대는 우리의 친구를 도울 방책은 많다. 그리고 적어도 그중 한 가지는 당신과 당신의 아이들에게 커다란 즐거움을 선사할 것이다. 첫째, 잔디와 정원을 예쁘장하게 다듬으려고 유해성 살충제를 사용하지 않는 일! 점점 더 많은 지방정부들이 '미용 살충제'라 알려진 이러한 살충제의 사용을 금지하고 있는데, 이는 단순히 수분매개자 뿐 아니라 우리의 건강 역시 보호할 수 있다. 오늘날 수많은 대형 마켓은 자발적으로 이러한 화학제품들을 판매 품목에서 제외하고 있다.

벌의 개체수를 건강하게 유지하는 데 기여할 수 있는 일 가운데 가장 재미나는 한 가지는 이 곤충이 살 집과 거주지를 만들어주는 것이다. 정원이 있다면 또는 발코니에 자그마한 공간이라도 있다면, 당신은 그곳을 벌과 다른 수분매개자를 매혹시킬 식물과 꽃으로 채울 수 있다. 벌은 매혹시키기 쉬운 생물이기에, 어떤 정원이라도 거의 다 이 유혹 작업에 성공할 수 있다. 하지만 지역 토종식물은 지역 토종벌을, 외래 식물은 꿀벌을 끌어들인다는 점을 기억하기 바란다. 계절 내내 꽃을 피울 다양한 종류의 식물들을 선택한다면, 봄부터 가을까지 계속해서 윙윙대는 벌 소리를 들을 수 있으리라.

벌이 살 집을 지을 수도 있다. 벌은 종류마다 각기 다른 집을 필요로 한다. 다양한 유형의 벌을 유혹할 집들을 어떻게 지을지 배운다면 훌륭한 배움의 체험이 될 것이다. 캐나다와 미국에는 크기가 제각기 다른, 수백 종의 벌이 서식한다. 가장 작은 녀석은 머리핀의 꼭대기만 하다. 어떤 벌은 지하에, 어떤 벌은 지상에 산다. 또 종류야 어떠하든 모든 벌은 식물을 이롭게 한다.

내가 사는 캐나다 밴쿠버에서는 '환경청년연대(EYA)'라는 조직이 시 전체에 걸쳐 매이슨 벌(mason-bee)을 위한 '콘도' 프로젝트를 시작한 바 있다. 블루 오차드 벌(blue orchard bee)이라고도 알려진 매이슨 벌은 몸집이 집파리만 하게 자그마한데, 이들이 매이슨 벌이라 불리는 건 점토 벽으로 구획된 집 안에 자그마한 방들을 줄지어 짓기 때문이다. 이들은 훌륭한 수분매개자이기도 한데, 암컷 한 마리가 1분 동안 방문하는 꽃은 최다 17송이에 이른다. 2008년 EYA는 지역민들에게 집 뜰에 설치하라고 100채의 벌 콘도를 분양했는데, 콘도 1채당 36마리 벌이 거주할 수 있었다. 이듬해에 이 조직은 시의 공원과 공공장소에 72마리에서 720마리가 거주할 수 있는 좀 더 큰 콘도를 설치했다. 그중 어떤 것은 심지어 어느 도시 콘도와 같은 외형으로 디자인되기도 했다. 그해 말까지 이 프로젝트는 시 전체에 걸쳐 8,000마리가 넘는 벌을 번식시켰다. 꽃식물, 생물거주지, 대지환경의 다양성으로 볼 때 도시지역은 벌 다양성을 위해서는 최적의 장소다.

자주 지적하지만 자연의 모든 것은 서로 연결되어 있다. 벌은 이 상호연결 체계의 중요한 일부다. 벌이 사라지기 시작하면 그 파급효과는 생태계에 두루 퍼질 것이고, 인류를 비롯하여 전 생명에도 미칠 것이다. 벌이 생존하고 번성하도록 우리가 할 수 있는 모든 노력을 다해야 한다. 우리 자신의 생존이 여기에 달려 있으므로.

대왕 폐하 만세!

매해 가을, 수천만 마리의 제왕나비(monarch butterflies)가 캐나다 온타리오 주 서부지역에서 날개를 펴고 기적의 3,000킬로미터, 2개월의 여정에 올라 10월 말에서 11월 초 멕시코 중부지역에 도착한다. 멕시코 원주민은 다시 온 제왕나비들이 조상의 혼을 데리고 온다고 믿기에 11월 1일과 2일을 '죽은 자의 날'로 기념한다. 가톨릭 전통은 원주민의 관찰을 수용하여 11월 1일을 어린이들의 혼이 돌아오는 '모든 성자의 날'로, 11월 2일을 어른들의 혼이 돌아오는 (죽은 자의 주된 날인) '모든 영혼의 날'로 정하고 있다.

이 두 날은 축제일인데, 전 세계 수많은 이들과 마찬가지로 멕시코인들 또한 매년 이맘때쯤이면 산 자와 죽은 자 간의 베일이 벗겨져 죽은 선조들이 짧은 기간 동안 지상을 방문한다고 믿기 때문이다. 우리는 이러한 믿음에서 핼러윈 축제의 기원을 본다. 이때는 또한 1년의 수확을 기리고 감사하는 시간이기도 하다. 실제로 제왕나비를 지칭하는 푸레레카 원주민의 용어는 '수확 나비'로 번역된다. 제왕나비의 학명은 다노스 플렉시푸스(Danaus plexippus). '나른한 잠의 변신'이라는 뜻이다. 이 나비들은 알에서 애벌레로, 번데기로, 나비로, 동면 이후에 변신하기 때문이다.

제왕나비를 찬미할 거리는 많다. 하지만 연약하기 이를 데 없는 이 곤충들은 최근 죽음의 지평 가까이 이동하고 있다. 그 종수는 과거 대비 90퍼센트까지 감소하고 말았다. 그러나 아직 희망은 남아 있다. 이 우아한 생물들이 그토록 험한 여행을 할 수 있다는 사실 자체가 이미 자연의 신비한 작용과 생존에 관한 멋진 이야기인 것이다.

성년이 된 제왕나비의 생존 기간은 보통 몇 주에 불과하다. 3월과 4월 멕시코로부터 북쪽지역으로 이동하는 동안, 이들은 미국의 걸프 연안에 정착하여 밀크위드(milkweed) 위에 산란한다. 밀크위드는 이 애벌레들의 유일한 영양원으로 기능한다. 몇 세대가 지나는 동안 이 나비는 알을 더 많이 낳으려고 밀크위드에 내려앉아가며 북쪽으로의 여정을 이어간다. 여름이 끝나갈 무렵이면 '므두셀라(Methuselah)'라 알려진 세대가 탄생한다. 이 나비는 7~8개월 생존하는데, 남쪽으로 경이로운 여행을 감행하는 건 바로 이들이다.

멕시코의 화산 지대에 한 번도 가본 적이 없으면서도 이 나비는 태양의 이동과 몸에 내장된 나침반에 의지해 오야멜 전나무(oyamel fir) 숲에, 즉 자신들의 선조가 북쪽으로의 여행을 다시 시작하기 전에 겨울잠을 보내던 숲에 당도한다. 남쪽으로 이동하는 동안 제왕나비는 꽃의 꿀로 생존하는데, 그리하여 식물의 수분을 매개한다. 이들은 상승하는 대기의 기류를 타고 흘러가며 꿀에서 얻은 에너지를 체내에 저장한다. 므두

셀라 제왕나비는 이동 기간 중 생식도 하지 않는다.

제왕나비와 밀크위드가 맺는 관계는 퍽 흥미롭다. 밀크위드는 제왕나비 애벌레에게는 해롭지 않은 독을 품고 있다. 제왕나비는 생존 기간 내내 이 독을 저장하는데, 이 독은 수많은 (다는 아니다) 제왕나비 포식자에게 치명적 위험이 된다. 포식자는 제왕나비의, 흰 점과 검은 혈관을 지닌, 밝은 오렌지 빛의 독특한 날개가 적신호임을 배워 알고 있다. 그러나 진화가 만들어낸 이러한 놀라운 예술은 다른 위협들, 예컨대 그들이 겨울을 나는 산림의 (합법적·비합법적) 벌채, 살충제, 제초제, 환경오염, 폭풍, 기생충, 질병, 그리고 밀크위드와 꿀이 많은 꽃을 박멸하는 농업과 개발과 같은 위협들로부터 이 나비를 보호하는 데는 역부족이다.

멕시코의 숲과 밀크위드 서식지와 (그 이동경로상의) 꿀 공급자인 꽃을 보호하지 않는다면, (캐나다) 동부지역의 제왕나비는 생존하지 못 할 것이다. 세계 야생동물기금과 멕시코 자연보호기금을 포함한 자연보호 단체들의 노력 덕분에 제왕나비의 겨울 서식지 중 상당히 많은 지역이 유네스코 제왕나비 생물권 보호지로 지정돼 보호받고 있지만, 이 보호지 안에서조차 불법 벌목과 폭풍이 이 나비들을 위협하고 있다.

이 매혹적인 생물을, 즉 동부지역에 살거나 캐나다 다른 지역에서 미국과 멕시코로 이동하는 이 생물을 어떻게 도울 수 있을까? 우선 자연보호 행동을 후원할 수 있고, 정부가 이 나비들이 먹고 산란하는 지역을 조성하고 보호하도록 촉구할 수도 있다. 공원과 정원과 학교 뜰에 물, 휴식처, 꿀을 제공하는 꽃과 밀크위드를 갖춘 '나비 정원' 또는 살충제가 침범하지 못하는 제왕나비 이동 휴게소를 짓는다면 그 역시 이 나비를 돕는 하나의 훌륭한 방법일 것이다.

제왕나비는 자연이 얼마나 복잡한지, 자연 만유가 어떻게 상호연결되어 있는지 생생히 보여준다. 그리고 그 누가 단정지을 수 있을까? 정말로 이 나비는 산 자의 세계와 죽은 자의 세계 사이의 연결고리를 잠깐 보여주는지도 모른다.

카리부 보호는 시급한 과제

만일 당신이 캐나다에 있다면 주머니 속에 카리부를 넣고 다닐 수 있으리라. 이 중요한 아이콘은 1937년 이래 지금까지 캐나다 25센트 동전을 장식하고 있으니 말이다. 하지만 오직 동전에서만 이 근사한 동물을 볼 수 있다면 그건 비극이다. 캐나다 북부의 삼림지대를 보호하지 않는다면 이러한 비극은 실제로 일어날 수 있다. 캐나다 북부지역의 35퍼센트에 걸쳐 초록 광륜처럼 뻗어 있고, 뉴파운드랜드에서부터 유콘까지 걸쳐 있는 이 삼림지대는 지구상에서 인간의 손을 타지 않은 채 남아 있는 가장 거대한 삼림이다.

가문비나무, 사시나무, 전나무 숲, 호수, 강과 평야, 습지, 이탄 습지가 있는 거대한 이 삼림지대는 30억 마리의 노래하는 철새와 수백만 마리의 물새와 도요새의 삶을 보살핀다. 또한 이곳은 늑대, 북미 회색곰, 오소리, 스라소니를 비롯한, 아메리카 대륙에 잔존하는 몸집 큰 포식 동물의 보금자리이기도 하다. 생물학적 풍요를 자랑하는 이곳의 많은 부분은 오늘날 벌목, 석유·가스 개발, 채광, 거대 수소전기 댐과 같은 산업 활동으로 인해 위협받고 있다. 이 생물종 가운데 가장 절박한 멸종위기에 있는 종은 '북부 삼림 카리부'라 불리는, 수줍음 잘 타고 비밀스럽기 그지없는 동물로, 캐나다 멸종위기종 보호법(SARA)에 '멸종위기종(threatened)'으로 등재되어 있다.

카리부는 단지 캐나다라는 국가의 정체성을 상징하는 (널리 사랑받는) 상징물, 국가적 자긍심의 한 원천인 것만은 아니다. 이들은 북부 삼림 생태계들의 건강 상태를 일러주는 핵심 지표이기도 하다. 삼림 카리부의 수가 줄어든다면 이는 곧 그들이 사는 숲이 건강하지 못하다는 적신호다. 생물학자들의 평가에 따르면, 전 세계 카리부 종수는 이미 50년 전 대비 절반 이하로 줄었다. 캐나다 역시 예외가 아니다. 2009년 카리부 생물학자 최고 전문가 위원회가 진행한 (연방) 연구에 따르면, 캐나다 내 북부 삼림 카리부 57군 중 29군이 자급하는 삶을 살지 못하고 있고, BC 주 북동부지역과 같은 어떤 지역에서는 멸종위기에 처해 있는 실정이다. 이 과학 자료는 주요 원인으로 다음과 같은 두 가지를 지목한다. 하나는 숲자원 관리, 채광, 석유·가스 개발을 비롯한 카리부 북부 삼림 서식지 내의 산업 확대이며 또 다른 하나는 카리부에게 어마어마한 중압으로 작용하는 기후변화다.

북부 카리부의 개체수 감소는 생태적인 문제이자 사회적인 문제다. 카리부는 단지 캐나다 북부 삼림의 생태계에서만 중대한 역할을 수행하는 것이 아니라 북부지역에 사는 원주민 그리고 메티스(Métis)족들에게도 중요하기 때문이다. 카리부 고기는 영양 만점이며 칼로리가 풍부하고 카리부 뼈와 가죽은 의복과 도구로 널리 사용된다. 또한 많은 원주민 부족은 오랜 세월 동안 카리부와 영적 교감을 해왔다. 카리부의 존속은 북부지역 원주민 공동체의 지속적인 건강과 웰빙에 매우 중요하다.

북부 삼림 카리부는 손상되지 않은, 거대한 숲 환경에 의존하며 살아간다. 이미 카리부는 캐나다 내 전통적 서식지 가운데 절반의 서식지로부터 사라져가고 있고, 과학자들은 이들이 다음 100년간 생존할 가능성은 50퍼센트 이하라고 추정한다. 앨버타 주, BC 주 그리고 노스웨스트 테리토리 주 남부에 사는 카리부가 특히 멸종위기에 처해 있는데, 계속되는 강도 높은 숲 파괴와 에너지 관련 산업 활동이 그 원인이다.

예를 들어, 앨버타 주 힌턴의 서쪽 구릉지대에 존재하는 한 카리부 군은 아슬아슬할 정도의 멸종위기에 처해 있다. 리틀 스모키 떼의 서식지 중 82퍼센트 가까이가 모자이크 모양의 개벌지, 즉 도로와 지진선(seismic lines)과 석유·가스 파이프라인들이 깔려 있고, 흉한 분출방지 장치가 있는 개벌지 때문에 손상되고 있다. 과학자들은, 현존 서식지를 보호하고 손상된 서식지를 복원하지 않는다면 이 카리부 군 그리고 사실상 앨버타 주 내 모든 카리부 군이 생존하지 못할 것이라고 단언한다.

온타리오와 퀘벡을 포함한 북부지역의 다른 곳에서도 산업 활동 수위는 비슷한 수준의 서식지 방해선(넘어서면 카리부들이 연방·지방 정부의 결정적 행동 없이는 생존이 불가능하게 되는 선)에 **빠른** 속도로 근접하고 있다. 하지만 희망도 있다. 과학자들은, 노스웨스트 북부와 같은 일부 지역의 경우 카리부 종수가 위험에 처할 정도까지 그들의 서식지가 손상되지는 않았다고 추정하고 있다.

카리부의 멸종을 막기 위해 행동할 시간은 아직 남아 있다. 그러나 그러려면 멸종위기 생물종에 관한 캐나다 연방·지방 법과 관련 정책의 완전하고 즉각적인 시행이 필요하다. 특히 연방정부와 지방정부는 심각한 멸종위기에 처한 카리부의 서식지 내 산업 활동을 즉각 중단해야만 한다. 또한 (먹이, 번식, 이동, 그 외 다른 생존상의 이유로 필요한) 카리부 서식지를 발견하고 보호하는 회복·행동 플랜을 입안해 시행하는 데 과학 연구를 활용해야 한다.

과학 지식을 활용하는 것 외에도 정부는 수천 년에 걸쳐 이 생물종과 교감해온 북부 원주민에게 다가가려는 노력을 기울여야 한다. 캐나다 원주민은 삼림 카리부에 관한 중요한 지식을 지니고 있고, 정부들은 이 지식을 수집하여 카리부를 복원하는 방안에 활용할 필요가 있다. 카리부의 생존은 숲의 생태학적 건강에만 중대한 것이 아니라 북부 서식지를 공유하는 원주민의 건강, 문화, 웰빙에도 중대하므로, 원주민 역시 복원 노력에 적극적으로 참여해야 한다.

위니피그에서 열린 '2009 정상 회합'에서 드네 족(Dene Nation)의 족장이자 전 노스웨스트 테리토리 주 주지사인 스티븐 칵프위(Stephen Kakfwi)는 카리부 보존 방안을 만들고 이끄는 일에 원주민의 역할이 중대하다고 주장했다. 그는 러시아, 그린란드, 노르웨이, 그 외 각국에서 온 대표단들에게 이렇게 말했다. "캐나다 원주민 공동체들은 카리부에 적용 가능한, 정교하고 풍부한 대지 관리 관련 지식을 지니고 있어요……. 카리부를 잃어버린다는 건 지성인의 행동도, 하나의 선택지도 아닙니다. 만일 카리부가 사라진다면 우리 인류도 사라지고 말 겁니다."

칵프위는 또한 비정부기구, 기업체, 정부를 포함한 이해당사자들이 한자리에 모여 협력하는 과제를 부여하기도 했다. "우리는 서로 계속 싸우기만 할 수는 없어요." 칵프위의 말이다.

지금으로부터 그다지 멀지 않은 옛날, 수십억의 나그네 비둘기(passenger pigeon)가 며칠 동안 하늘을 어둡게 하던 시절이, 거대한 북미 들소가 늑대와 회색곰의 생존을 도우며 대륙의 중심부를 따라 이동하던 시절이 있었다. 한때 숨 막힐 정도로 풍요로웠던 북미의 동물들을 우리에게 알려주는 살아 숨쉬는 화석이 있다면, 그건 바로 오늘날의 카리부다. 우리에게는 카리부가 동전에 새겨지는 단순한 추억거리로 전락하지 않도록 보호할 의지가 과연 있을까?

외래종의 침입을 막아야 한다

2008년 밴쿠버 공항 통관 공무원을 놀라게 한 사건이 있었다. 중국에서 귀국한 한 여성의 여행 가방에서 살아 있는 상하이 털게 70마리가 발견된 것이다! 한편 원치 않는 금붕어를 변기에 버리기를 꺼려하는 듯한 영국인들은 템스 강에 내다버리기도 한다. 다시 내 고장인 밴쿠버로 돌아와서, 여름날 스탠리 파크를 걸어본다면 누구라도 비버 레이크라 불리는 예쁜 곳을 발견할 것이다. 수련(睡蓮)으로 덮인 이 호수는 붉은귀거북(red-eared slider turtles)과 황소개구리가 사는 곳이기도 하다.

이 이야기들의 공통점은 무엇일까? 바로 외래종의 생태계 공격이다. 이 외래종들은 (일반적으론 인간의 도움으로) 이전에는 발견되지 않았던 곳에 가서 살게 된 동식물들로, 접촉하는 생태계와 토종 동식물에게 해를 가한다. 대부분의 공격성 외래종은 양분, 빛, 물리 공간, 물, 먹을거리와 같은 자원을 위한 경쟁에서 토종 동식물을 앞지르는 생태학적 우성의 특성을 보인다. 이 특성에는 신속하게 생식하여 환경 전체에 같은 종을 번식하는 능력, 여러 종류의 서식지 여건에 대한 내성이 포함된다.

예의 그 털게는 그 여인이 주장한 바대로 요리용으로 희생당할 운명이었겠지만, 통관 공무원들은 이런 이유로 위험을 감수하며 털게의 통관을 막았던 것이다. 캐나다 환경부의 발표에 따르면, 상하이 털게는 세계에서 가장 공격적인 100개 종 중 하나다. 이 공격성 종은 토종들과 먹을거리를 두고 경쟁하고, 강둑과 제방으로 들어가 (토양) 침식을 유발하며, 기생충을 옮겨 인체에 병을 일으키기도 한다.

템스 강의 금붕어 역시 먹을거리를 두고 토종과 경쟁하며 경쟁 종에게 질병을 전파한다. 비버 레이크의 수련은 가을마다 부패하며 호수를 늪으로 변형시키는데, 그리하여 호수 자체의 죽음을 앞당긴다. UN 생물다양성 협약은 이러한 외래 동식물종이 "생물다양성에 대한, 나아가 사회와 지구의 생태학적이고 경제학적인 웰빙에 대한 가장 큰 위협 중 하나"라고 명시하고 있다.

어떤 생물종을 어느 한 환경에서 다른 환경으로 이동시키는 일은 새로운 일이 아니다. 예컨대 처음 북미를 탐험하고 그곳에 정착한 유럽인들은 그때까지 그곳에 없던 가축 및 곡물과 함께 북미에 들어왔는데, 밀항객인 노르웨이 쥐와 숱한 질병 역시 함께 데리고 왔다. 하지만 세계화와 국가 간 인구 이동은 세계 곳곳에 공격성 종이 전파되는 속도를 높이고 말았다. 유럽의 탐험자, 징벌자가 데리고 온 동식물의 경우처럼, 오늘날의 공격성 동식물은 때론 의도적으로 (종종 식용 내지 장식용으로) 때론 우연히 (캐나다나 미국의 해수에 선박이 선박 바닥에 고인 물을 비울 때마다 홍합과 공격성 식물들이 퍼지는 경우처럼) 퍼지고 있다.

다수의 외래종은 자원을 두고 경쟁할 뿐만 아니라 토종 동식물을 죽이거나 먹기도 한다. 이들은 또한 이전부터 살던 동식물이 더는 살 수 없도록 서식지 자체를 변형시킬 수도 있다. 게다가 이 외래종은 토종과 교미하여 자식을 낳음으로써 유전자 풀(gene pool)을 약화시킨다. 이들은 경제적으로도 심각한 타격을 입힐 수 있는데, 상품가치가 높은 식용 작물이나 종이 멸종되었을 때가 그러하다. 이들이 타 서식지를 공격할 수 있는 길은 너무나도 많기 때문에 법만으로 막을 수는 없는 노릇이다. (비록 법은 선박이 밸러스트 물을 언제 어디에서 버릴 수 있는지에 관한 규제 같은 문제들의 경우 도움이 되겠지만.) 외래종 번식을 지연시킬 최선의 방책 중 하나는 바로 교육이다. 새로운 종을 어느 한 생태계에 이동시켰을 때의 결과를 사람들은 잘 모르기 때문이다.

지역 단위 및 국제 단위에서의 협력 역시 중요하다. 일단 한 생태계에 들어간 종이 그곳에 뿌리를 내리면 그 종을 없애기란 몹시 어려운 일이다. 이때 흔히 사용되는 방법은 목표를 정한 억지책으로, 외래종의 제거부터 살충제나 제초제의 사용, 토착 포식 종의 도입에 이르는 다양한 방법을 포함한다.

공격성 외래종과 이들이 퍼지는 방식에 대한 이해를 키워야 한다. 오늘날 많은 지역공동체는 이러한 외래종을 생태계에서 제거하는 자원봉사 프로그램을 운영하고 있다. 밴쿠버 스탠리 파크의 경우 자원봉사자들은 공원 내 많은 자생식물을 고정시켜놓고, 공원에서 자라온 공격성 잉글리시 아이비를 제거하고 있다. 메릴랜드의 한 자원봉사 프로그램은 여러 방법을 사용하여 다양한 공격성 식물들을 스완 파크에서 제거하고 있다. 이 외래 공격자들의 확산을 완전히 멈출 수는 없겠지만, 우리의 생태계를 가능한 한 건강하고 자연 그대로 유지하는 일에 소매를 걷어올리고 힘을 보태야 하지 않겠는가.

참을 수 없는 BC 주의 포상 사냥

수천 년 동안 원주민들은 먹을거리를 찾아, 전통적인 생활을 목적으로, 또 교역을 목적으로 야생지대에서 수렵 생활을 해왔다. 하지만 BC 주 연안지역 원주민들은, 단순히 스릴을 즐길 목적으로 멸종위기 동물을 사냥하는 것은 그들 문화에서 너무나 이질적인 행동이라고 말한다. 우리는 이러한 사냥을 '스포츠'라고 부른다. 마치 그 동물들이 삶과 죽음의 경기장에 들어서기라도 한 듯 말이다. 하이다 족 지도자인 구자우(Guujaaw)에 따르면 "누군가 살생의 스포츠를 만들어내야 했다는 것

자체가 옳지 않다."

지당한 말이다. 북미 회색곰(Grizzlies)은 멸종위기 동물로 공식 지정되어 있다. 또 BC 주 연안의 흑곰은 북미에서 가장 다양한 종을 자랑하는 동물 중 하나로, 이 흑곰 종에는 스피릿(spirit) 또는 커모드 곰(kermode bear), 하이다 흑곰(Haida black bear) 등이 있다. 그러나 BC 주정부는 캐나다 원주민들과 동물보호 단체의 청원을 무시한 채 이러한 장대한 동물이 스포츠를 위해 다수의 공원, 보호지정구역, 심지어는 그레이트 베어 레인 포레스트에서 살생되는 일을 계속해서 허용하고 있다. 그 결과는 참혹하기 이를 데 없다. 2009년 현재, 지난 30년 동안의 정부 기록에 의하면 11,000마리의 북미 회색곰이 BC 주에서 살해되었고 이 가운데 88퍼센트는 스포츠 사냥꾼에 의한 것이었다. 이들은 주로 유럽인과 미국인 들인데, 자국에서는 더 이상 이 경이로운 곰 아저씨를 구경할 길이 없기에 수천 달러를 지불하면서까지 BC 주로 곰 사냥을 온 큰 짐승 사냥꾼이다.

캐나다 원주민은 곰과 수천 년 동안 대지를 공유해왔다. 구자우에 따르면 "곰은 우리만큼이나 환경의 한 부분이다." 실제로 BC 주의 숲 푸르른 계곡과 섬에서 먹고, 낳고, 어슬렁거리는 곰들은 자기 생태계에서 중요한 역할을 수행한다. 예를 들어 다른 큰 포식 동물처럼 곰은 사슴과 같은 먹이의 개체수를 조절함으로써 숲의 목초가 지나치게 손상되지 않도록 한다. 강에서 연어를 먹는 곰 역시 물고기의 시체에서 나오는 양분을 임상(林床, forest floor)으로 골고루 이동시킨다. 이는 대양에서 숲으로의 직접적인 양분 이동으로서 연안지대의 숲이 왜 그토록 풍요로운 생물다양성을 보이는지, 왜 나무들이 그토록 괴물처럼 거대한 크기로 자라는지를 설명해준다.

스포츠 사냥을 끝장내야 할 윤리적이고 과학적인 이유는 자명하지만, 경제적 이유도 있다. 이 이야기는 특히, 곰 관람처럼 곰을 비파괴적 방식으로 활용하는 일을 공동체를 위한 수입과 고용의 잠재원으로 생각하고 있는 원주민 공동체에게 해당한다. 2003년 온전한 경제학을 위한 센터(the Center for Integral Economics)에서 수행한 한 연구에 따르면, 북미 회색곰 관람 사업으로 연안지대 거주민들은 포상 사냥 대비 2배에 해당하는 수익을 올렸다. 나이트 인렛(Knight Inlet) 지역의 한 곰 관람 시설은 2007년 한 해 동안 300만 달러 이상의 수익을 올렸는데, 포상 사냥 사업의 총수익을 합한 것보다 많은 액수였다.

곰 관람 사업 연합(the Commercial Bear Viewing Association)의 딘 와이엇(Dean Wyatt)은 이렇게 말한다. "곰 한 마리가 살해될 때마다 여행자들이 시가 최고액을 내고 사진을 찍으려 하는 곰 한 마리가 사라지는 셈이에요. 오직 포상 사냥에 대한 일체 금지만이 연안지대 지역민들에게 귀중한 수입을 늘려주고 있는 곰 관람 시설을 확실히 지원하는 길이지요."

BC 주 내 수백만 달러 규모의 생태관광 산업에 원주민 사업체들이 참여할 수 있는 기회를 보장하는 일이야말로 주정부의 우선 업무여야 할 것이다. '연안지대 캐나다 원주민 전환 모임'의 상무이사 아트 스테릿(Art Sterritt)은 정부가 생태관광 장려를 위해 곰을 관리해야 한다고 주장한다. 포상 사냥에 대해 그는 이렇게 말한다. "지속 가능한 산업이 아니죠. 오히려 우리가 만들려 하는 지속 가능한 산업들을 위태롭게 하고 있어요."

스포츠 목적의 곰 사냥은 과학적으로 볼 때 합리적이지 않다. 야생 곰 사진을 현장에서 찍는 데 기꺼이 돈을 지불할 의사가 있는 여행자들이 있는 마당에, 벽걸이용 머리 장식물이나 벽난로 앞 깔개로 만들려고 이 동물들을 사냥하는 일은 또한 비윤리적이고 비도덕적이다. BC 주 거주민 대다수는 이 점에 동의한다. 2008년 시행된 맥앨리스터 여론조사(McAllister Opinion Reseearch poll)에 의하면, BC 주 거주민의 79퍼센트가 스릴을 즐기려는 단순한 목적의 곰 사냥은 무책임한 일이며 이러한 관행은 완전히 없어져야 한다는 데 동의했다.

오늘날 와이오밍 남쪽에서 북미 회색곰을 발견할 수 있는 유일한 곳으로 캘리포니아 주정부 깃발이 걸려 있다. 이 근사하고 장대한 동물을 기억하고자 우리가 남겨놓은 것이 오직 몇몇 필름과 원주민 조각품에 불과하다면 이는 수치스럽기 그지없는 일이리라.

공원 내 사냥과 보존은 모순

자연에서 포식자는 으레 먹잇감 중에서도 가장 약한 놈들, 즉 가장 늙었거나 어린 것이나 상처 입었거나 아픈 것들을 노린다. 이는 사실 합리적인 행태인데, 이런 먹잇감은 실한 살은 없더라도 잡기는 쉽기 때문이다. 인간은 다르다. 우리는 종종 무언가 남에게 증명하려 하고, 그리하여 번드르르한 사냥·낚시 장비를 갖춘 채 가장 크거나 강한 동물을 노린다. 이를테면 가장 큰 연어나 넙치, 최고의 털가죽을 지닌 곰, 더 큰 뿔에 포상금이 걸린다.

자연의 질서에서라면 포식자-먹이의 관계는 야생생물종 개체수 유지를 확실히 도울 수 있다. 가장 약한 동물이 죽임을 당하는 동안 가장 강하거나 건강한 놈은 살아남아 자신들의 유전자를 후세에 전할 테니 말이다. 인간에 의한 사냥이나 포획 중 일부는 그 정반대의 효과를 낸다.『국립 과학학회 활동』에 소개된 연구에 의하면, 현대의 사냥·낚시 관행 가운데 다수는 동물종 개체수를 줄일 뿐만 아니라 목표가 되는 종들의 행태, 크기, 성질을 심각하게, 많은 경우엔 부정적으로 변형시키고 있다.

미국과 캐나다 대학의 연구진이 주로 물고기뿐 아니라 로키 산맥 양과 같은 큰 동물과 심지어는 식물에 관한 29개의 연구를 검토한 결과, 인간에 의해 사냥되거나 포획되는 종들의 진화상 변형률이 일반종에 비해 3배 가량 높다는 점을 발견해냈다.

지속 불가능한 수준의 수렵·어업률이 야생동물 수와 어장 재고량을 황폐화시킬 수 있다는 사실은 이미 오랫동안 알려져온 사실이다. 대서양의 대구 어업을, 서서히 모습을 드러내고 있는, 태평양의 연어 어업 위기를 생각해보라. 현재 우리는 새로운 연구가 일러주듯 동물종의 개체수만이 아니라 동물 자체의 특성을, 이를테면 그들의 몸집, 생식 기간 역시 바꾸고 있다. 인류가 진화사 과정의 일부분이었다는 사실은 생명의 그물에 대해 우리 자신이 얼마나 무지한가를 생각해볼 때 중대한 의미를 지닌다. 이는 수렵·어업 관행이나 규제를 살펴볼 때 다시금 생각해봐야 하는 중요한 사안이다. 느슨해진 규정으로 사냥꾼들이 더 많은 종의 동물을 포획하도록 내버려둔다면, 그러한 사태가 생물다양성과 진화에 어떤 영향을 미칠지 진지하게 생각해봐야 한다.

나는 사냥을 하는 사람은 아니지만(낚시는 좋아한다), 생계를 위한 지속 가능한 사냥과 어업에, 심지어는 상업적 목적의 사냥과 어업에 반대하지는 않는다. 하지만 많은 사냥 관련 규제들, 특히 공원 내 사냥을 허용하는 규제는 식용 사냥에 관한 것이 아님을 분명히 할 필요가 있다. 그 규제는 지속 가능한 야생동물 관리의 한 가지 핵심 원칙, 즉 우선은 생물종이 위험에 처하지 않게 하고, 그리하여 '늘 볼 수 있는 생물종을 늘 볼 수 있게' 한다는 원칙과 모순되기 쉽다.

전 세계의 야생생물종은 이미 심각한 수준의 스트레스를 받고 있는데, 서식지 손실과 붕괴가 그 주요 원인이다. 우리는 신중한 태도를 견지하면서 이들 생물종의 생존·진화 능력에 우리가 미치는 영향을 최소화하려는 행동에 나서야 한다.

고래를 위한 정의

지구 상에 남아 있는 몇 안 되는 북대서양 수염고래(North Atlantic right whales)는 (그들이 겨울에 산란을 하는 곳인) 조지아와 플로리다 연안을 떠나 매년 여름과 가을이면 캐나다와 미국 동부 연안으로 이동한다. 이들은 몸무게가 최대 80톤, 크기가 최대 18미터에 이르는 거대 동물이다. 또한 일 대 다의 짝짓기를 장시간 즐기는 족속이고, 수컷은 동물의 왕국에서 가장 거대한 고환을 자랑한다. 하지만 후세 생산 속도가 느려서 400마리 이상으로 그 개체수를 늘리지 못한 지 오래다.

이 고래의 이름은 초기 포경업자들이 지어준 것인데, 사냥하기 '적합한(right)' 종이라 생각했던 것이다. 왜냐하면 이 고래는 몸집이 거대하며 수영 속도마저 느리고, 해안가에 자주 모습을 나타내는 데다가 보통 피살되면 물 위로 떠오르기 때문이다. 1935년 이후 더 이상 이 고래를 사냥하지는 않았지만 오늘날 이들은 여전히 위험에 처해 있다. 이동 중 선박과 충돌하거나 미국, 캐나다 연안에서 바쁘게 움직이는 어선의 어업 장비에 걸릴 수 있기 때문이다. 이런 연유로 이 거대 포유류는 오늘날 북미에서 멸종위기가 가장 심각한 고래 중 하나로 지정되어 있다.

하지만 북대서양 수염고래를 위한 다행스러운 소식도 있다. 이 고래는 1973년 이래 미국에서 멸종위기 동물로 등재되어 왔는데, 핵심 서식지는 1991년 캐나다 정부가 완성한 (생태계) 재생 전략안 속에 포함되어 있다. 하지만 캐나다 정부의 행동은 계속 지연되었다. 캐나다 정부는 이 고래를 위한 최종적인 (생태계) 재생 전략안을 2009년 6월에 발표하는데, 이 전략안에는 이 고래의 핵심 서식지도 명시되어 있다. 핵심 서식지란 어느 한 동물종이나 식물종이 생존 내지 재생하는 데 필요한 지역을 의미한다. 캐나다 '멸종위기종 보호법(Species at Risk Act)'에서 멸종위기종의 핵심 서식지는 재생 전략안에 명시되어 왔고, (바다의 경우처럼) 만일 어느 한 종이 연방 사법 관할 대상이 되는 경우, 정부는 그 종을 법적으로 보호할 의무를 가진다.

수염고래의 경우 정부는 이들의 기본적인 필요를 충족할 생태계가 원활하도록 확실히 조치를 취하는 한편, 선박과 충돌하거나 어업 장비에 걸리지 않도록 보호해야 한다.

2009년 1월 캐나다 어업해양부가 제출한 최초의 재생 전략안은, 노바스코샤에서 48킬로미터 남쪽에 위치한 지역인 로즈웨이(Roseway) 유역을 핵심 서식지로 명시하지 않았다. 하지만 '에코저스티스(Ecojustice)'의 조언을 받은 데이비드 스즈키 재단은 로즈웨이 유역과 그랜드매넌(Grand Manam) 유역이 포함되어야 한다고 주장했다. 수정된 재생 전략안은 이 조언을 반영하여 로즈웨이 유역을 핵심 서식지의 하나로 명시했다. 정부가 이 장대한 포유류의 서식지를 보호하기로 한 것은 물론 훌륭한 일이지만 캐나다의 위험종 관리법이 실질적인 효력을 내려면 더 많은 노력이 필요하다. 데이비드 스즈키 재단을 비롯한 환경보호 단체들이 2009년 4월 발행한 한 보고서에 의하면, 이 법에서 명시하고 있는 449종 가운데 오직 극소수만이 적절한 보호를 받고 있는 상황이다(상충하는 이해관계가 있을지 모를 상황에선 더욱 그러하다).

밴프 스프링스 달팽이(Banff Springs snail)는 이미 보호되고 있는 국립공원인 밴프 국립공원에 사는데, 바로 이 달팽이가 2002년 후반 '위험종 관리법'이 발효된 이래 지금껏 이 법에 의해 보호된 유일한 동물이다. 최근 들어 3종의 식물을 보호하려는 행동안이 확정되었다. 한편 북부 삼림 카리부, 북부 얼룩 부엉이, 북극곰을 비롯한 수많은 종이 계속 사라져가고 있는데, 이 법에 명시된 핵심 서식지 보호가 이행되지 못하고 있는 것이 그 원인이다. 서식지 소실과 붕괴는 오늘날 위험에 처해 있는 지구 내 85피센트의 생물종 감소의 주요 원인이다. 북극곰의 경우 일부 서식지는 미국 내에서 보호되고 있긴 하다. 하지만 안전하고 건강한 장소를 갖지 못하는 한, 어느 동식물이라도 생존하거나 생식하기에 어려움을 겪을 것이다.

물론 대개의 경우 정부가 인간적 이해보다 동식물의 필요를 더 중시하기는 어려운 일이다. 핵심 서식지의 보호란 대체로 벌목과 채광과 같은 산업 활동이 중단되어야 한다거나 핵심 서식지 내 산업 활동의 관행이 크게 개선되어야 함을 의미하기 때문이다. 그러나 우리는 생물종과 그 생태계를 잃게 되어 얻는 결과가 그 서식지 내 산업 활동을 중단하거나 변경하여 얻는 결과보다 훨씬 더 심대함을 인식하지 못하기 쉽다.

생물종 하나가 사라질 때 영향받는 것은 전체 생태계다. 그 종은 다른 동물들의 식품원으로서 중요할 수도 있고, 임상의 수소이온 농도를 유지하는 데 중요할 수도 있다. 또 그 종은 다른 종의 수가 너무 급속히 증가하는 일을 방지하는 포식자일 수도 있다. 생태계 활동은 우리가 아는 것보다 훨씬 복잡다단하다. 탄소의 포집, 저장, 수분, 양분 순환, 물

과 공기의 청정화 같은 서비스를 우리에게 제공하는 생태계를 손상시
킨다면, 이는 곧 야생생물과 인간의 삶을 근원에서부터 가능케 하는 자
연계의 구성을 제멋대로 바꾸는 일이 되고 말 것이다.

캐나다와 세계 다른 지역의 일부 멸종위기종에게 남은 시간은 그다
지 많지 않다. 우리는 북대서양 수염고래를 보호하는 전략을 다른 멸종
위기종을 보호하는 데 참고할 하나의 선례로 봐야 한다. 그들을 위해서,
또 우리 자신을 위해서.

호랑이의 미래를 위해 모인 지도자들

호랑이의 해는 2011년 2월부로 끝이 났다. 음력띠와는 상관없이
2010년 한 해는 호랑이에게 결코 좋은 해가 아니었다. 심지어 골프선
수 타이거 우즈마저도 그의 이름과 같은 이름을 지닌 동물보다는 더 나
은 한 해를 보냈을 것이다. 그리고 다 아시겠지만, 우즈 또한 그해 망가
졌다.

전 세계 호랑이의 생존 여건은 너무나도 위태로워졌다. 2010년 11월,
호랑이가 아직 살아 있는 13개 국가의 정치인, 과학자, 환경주의자, 은
행업자들이 러시아에 모여 이 동물을 멸종으로부터 구할 방법을 논의
한 것은 이런 맥락에서다. 방글라데시, 부탄, 캄보디아, 중국, 인도, 인도
네시아, 라오스, 말레이시아, 미얀마, 네팔, 타일랜드, 베트남, 그리고 러
시아는 상트페테르부르크 선언에 서명했는데, 이 선언은 다음의 호랑
이 해인 2022년까지 호랑이 개체수를 2배로 늘리겠다는 목표를 명시
하고 있다. 이 협약은 서식지 보호와 여건의 향상, 불법적 호랑이 밀렵
과 교역에 대한 엄중한 단속을 촉구했다.

호랑이의 9개 아종(亞種) 중 3종이 이미 멸종되었고, 나머지 6종은 멸종위기종이며, 이 가운데 2종은 매우 심각한 위기 상태에 있다. 100년 전만 해도, 10만 마리가 넘는 호랑이가 말레이시아의 열대우림에서부터 시베리아 북극 아래 삼림지대에 이르기까지 지구의 동편을 주름잡고 다녔건만, 오늘날은 어떠한가? 과학자들은 기껏해야 3,200마리의 야생 호랑이가 생존하고 있다고 추정한다. 북미 회색곰을 비롯한 다른 거대 몸집 포식자의 아이콘처럼, 호랑이를 위협하고 있는 건 특히 서식지 손실과 붕괴이지만, 다른 압박도 호랑이를 괴롭히고 있다. 호랑이 가죽과 장기는 밀렵꾼에 의해 애지중지되는데, 부분적으로 이는 중국 전통 한약재로 효용이 있기 때문이다. 인구 증가로 인한 인산과의 충돌 증가 역시 호랑이를 위험으로 몰아넣고 있는 한 가지 요인이다.

밴쿠버의 작가 존 베일런트(John Vaillant)가 그의 역작『타이거: 복수와 생존을 둘러싼 신화』에서 지적하듯, 우리가 호랑이에 관심을 기울여야 하는 것은 단순히 호랑이를 위해서만은 아니다. 베일런트는 이렇게 쓰고 있다. "호랑이는 생물학적 탄광의 상태를 정확히 일러주는 지표 동물이다." 호랑이나 캐나다의 회색곰 같은 거대 포식자가 건강하다면, 이는 곧 이 포식자를 뒤받쳐주고 있는 서식지와 먹이들 역시 건강하다는 신호다.

2010년 11월 뉴스 웹사이트「티이(Tyee)」에 게재된 글「우리는 호랑이를 구할 수 있다」에서 베일런트는 이렇게 또 쓰고 있다. 호랑이는 "과학자들이 제6차 거대 멸종이라 부르고 있는 사건, 즉 인류가 야기했고 지금 전 세계에서 진행 중인 거대한 생물종 감소를 알려주는 지표 동물이다." 그는 또 이렇게 말한다. "만일 사태가 이대로 방치되어 호랑이가 멸절되고 만다면, 이것은 그토록 거대한 몸집을 지닌 포식자가 우리네 공동의 삶터에서 사라져버리는, 지난 수만 년간의 지구 역사상 초유의 사건일 것이다."

과학자들은 지구가 지금껏 총 다섯 차례의 거대 멸종을 경험했다고 추정한다. 모두 물리력이 원인이었지만, 이번엔 인류가 원인제공자다. 생물학자들은 오늘날 연간 3만 종의 생물종이, 또는 매 시간마다 3종의 생물종이 멸종되고 있다고 추산한다. 대지와 대기의 변형, 환경오염, 동식물 과다 사용, 생태계 내·외래종 도입이 원인이다.

호랑이와 관련하여 약간의 작은 성취도 있었는데, 이는 사태를 변화시킬 수 있는 가능성에 대한 희망을 줄 만하다. 1947년 러시아는 세계 최초로 호랑이 보호국을 선언한다. 그리고 1980년대 중반 러시아 내 아무르 호랑이 또는 시베리아 호랑이의 개체수는 30마리에서 250마리로 증가한다. 1980년대 후반 소련이 붕괴되기 시작하면서 호랑이는 다시 위협받는 동물 신세가 되고 만다. 잇따른 정치 부패와 불법적 숲의 남벌과 밀렵이 원인이었다. 1992년 러시아 정부는 새로운 보호책을 실행했고, 그 결과 오늘날 호랑이 종수는 450마리로 회복되고 안정화되었다.

오늘날 세계 지도자들은 호랑이의 명운에 관해 진지한 태도를 보이는 듯하다. 더욱이, 영화 스타 레오나르도 디카프리오를 비롯한 개인들의 기부금, 그리고 야생생물보호협회, 국제환경기구, 세계 야생동물기금과 같은 자연보호 단체와 여러 정부의 노력과 펀딩 덕분에 호랑이는 좀 더 밝은 미래를 살 수 있을지도 모른다.

베일런트 말대로, 만일 호랑이가 제6차 거대 멸종을 알리는 지표 동물이라면 우리에게 남은 시간은 별로 많지 않다. 지구와 그 자연 시스템은 우수한 회복능력을 지니고 있지만, 그 시스템은 멸종 사건의 원인이 사라진 연후에야 비로소 그 사건으로부터 회복될 수 있었다. 우리 자신이 그 일부인 자연 시스템에 대한 우리의 처신과 행태를 반드시 바꾸어야 한다. 만일 그렇게 하지 못한다면, 임박한 멸종의 원인제공자로서, 또 지구의 최고 포식자로서 우리는 고통스러운 결과를 맞게 될 것이다.

오늘의 떼죽음(Aflockalypse), 영원한 멸절

2011년 새해 전날 5,000마리의 붉은 날개 블랙버드가 미국 아칸소 주 비비의 창공에서 추락하는 사건이 일어났다. 시체들을 부검한 결과 중독의 증거는 찾지 못했지만, 그 결과는 이 새들이 그동안 강력한 내상으로 고통받아왔음을 시사했다. 며칠 후, 어부들은 체서피크 만에서 물고기가 떼죽음을 당해 물 위에 배를 드러내고 둥둥 떠다니는 것을 목격했다. 잉글랜드에서는 수만 마리의 죽은 게들이 어느 지방 해변가에 모습을 드러냈다. 오늘날 우리는 야생 세계에서 돌연 사망하는 펭귄, 거북이, 돌고래 등에 관한 보도를 거의 날마다 접하고 있다. 이러한 사건들은 언론에서 급작스러운 멸종에 대해 말하는 바대로 정말 '떼죽음(Aflockalypse)'을 알리는 신호일까? 답은 '예'이기도 하고, '아니오'이기도 하다.

자연에 대해 대대로 느껴온 친근감과 경외심으로 인해 우리는 떼죽음을 당하는 동물이 있을 때 이에 당연히 주목한다. 하지만 100년 전 이상의 기록들은 이러한 대규모 죽음이 우리가 생각하는 것만큼이나 늘 있어온 일이 아니라고, 그런 죽음이 있을 경우 그 원인은 대개 천재지변, 질병, 장거리 이동으로 인한 스트레스와 같은 자연적 원인이었다고 말해준다.

　19세기 후반에 기록된 새의 총 개체수, 잡지의 기록물과 다른 관찰기록을 분석한 유럽 연구자들은 무수히 많은 새들이 빈번히 집단사했던 사실을 발견해냈다. 그중 하나는 1964년 봄에 발생된 것으로, 10만 마리로 추산되는 왕 솜털오리들이(이는 캐나다 서부에 사는 이 종 전체 수의 약 10분의 1에 해당된다) 보퍼트 해에서 죽어갔다. 몸집 좋고 아름다운 이 오리들은 해양 빙원 내에 생긴 물웅덩이들이 갑자기 다시 얼면서 아사했는데, 빙판 아래의 먹이를 먹지 못한 것이 원인이었다. 좀 더 최근의 사례로는 1993년 4월 8일, 45종의 새들 4만 마리가 집단사한 사건이 있다. 루이지애나 연안의 철새 이동로를 어느 토네이도가 관통하면서 일어난 일이었다.

　야생생물이 대규모로 갑자기 죽는다는 건 자연이 보내는 일종의 경고음이다. 하지만 매일매일 파괴되고 있는 건 일부 생물종이 아니라 자연의 먹이사슬망 전체이고, 문제는 이러한 일이 뚜렷이 보이지 않는 방식으로 발생하고 있다는 것이다. 숲의 일부를 잘라내고, 습지를 메마르게 하고, 또는 목초지에 포장도로를 깔며 우리는 야생생물의 서식지를 지속적으로 파괴하고 있고, 그리하여 야생생물의 개체수 감소를, 심한 경우엔 일부 종의 멸종을 야기하고 있다.

　기후변화는 우리 아이들이 살아갈 동안 생물종 멸종위기를 급증시킬 것으로 예상된다. IPCC에 따르면, 만일 탄소 오염물 배출량 증가로 지구 평균 기온이 이대로 계속 상승한다면 (연구된) 동식물 종수의 20~30퍼센트가 더욱 심한 멸종위기에 처할 가능성이 높다.

　하버드 대학의 유명한 곤충학자인 에드워드 윌슨(Edward Wilson)과 같은 과학자들은 이러한 야생생물 위기를 '조용한 전염병'이라 묘사한다. 각국 정부들이 이 위기를 거의 주목하고 있지 않기 때문이다.

우리의 마음을 착잡하게 만드는 동식물의 집단사는 (왕왕 자연적 과정이 원인인) 야생생물들이 갑작스럽고 극단적인 개체수 감소에 얼마나 취약한지를 시사한다. 이는 점점 더 분주해져가는 이 세계에서 야생생물이 마주하고 있는 곤경을 왜 더는 악화시켜서는 안 되는지, 그 이유이기도 하다. 우리는 야생생물계에 가했던 환경적 스트레스를 줄여야 하며, 그렇게 해야 동물은 매일 마주치게 되는 곤경을 그들 스스로 더 잘 이겨낼 수 있을 것이다. 또한 유해성 살충제와 여타 독극물들을 없애고, 카리부와 같은 멸종위기 동식물들의 서식지를 보호하며, 기후변화에 대한 대응에 진지한 태도를 보이아 한다.

돌연한 동물 집단사에 관심을 가지는 사람들이 있다는 건 분명 좋은 일이다. 하지만 정말로 야생생물의 미래를 중시한다면 이 멸종위기에서 우리 자신이 해온 역할에 대해 한층 더 진지하게 살펴봐야 옳다. 나아가 우리가 선출한 우리의 대표들이 지구의 축복 그 자체인 생물학적 풍요로움을 보호하는 구체적 행동에 나서도록 그들을 압박해야 옳다.

2

사람들은 이동한다

우리는 도시 거주민이 되었다. 오늘날 인류의 절반 이상이, 산업화된 국가에선 최대 80퍼센트가 도시지역에 거주하며, 기후변화의 원인인 온실가스 배출량의 75퍼센트 가까이가 도시에서 배출되고 있다. 인구가 늘고 시골에서 도시로 이동하면서, 우리 자신과 우리가 의존하는 상품을 이동시키는 방법 또한 변모를 거듭해왔다. 기업의 이윤과 신제품이 우리의 필요를 충족하는 일보다 더 높은 가치를 지니기 쉬운 산업화된 국가에서, 이는 곧 자동차 문화의 확산을 의미한다. 자가용에 대한 수요는 개발도상국에서도 증가하고 있는데, 특히나 경제성장이 사람들로 하여금 자전거나 다른 유형의 교통수단을 포기하고 자동차를 이용하도록 강제하고 있는 중국과 인도 같은 국가에서 그러하다. 20세기 동안 자동차를 움직이게 하는 석유·가스 산업과 함께 자동차 산업이 성장하면서 전차용 인프라는 뿌리 뽑혔고 이내 도로, 주차장, 쇼핑몰로 대치되었다. 현재 우리는 이러한 행동이 초래한 여파를, 이를테면 기후 변화, 환경오염, 교통마비, 사람 중심이 아닌 자동차 중심의 도심가 따위를 목격하고 있다. 자동차 중심적인 도시와 소비문화는 어마어마한 양의 쓰레기 생산과 같은, 다른 종류의 사회 문제들 역시 낳고 있다. 이 장에선 도시사회 그리고 도시를 한결 살 만한 곳으로 만들 가능성을 탐구해보고자 한다.

쓰레기란 없다

멕시코시티는 각종 식료품, 탄산음료 등 모든 것을 담을 수 있고 어디에서나 쓰이는 비닐봉지(plastic bags)의 사용을 금지했다. 그러나 이는 이 도시가 매일 생산하는 12,000톤의 쓰레기를 줄이는 데 오직 부분적으로만 도움을 줄 뿐이다. 2009년 기준 멕시코시티의 쓰레기 재순환율은 고작 6퍼센트에 불과하지만, 정부는 2013년까지 이 비율을 (재활용, 퇴비, 연소를 통해) 85퍼센트까지 늘리려는 야심찬 계획을 세웠다.

멕시코시티의 쓰레기 처리 상황은 세 가지 R의 원칙, 즉 Reduce(감축), Reuse(재활용), Recycle(재순환)이 중요함을 시사한다. 여기에 또 다른 R을, 즉 Rethink 즉, 다시 한 번 생각하기를 추가해야 한다. 많은 이들이 이미 Rethink를 실천하고 있지만 우리에겐 더 많은 실천이 필요하다. 오늘날 캐나다인과 미국인은 전체 쓰레기의 20퍼센트만을 재순환시키고 있다. 캐나다인 또는 미국인 한 명은 현재 위험요소가 없는 고형 쓰레기를 연간 800킬로그램 이상 배출하고 있다. 이는 쓰레기 매립지로 향하는 엄청난 양의 쓰레기인데, 막대한 자원·에너지 낭비가 아닐 수 없다. 오스트리아나 스위스 같은 일부 유럽 국가들의 쓰레기 재순환율은 50퍼센트 이상에 달한다. 이는 곧 이들 역시 해야 할 일이 많다는 것을 뜻한다. 간단히 말해 우리가 폐기하는 모든 것은 시간과 자원 그리고 돈의 낭비를 의미한다.

단순히 쓰레기 문제를 넘어 쓰레기 매립지는 메탄을 배출하기에 문제인데, 그 배출량은 캐나다의 경우 전체 메탄 배출량의 25퍼센트, 미국의 경우 17퍼센트에 달한다. 게다가 메탄은 이산화탄소보다 훨씬 강력한 온실가스이기도 하다. 일부 도시들은 현재 메탄 배출을 방관하는 대신, 이를 포집해 에너지용으로 연소하고 있다. 쓰레기 처리 문제를 해결해나가는 최고의 출발점은 우선 쓰레기 양 자체를 줄이는 일이다. 그러나 이는 단지 매립지로 보내는 쓰레기의 감소만이 아니라, 자원과 에너지를 더 적게 사용함을 뜻한다. 물품을 생산, 수송, 포장, 처리하는 데는 언제라도 에너지가 소요되는 법이니까.

점점 더 많은 사람, 가게, 도시가 1회용 비닐봉지 사용량 감소의 길을 모색하고 있다. 그러나 우리는 여전히 불필요한 포장과 상품을 지나치게 많이 생산하고 있다. 계획된 폐물화, 즉 오래 지속되지 못하게끔 상품을 생산하여 소비 사이클을 지속시키는 기이한 관행은 여전히 우리네 삶의 풍경 가운데 일부다. 우리 모두는 지나치게 포장된 상품이나 1회용 상품을 피할 수 있고, 나아가 생산자에게 좀 더 책임을 가지라고 촉구할 수도 있다. 소비자가 나서서 가게, 기업, 정부로 하여금 우리가 더 적은 포장을 원한다는 것을, 좀 더 오래 지속될 상품을 원한다는 것을 알게 만든다면 사태는 분명 바뀔 수 있다. 비닐봉지에 대한 우리의 태도 전환은 그러한 실천의 완벽한 본보기가 될 것이다.

재활용은 창의성을 발휘할 기회를 제공한다. 우리는 언제나 기성옷을 새롭게 지어 그 옷에 새 생명을 부여해왔다. 본래의 역할을 더는 하지 않는 제품을 다른 식으로 사용할 수 있는 방법을 생각해보라. 하지만 재활용에는 몇몇 어려움이 있고, 특히 대규모 재활용은 더욱 그러하다. 쓰레기를 에너지로 전환하여 재활용하는 방법은 점차 인기를 얻고 있는 트렌드다. 가장 흔한 방법은 쓰레기를 연소하여 그 열을 에너지를 생산하는 데 쓰는 것이다. 관련 기술이 발전하고 있긴 하지만 문제는 여전히 남아 있는데, 그중 하나는 쓰레기 연소 과정에서 배출물이 나온다는 것이다. 또한 이러한 행태는 쓰레기를 가치 높은 에너지 상품으로 바꿀 수 있기 때문에, 쓰레기 감소나 재순환을 위한 동력을 약화시킬 수도 있다. 곰곰히 생각해보면, 쓰레기라고 할 수 있을 만한 사물은 존재하지 않는다. 사실 그것은 이런저런 종류의 자원일 뿐이며, 그것을 연소한다는 건 영원히 파괴한다는 것과 다르지 않다. 다른 식의 쓰레기 처리법도 탐구되고 있는데, 이를테면 미생물로 쓰레기를 분해하여 메탄과 이산화탄소를 생산하고, 이를 바이오가스로 사용하는 것이다.

재순환이란, 쓰레기 감소 문제를 생각할 때 가장 먼저 떠오르는 생각 중 하나일 것이다. 북미에 사는 대다수 도시인은 어떤 의무감으로 종이, 플라스틱, 병과 캔을 파란색 재순환 박스에 넣고 있다. 다시 말하지만, 내버려야 하는 제품을 더 적게 사용한다면 재순환해야 하고 매립지에 보내야 할 물건 역시 더 적어진다. 그러나 우리의 재순환 노력은 헛되지 않다는 사실을 인지해야 한다. 지역, 학교, 사업장 모두에 훌륭한 재순환 시스템이 설치되도록 하고, 생산자와 소매상이 제품에 대해 책임을 다하도록 노력한다면, 분명 매립지 확보의 필요는 줄어들 것이다.

개개인의 행동은 중요하다. 그러나 법적인 해결책 역시 효능이 있다. 스위스에서는 스티커를 구매하여 이를 수거 대상인 쓰레기통에 부착해야만 쓰레기를 배출할 수 있는데, 이는 더 많은 쓰레기를 내보낼수록 더 많이 지불하게 하는 시스템이다. 오늘날 스위스는 세계에서 가장 높은 (쓰레기) 재순환율을 기록하고 있다. 시민으로서 우리는 각자가 할 수 있는 역할을 다할 수 있겠지만, 멕시코시티와 스위스의 사례에서 보듯이, 정부의 추진 또한 쓰레기 처리 문제를 해결하는 데 필요한, 모종의 거대한 변화를 만들어내는 데 기여할 수 있을 것이다.

도시를 더욱 살 만하게 만들면
세계를 구할지도 모른다

오늘날 세계 70억 인구의 절반 이상은 도시에 살고 있다. 도시인들은 세계 에너지의 약 4분의 3을 소비하고 있고, 동시에 기후변화의 원인인 온실가스의 대부분을 배출하고 있다. 환경오염, 기후변화, 건강, 에너지 소비와 같은 중차대한 사회 문제를 해결하고자 한다면, 무엇보다도 도시를 살펴봐야만 한다. 세계 인구는 계속해서 증가하고 있고, 그리하여 시골 생활로 돌아가는 변화가 일어날 것 같지는 않다. 그렇다면, 도시에서 무얼 할 수 있을까?

내가 사는 도시인 밴쿠버의 진보는 희망을 준다. 하지만 이곳에서조차 우리가 갈 길은 멀기만 하다. 도시인이 도모할 수 있는 가장 중요한 변화는 바로 자동차로부터 해방되는 것이다. 그러나 시민에게 이를 독려할 때 정부는 반드시 대중교통 수단, 도보, 자전거 인프라에 대한 더 많은 투자와 더 나은 디자인을 만들어내야 한다.

자전거는 밴쿠버에서 가장 빠른 성장세를 보이는 이동 수단인데, 이는 부분적으로는 (특히 다운타운 쪽으로) 자전거 도로를 확대하겠다는 시 당국의 결정 덕분이었다. 도보로 이동하는 이들 역시 점점 늘어나는 추세로 1994년 이후 44퍼센트 증가세를 보이고 있다. 또한 대중교통수단 이용자 수의 증가율에서 캐나다 내 다른 도시지역을 앞지르고 있는데, 지난 10년간 그 증가율은 20퍼센트였다. 대중교통 시스템에 대한 정부의 (미약한) 투자가 이러한 수요 증가를 따라잡지 못하고, 도리어 이를 방해했는데도 20퍼센트였다. 유럽과 미국의 도시에서도 대중교통 이용은 증가하고 있지만, 이는 부분적으로는 가스 가격 상승이 원인일 것으로 보인다.

좀 더 지속 가능한 도시를 만드는 일이란 단순히 자동차 중심의 도시 계획을 사람 중심의 도시 계획으로 바꾸는 것만은 아니다. 에너지 효율성을 높이도록 구식 빌딩을 개조하거나 새 빌딩을 설계하는 사업에 인센티브를 제공하는 일, 환경오염물을 덜 배출하는 경제활동을 장려하는 일, 그리고 더 많은 녹지와 공원을 만드는 일은 더욱 살 만한 도시, 오염물을 더 적게 배출하는 도시 창조에 필수사항이다. 하지만 사회를 자동차로부터 다른 방향으로 이동시키는 일 역시 그러하다.『지속 가능한 공동체를 위한 일곱 가지 규칙: 탄소 이후 세계를 위한 디자인 전략들』이라는 책에서 브리티시컬럼비아 대학의 패트릭 콘던(Patric Condon) 교수는 이렇게 지적한다. "세계 이산화탄소 배출량의 30퍼센트는 미국인과 캐나다인이 만들어내고 있다. 이들의 총 인구는 세계 전체 인구의 6퍼센트에 불과한데도 그러하다. 이 배출량 중 약 4분의 1은 교통 부문이 생산하고 있고, 그중 상당량은 1인이 이용하는 자가용에서 배출되고 있다."

자동차는 환경 문제를 불러일으킬 뿐만 아니라 살인의 주체이기도 하다. 기술혁신 그리고 속도와 안전벨트 사용과 관련된 단속 덕분에 자동차 사고율은 어느 정도 감소 추세에 있긴 하다. 하지만 자동차가 캐나다인과 미국인의 사망을 초래하는 하나의 주요 원인이라는 것은 틀림없는 사실이다.

새로운 도시를 창조하는 데 가장 큰 난관 중 하나는, '자동차는 삶의 절대 필수품'이라는 고착된 사고방식이 북미에 만연해 있다는 것, 다수의 북미인은 균형 잡힌 교통 시스템의 이점을 제대로 인식하지 못하고 있다는 것이다. 밴쿠버의 경우 새로 도입된 몇몇 자전거용 도로가 교통이나 비즈니스를 거의 방해하지 않았건만 이에 대한 사회적 반발은 강력했다.

밴쿠버는 다른 도시들이 (특히 미국 도시들) 직면하고 있는 여러 문제를 피할 수 있었다. 이는 부분적으로는 도시로 고속도로를 확장하지 않고 그 대신 도보, 자전거, 대중교통도 유의미한 선택지가 되는 균형 잡힌 교통 시스템에 주안점을 두겠다는 (1960년대 후반의) 시 당국의 결정 덕분이었다. 캐나다 통계청에 따르면 밴쿠버는 1992년과 2005년 사이 캐나다의 주요 도시 중 출퇴근 시간이 줄어든 유일한 도시다. 이에 비해 도로 확장에 초점을 맞추었던 다른 도시들은 좀 더 많은 교통량과 교통체증을 겪어왔다. 그뿐 아니라 과거 증가 추세에 있던 밴쿠버의 교통 부문 배출량은 더 이상 증가하지 않고 있다. 하지만 유감스럽게도, 밴쿠버 시 당국이 다른 도시들이 저지른 실수를 반복할 가능성 또한 배제할 수는 없는 상태다. 고속도로 확장을 요구하는 지방으로부터의 압박이 여전히 강력하기 때문이다. 정녕 우리는 오늘날 더욱 예지 어린 사유를 해야만 하는 위치에 있다.

콘던 교수는 우리가 가진 기회를 이렇게 요약한다. "만일 우리가 도시를 건설하고 부분적으로 변형하는 방식 자체를 바꿀 수 있다면, 최악의 시나리오가 현실화되는 일만은 막을 수 있을 것이다. 또한 우리의 아이들과 그 아이들의 아이들을 위한, 살 만한 삶의 조건을 창조할 수 있을 것이다. 우리가 그들의 삶을 구할 수 있다는 말은 결코 어떤 묵시록적 예언이 아니다."

자전거를 타라, 세계를 구하라

"자전거 타는 사람들을 볼 때마다 난 인류의 미래에 대한 절망을 거둔다."
- H. G. 웰즈(Wells)

과학은 믿기 힘들 정도로 짧은 시간 안에 이 지상에 어마어마한 영향력을 행사했다. 인류의 15만 년 역사 가운데 고작 수백 년이라는 짧은 기간에 우리는 증기 기관, 자동차, 비행기에서부터 정교한 무기와 슈퍼컴퓨터에 이르기까지, 그 모든 것을 발명했다. 또한 훨씬 빠른 속도로, 더욱더 복잡하고 매력적인 기계를 계속해서 고안하고 있다. 그 발명품 중 일부는 우리에게 소중한 선물이었고 다른 일부는 해로운 것이었고 또 자동차와 같은 일부는 '혼란스러운 축복'으로 판명되었다.

하지만 그중 하나인 자전거는 효율적이고 유익하면서도 간단해서, 우리가 이제껏 만들어낸 것 중에서 어쩌면 최고의 발명품일지도 모른다. 어느 영국인은 심지어 플라스틱이나 철로 된 부분은 전혀 없는, 완전히 목재로만 된 자전거를 만들기도 했다. 바퀴, 기어, 안장까지 전부 목재인 자전거를! 한 친구와 내기를 하고, 이 스플린터 바이크(Splinter Bike)를 제조한 발명가인 마이클 톰슨(Michael Thompson)의 말에 따르면, 이 자전거는 시속 50킬로미터까지 속력을 낼 수 있다. 경이로운 것은, 최초의 두 바퀴 수레가 제작된 이래 거의 200년이 지났건만 아직까지도 이 실용성 높은 교통수단을 위한 혁신적인 아이디어가 나오고 있다는 것이다.

페달과 L자형 핸들을 갖춘 현대식 자전거는 1861년 프랑스 마차 제작자인 에른스트 미쇼(Ernst Michaux)가 발명했다. 그 후 자전거 제작 기술은 크게 진보하지만, 최첨단 경주용 자전거든 1단 기어 자전거든, 자전거는 오늘날에도 인류의 창의성을 보여주는 하나의 경이, 그 자체라 할 수 있다. 사실 자전거는 지금껏 발명된 교통수단 가운데 가장 효율적인 것인지도 모른다.

자전거의 가장 훌륭한 점은 라이더 자신이 엔진이 된다는 점이다. 연료는 라이더인 당신이 먹고 마시는 식료품이다. 자전거의 기어, 바퀴, 프레임을 인간 엔진과 결합시키면 심지어 걷는 것보다도 에너지를 적게 사용하는 교통수단이 탄생한다. 오늘날 우리가 가장 선호하는 이동수단(자동차)에 관한 한 비교할 만한 대상은 없을 것이다. 월드워치 연구소(Worldwatch Institute)에 따르면, 자전거 1대에는 좌석 마일당 35칼로리가 필요하지만 자동차 1대에는 1,860칼로리가 필요하다. 버스와 기차는 이 둘의 중간 어디쯤이다.

이 놀라운 발명품이 줄 수 있는 잠재적 효용은 생각해볼 만한 가치가 충분하다. 유가가 상승하고 자동차 배기가스가 만들어내는 환경적 해악이 증가하면서 자전거는 한층 더 매력적인 도시 일상 교통수단이 되고 있다. 더 청정한 공기, 교통체증의 감소, 더 안전한 거리, 더 적은 소음은 그 효능 중 일부에 불과하다. 자동차에서 벗어나 자전거 안장 위로 올라탈 때 사람들은 또한 더욱 튼튼해지고, 그리하여 의료 지출비 역시 절감할 수 있다. 더욱이 더 많은 이들이 자전거를 선택하면 자전거 사용은 더더욱 안전해질 것이다. 혹여 자전거 이용의 안전에 관해 걱정하는 이가 있다면 비-활동의 건강상의 위험도가 자전거 이용의 위험도보다 20배 높다는 점을 찾아낸, 영국 의학협회의 한 연구에 관심을 둘지도 모르겠다.

의료와 같은 사안에 (너무 많은 차량을 도로에 달리게 하는 데 요구되는 인프라는 말할 것도 없고) 전국적으로 절감될 수 있는 돈은 수십억 달러에 이른다. 하지만 (자동차) 연료, 보험, 유지비만 보더라도 개인들이 절약할 수 있는 돈 역시 막대하다. 게다가 자전거 라이딩이란 너무나도 재미난 활동이므로 자전거의 대중화는 부탄 사람들이 '국내 총 행복지수'라 부르는 지수를 높일 것이다!

그렇기는 하나 우리가 갈 길은 여전히 멀기만 하다. 오늘날 캐나다인과 미국인이 자전거를 이용하는 횟수는 총 이동 횟수 가운데 채 1퍼센트가 되지 않는다. 밴쿠버의 경우엔 약간 높아서 4퍼센트이긴 하지만 말이다. 20~35퍼센트에 이르는 유럽연합의 자전거 사용률과 중국의 그것인 50퍼센트와 비교해보라(유감스럽게도, 중국의 경우 자동차 문화를 수용하면서 이 비율이 줄어들고 있다).

자동차에 의존하는 생활로부터 벗어나려면 자전거를 일상적으로 이용하겠다는 개인 차원의 결단이 필요하다. 하지만 정부 또한 사람들이 자전거를 편하게 사용할 수 있도록 더 많은 일을 해야 하며, 또 그렇게 할 수 있다. 1998년부터 2001년 사이 단 3년 동안 콜롬비아 보고타 시장 엔리크 페냘로사(Enrique Peñalosa)는 주차 체증에 시달리던 650만 인구의 이 도시를 탈바꿈시켜 그야말로 명실상부한 '공공장소'로서의 도시를 만들어냈다. 그의 전략은 자동차 사용 제한, 가스세 증세, 수백 킬로미터의 자전거용 도로와 도보용 도로 신설, 그리고 버스에 대한 투자였다.

자전거 이용자에게 충분한 공간을 제공하여 라이딩에 안전한 거리를 만드는 일이 첫 번째 과제다. 이에 요구되는 투자는 자동차 인프라에 요구되는 것에 비해 훨씬 적다. 자전거 이용자에 대한 세제 혜택 또한 도움이 될 수 있고, 고용주는 땀 흘리며 출근한 노동자를 위해 안전한 자전거 주차장과 샤워 시설을 제공할 수 있을 것이다. 자전거 사용을 권장함으로써 고용주가 얻게 되는 이득은 무수하다. 네덜란드에서 나온 한 연구결과에 따르면 자전거로 출근하는 이들이 더 적은 병가일을 신청하며, 이들은 대체적으로 더 행복하고 스트레스를 덜 받는다고 한다. 자전거 이용자는 또한 교통체증을 피할 수 있고 지각할 가능성도 적다. 또 자전거 자물쇠 비용은 주차비보다 훨씬 싸다.

물론 자전거 이용이 무슨 만병통치약이라도 된다는 말은 아니다. 세계 많은 지역의 날씨가 자전거 라이딩에 늘 적합한 것도 아니다. 또한 모든 이들이 일부 도시의 높은 언덕배기를 자전거로 오를 정도로 충분히 좋은 근력을 소유하고 있지도 않다. 하지만 더 많은 이들이 가능한 한 자전거를 이용한다면, 그럴 수 없을 땐 대중교통이나 적어도 에너지 효율성이 높은 차량을 이용한다면, 우리 모두의 삶은 지금보다 훨씬 더 개선될 것이다.

자전거 인프라는 훗날 보답한다

자전거용 도로 신설에 반대하는 대부분의 주장들은 불합리하기 짝이 없다. 다음과 같은 점을 생각해보자. 우리는 자동차가 다닐 수 있도록 넓은 도로를 거의 모든 곳에 깔아놓았다. 그리고 대부분의 차량에 탄 사람은 단 한 사람이다. 많은 도로의 양쪽에는 도보용 도로가 설치되어 있다. 또한 대부분의 거대 도시지역에는 버스 전용 차선과 지하철과 고속 전철과 같은 대중교통 시스템을 구축해놓았다. 자전거 이용자들이 도로에 나타나면 운전자들은 짜증부터 내기 십상이다. 그들이 도보용 도로에서 자전거를 타면 이번에는 보행자들이 어김없이 화를 낸다…….

인간이 동력이 되는 이 교통수단은, 가스 가격이 상승하고 자동차 중심 문화의 부정적 결과들이 더 많이 나타날 경우에만 지금보다 더 대중화될 수 있을 것이다. 그동안 우리는 대중교통, 보행로, 자전거를 통한 이동을 독려하는 한편 1인 자동차 사용을 줄이도록 노력해야 한다.

밴쿠버를 포함한 북미의 많은 도시에서 출퇴근하는 이들은 자동차로 목적지에 도달하는 데 2분이 더 소요되면 버럭 역정을 낸다. 하지만 실상은, 자전거용 도로가 아니라 차량의 증가로 인해 운전이 더 지체되는 것이다. 『글로브 앤 메일(Globe and Mail)』에 의하면, 2009년 스탄텍 컨설팅이 실시한 연구 결과, 밴쿠버 내 자전거용 도로 확장으로 인한 교통정체는 대개 상상의 산물이라는 점이 밝혀졌다. 설문에 응한 운전자들은 자전거용 도로의 신설로 인해 운전 시간이 5분 정도 늘어날 것이라 생각했다. 하지만 연구에 따르면 실제로 늘어난 시간은 5초 미만에서 1분 37초에 불과하다.

교통량 자체를 줄이는 일이 바람직하다는 주장도 있다. 유럽의 어떤 도시들에서 시티 플래너들은, 차량 운전자를 불편하게 하는 대신 대중교통과 자전거 이용자, 보행자에게 인센티브를 주면 여러 이점을 얻을 수 있다고 주장한다. 이를테면 환경오염과 스모그 관련 건강 문제를 줄이고, 온실가스 배출량을 감축하며, 도시를 보다 안전하고 친근한 곳으로 만드는 이점이 있다는 것이다.

스위스 취리히 시의 도시 계획자들은, 대중교통 오퍼레이터들이 신호에 따라 변경할 수 있는 것을 포함하여 새로운 교통신호를 추가하고 있다. 또 차량 정지 (붉은색) 신호 시간을 늘리고 허가 (푸른색) 신호 시간을 줄이는 한편, 보행 지하도를 제거하고, 제한 속도를 낮추고 있다. 나아가 주차장 수를 줄이고, 여러 거리에서 차량 사용을 금하고 있다. "우리의 목표는 보행자를 위해 공공장소를 재점령하는 것이죠. 운전자에게 편의를 제공하는 게 아니고요." 이 도시의 최고 교통 플래너인 앤디 펠만(Andy Fellmann)은 『뉴욕 타임스』를 통해 이렇게 말했다. 또한 그는 2011년 6월에 차량 내 한 사람이 취리히 내 도시 공간을 차지하는 면적은 115입방미터인 반면 보행자 한 사람이 차지하는 면적은 3입방미터 임을 지적했다.

취리히 시내 차량 접근이 금지된 일부 거리에서 상점 운영자들은 폐점 가능성을 우려하기도 했지만 실은 그 정반대의 일이 일어났다. 보행자 통행량이 30~40퍼센트 증가하면서 상점을 찾는 이들이 늘어난 것이다. 앞서 언급한 스탄텍 연구에 의하면, 밴쿠버 시의 경우 새로 설치된 다운타운 자전거 전용도로가의 업소들은 처음엔 약간의 미미한 판매 감소세를 보였지만, 판매 감소를 만회할 전략은 대단히 많다. 장기적으로 볼 때 자전거 전용과 도보용 도로의 인프라를 개선한 대부분의 도시는 상업지역에 여러 가지 이득을 이끌어냈다.

매사추세츠 주 애머스트에 위치한 정치경제 연구소(the Political Economy Research Institute)가 2011년 6월에 발표한 연구(연구 제목은 「보행자와 자전거를 위한 인프라: 고용 효과에 관한 국내 연구」)에 따르면, 자전거 전용도로의 건설은 고용과 더불어 다른 경제적 파급효과 역시 창출한다. 연구진에 따르면 "자전거 이용 인프라는 지출 대비 최고의 고용을 창출한다." 100만 달러를 지출할 때 자전거 프로젝트는 이 프로젝트가 실시되는 주에 평균 11.4개의 일자리를 만들어냈다. 또한 도보용 도로만을 건설하는 프로젝트는 10개의 일자리를, 다용도 도로는 9.6개의 일자리를 창출했다. 도로 건설과 도보용 도로, 자전거 시설을 결합시키는 인프라는 동일 지출비로 약간 더 적은 수의 일자리를, 도로만을 건설하는 프로젝트는 이 중 가장 적은 수의 일자리, 즉 100만 달러 지출 대비 7.8개의 직업을 만들어냈다. 한 가지 이유는 도로 건설을 위한 자금 중 많은 부분이 재료와 설비에 쓰인 반면 자전거와 도보용 도로 인프라와 관련해서는 임금으로 더 많이 쓰이기 때문이다.

유럽의 몇몇 도시는 자동차 운전에 불이익을 주는 대신 이를 좀 더 향상된 대중교통으로 상쇄했다는 점을 지적하는 편이 좋겠다. 결국 모든 이가 걸어서 또는 자전거로 목적지로 이동할 수 있는 건 아니다. 하지만 차량을 더 적게 이용하고, 교통체증을 줄일 수 있다면, 자동차(서비스 차량, 응급 차량 그리고 택시)를 꼭 이용해야만 하는 이들조차 한결 편리하게 목적지로 이동할 수 있을 것이다.

다행한 일이지만 자전거 인프라 개선에 대한 반발은 사그라지는 듯하다. 석유가 희소자원이 되고 환경오염과 기후변화의 여파가 증가하면서 2톤의 철제품을 움직여 90킬로그램의 한 사람을 수송하는 일이 더는 (특히 도시에선) 지속 가능하지 않다는 사실을 사람들은 결국엔 이해하고 있다.

자동차와 전쟁을 벌인다면 어느 편이 승리할까?

인류는 전쟁을 좋아한다. 마약과의 전쟁, 테러와의 전쟁, 범죄와의 전쟁, 그리고 지금은 아마도 자동차와의 전쟁. 이 마지막 '전쟁'은 시 당국이 개인 자가용에 대한 의존도를 줄이려고 애써온 도시인 밴쿠버에선 일종의 정치 용어로 등장했다. 시장이 밴쿠버와는 정반대의 방향으로 의제를 추진하고 있는 토론토에서도, 자전거 전용도로와 주차비 증가가 '뜨거운 감자'가 되고 있는 시애틀에서도, 자동차와의 전쟁이 진행 중이다. 영국인들은 이를 '자동차 운전자들과의 전쟁'이라고 불러왔다.

물론 이는 실제로 일어난 전쟁은 아니다. 만일 무언가 그런 요소가 있다면, 더 나은 공공장소를 만들고, 자동차가 지배하는 도시 안에 좀 더 합리적인 형태의 교통수단에 공간을 더 허용하는 식의, 격차 해소 전쟁일 것이다. 전장의 일부와 사상자들을 좀 더 면밀히 살펴보자.

밴쿠버의 경우 반대파와 지역 언론은, 도심을 서쪽 지역에 연결하는 곳인 버라드 브리지(Burrard Bridge) 위에 자전거 전용도로를 설치하면 '공황상태'가 올 것이라 예상했다. 공황상태가 나타나지 않자 반대파들은 반성하기는커녕 도시 내, 대개는 도심 내 다른 자전거 전용도로에 같은 일이 일어날 것이라는 예측을 내놓았다. 약간의 마찰이 있긴 했지만 아직까지 공황은 일어나지 않고 있다. 이와 동시에 지방정부는 도시 안팎으로 자동차와 트럭을 이동시킬 10개의 새로운 차선 연결 다리와 고속도로 확장에 30억 달러를 쏟아 붓고 있다.

시애틀에서는, 몇 개의 새로운 자전거 전용도로가 신설되고 도심 주차료가 약간 오르긴 했지만 이와 함께 정치인들은 차량의 원활한 이동을 위한 새 터널과 다리의 건설에 70억 달러 지출을 고려하고 있다.

'자동차와의 전쟁'이라는 용어가 토론토보다 더 많이, 더 자주 사용된 곳은 아마도 없을 것이다. 토론토에서 이 용어는 2010년 공직자 선거 준비와 선거 기간 중 하나의 슬로건이 되었다. 기업과 친한 신문들의 헤드라인에는 시 당국의 자동차와의 전쟁에 관한 경고의 목소리가 수도 없이 올라왔다. 어느 한 신문은 아예 이를 '자동차와의 미친 전쟁'이라 일컫기도 했을 정도다. 그 이유는 당시 시 당국이 대중교통과 자전거, 보행자 인프라에 투자하면서도, 반대파들에 의하면 "자동차가 도시를 편안히 이동하도록 하는 데는" 충분한 노력을 기울이지 않았기 때문이다.

만일 자동차와의 전쟁이 있다면, 승자는 자동차일 것이다. 자동차는 (많은 경우에 승객은 한 사람인데) 여전히 우리의 도시와 도로를 지배하고 있고, 자동차 운용비용은 여전히 상대적으로 저렴하다. 또 밴구버 같은 도시에선 주차 공간을 일부 줄여 자전거와 보행로 인프라를 확충하고 있지만, 대부분의 북미 도시는 여전히 주차 공간에 필요 이상으로 값비싼 대지를 사용하고 있다. 미국의 경우 차량 한 대당 8곳의 주차 공간이 있다. 캐나다인 또한 믿기 힘들 정도로 많은 부동산을 끝도 없이 확장되는 도로 시스템에 바치고 있고, 이 과정에서 공공장소는 희생되기 십상이다.

사상자는 다음과 같다. 캐나다 통계청에 따르면, 2000년부터 2004년 사이 캐나다에서 사고로 사망한 44,192명 가운데 32퍼센트는 자동차 사고로 사망한 이들이었고, 70퍼센트는 15~24세의 젊은이들이었다. 자동차 사고로 발생된 무수한 상해 건수를(자동차가 보행자, 자전거 이용자와 부딪혀 발생했기 쉽다) 이에 추가해본다면, 이 '전쟁'에서 어느 쪽이 우세할지, 꽤 만족할 만한 대답을 얻을 것이다. 게다가 건강을 악화시키는 환경오염과 위험천만한 기후변화를 야기하는 온실가스 배출량의 상당 부분은 자가용에서 나온다.

이렇게 볼 때, 만일 자동차와의 전쟁이 실재한다면 사람들은 패배하는 편을 선택하고 있다고 결론 내려야 할 것이다. 자동차에 관련된 유일한 전투는 사실 프로파간다 전으로, 『가디언』 논평가인 조지 몬비오(George Monbiot)가 2011년 1월에 쓴 글 「상상 전쟁」에서 지적했듯, 이는 "공공의 이익을 누르는 사적 이익에 관한 것, 사회에 전가되는 비용과는 무관하게 사람들이 자신들의 욕망을 맹목적으로 추구하도록 허용하는 일에 관한 것"이다. 아마도 지금은 진짜로 자동차와의 전쟁을 선포해야 하는 때가 아닐까?

지속 불가능한 자동차 문화

우리는 망각 속으로 우리 자신을 몰고 가는 것일까? 아니면 새로운 자동차 기술이 출현해 화석연료 기반 차량들의 환경적 악영향으로부터 우리를 구원할까?

자동차 중심 사회가 초래한 결과의 극단을 보려면 2010년 중국에서 발생된 거대 교통정체 사건을 보면 충분하리라. 당시 이 정체된 차량은 100킬로미터까지 뻗어 있었고, 이 정체 현상은 약 2주 동안 지속되었다. 분명 이러한 사태는 자가용과 트럭 이용량 증가를 체험하고 있는 중국에선 일상사가 되어가고 있다.

긍정적인 면도 있다. 캐나다나 미국 같은 일부 국가에서는 한층 더 엄격해진 배기가스 기준으로 인해 지난 몇 년간 자동차 기술이 크게 진보했다. 하지만 충분한 수준으로 진보한 걸까? 상업적 거래가 가능한 하이브리드 자동차가 나온 지는 10년이 넘었지만, 이 자동차의 연료는 여전히 화석연료다. 전기자동차 기술 진보가 속력을 내고는 있지만, 모든 문제를 해결하지는 못할 것이다. 특히 사용되는 전기의 출처는 여전히 다른 곳이고, 많은 경우 이는 곧 석탄 연소 전력소이기 때문이다. 자동차 제조 과정 또한 다량의 에너지를 필요로 한다.

이러한 문제 중 일부를 해결하고자 앨버타 주의 어느 한 기업은 헴프(삼) 섬유(hemp fiber)로 만들어진 전기자동차를 개발했다. 자동차에 전력을 공급하는 데 사용되는 화석연료를 줄일 수 있는 기술일 뿐만 아니라, 그 제조 과정에 사용되는 물질들 역시 좀 더 지속 가능한 것들이다. 대마는 농약이나 물이 적게 공급되어도 잘 자라는 식물인데, 가볍지만 내구성이 있는 합성물질에 들어가 자동차를 제조할 수 있다.

전기로 자동차 배터리를 충전하는 문제를(이는 곧 온실가스 배출에 기여할 것이다) 부분적으로 해결한 한 가지 발명품은 미국 발명가 찰스 그린우드(Charles Greenwood)가 만든 것으로, 그다지 값비싸지 않은 휴먼 카(Human Car)다. 이 차량은 운전자의 운동을 통한, 즉 인간이 동력이 되는 차량일 수도 있고, 플러그 인 하이브리드(plug-in hybrid) 전기자동차일 수도 있다. 자동차를 '젓는' 1~4명의 사람들이 동력을 만들어낼 수 있다. 최대 속도는 시간당 100킬로미터. 물론 단점도 있다. 운전자가 무척 건강한 사람이어야 한다는 것. 태양전지(solar cells)와 수소가 동력을 제공하는 자동차 역시 에탄올이나 바이오디젤과 같은 화석연료 대체 에너지를 사용하는 자동차와 함께 개발되고 있다.

해결책이 필요하다는 건 자명하다. 자동차는 단지 대기오염, 온실가스 배출에만 기여하는 것이 아니라 연료탱크 누출, 잘못된 석유 폐기, 사용 도중의 유출로 인해 강, 호수, 바다의 수질도 오염시킨다. 소음 공해, 자동차 사고로 인한 사망 그리고 도시 환경의 외형에 미치는 부정적인 영향 또한 모두 문제다.

기술 발전 그 자체야 환영할 만하지만, 지금은 자동차 문화 전체를 다시금 생각해봐야 하지 않을까? 북미에서 평균적으로 1대의 차량은 1.5명의 사람을 태우고 다닌다. 이는 곧 도로를 주행하는 대다수의 차량 내 운전자는 고작 한 명이라는 말인 셈이다. 90킬로그램의 인간을 이동시키는 데 2,000킬로그램이 넘는 금속을 사용한다는 것이 정말로 효율적일까? 사용만이 아니라 제조 과정과 폐기까지를 고려하는 라이프-사이클 분석은 자동차가 비효율적인 생산물임을 밝혀준다.

가까운 미래에 자동차가 사라질 가능성은 적다. 특히 적은 인구가 사는 시골 지역의 경우엔 더욱 그러하다. 하지만 자동차에 대한 우리의 '필요'에 관해서라면 다른 식으로 생각해볼 수는 있을 것이다. 즉, 대중교통의 개선, 자동차 중심성이 덜한 도시의 디자인, 자동차 의존도를 줄일 다른 혁신적인 아이디어들을 말이다. 가능하면 걷거나 자전거를 이용하는 일 또한 훌륭하고, 이는 건강 개선에도 도움이 된다. 운전이 필수인 경우라면 연료 효율적인 자동차를 사용하도록, 연료 사용량을 줄이는 방식으로(예컨대, 운행을 멈추었을 때 시동을 계속 걸고 있는 것이 아니라 운행과 시동 정지를 병행하는 식으로) 운전하도록 노력해야 한다. 심지어 중국에서조차 모든 상황이 나쁘지만은 않다. 자동차 문화는 점점 발달하고 있지만 전기 오토바이 사용률 또한 폭증하고 있으니까 말이다. 2008년 중국인이 구매한 전기 오토바이는 2,100만 대, 구매한 자동차는 940만 대였다. 현재 중국 도로를 활보하는 전기 오토바이는 1억 2,000만 대인데, 10년 전엔 고작 5만 대였다.

우리는 자동차를 당연시하지만 실제로 자동차가 인류 문화의 일부가 된 것은 얼마 전의 일이다. 게다가 자동차가 영원히 인류 문화의 필수 요소가 되어야 할 이유는 없다.

3

치유하는 에너지

    오늘날 모든 에너지는 태양으로부터 나온다. 100퍼센트 태양에너지로 전환했다는 이야기가 아니라 모든 형태의 에너지가 태양에 의존한다는 이야기다. 심지어 화석연료조차 태양에너지의 한 형태에 불과하다. 수억 년 전 동식물들은 태양으로부터 얻은 에너지를 자기 사체에 보존했다. 지하에서 압착을 거듭하기를 수천 년, 그 에너지는 탄화수소로 변형되어 종국엔 석탄과 석유로 변형되기에 이른다. 우리는 이 물질들 안에 저장되어 있는 에너지를 방출하고자 이것들을 연소하고 있는 것이다. 풍력에너지 또한 태양광의 기능 중 하나다. 바람은 태양이 지상의 대기를 데우는 과정에서 발생된다. 또 바로 이러한 바람이 터빈을 돌려 전기를 생산하고 있는 것이다. 우리가 사용하는 에너지원과 그 양은 일정한 결과를 초래하기 마련이다. 화석연료는 기후변화의 위협, 환경오염, 에너지 공급 감소와 같은, 가장 직접적인 위험의 원인이다. 만일 지구 상에서 계속해서 잘 살고 싶은 생각이 있다면 우리는 반드시 에너지를 절감하고, 더 안전하고 지속 가능한 대체 에너지원을 탐구해야만 한다.

에너지를 가르쳐주는 일본의 위기

2011년 일본을 강타한 거대한 지진과 이어진 쓰나미는 보는 이의 가슴을 공포와 비애에 휩싸이게 했고, 많은 사람들이 사건 직후 끔찍한 상실의 슬픔을 딛고 일어서는 일본인들을 보며 그들의 처지를 헤아려야 했다. 사태는 악화되어, 이 공포스러운 자연재해는 인간이 초래한 위기에 불을 붙이고 말았다. 후쿠시마 제1 핵발전소의 불량 원자로에서 방사능이 유출되고 만 것이다.

세계의 즉각적 관심사는 일본인이었고 지금도 그렇지만, 우리 자신 역시 이 불행한 사건으로부터 무언가 배워야만 한다. 우선 일본인들로부터 준비하는 자세를 배울 수 있을 것이다. 만일 일본인들이 북미를 포함하여 세계 다른 지역의 많은 사람들이 따르고 있는 것처럼 재난 대책에 관한 자기만족적인 방법을 채택했다면, 공포의 지진과 그 후 이어진 상황을 생각해볼 때, 상황은 실제보다 훨씬 더 악화되었을 것이다. 그뿐만이 아니다. 그 상황은 우리의 에너지 시스템을 좀 더 면밀히 살펴봐야만 한다는 점을 일러주고 있었다.

2010년 세계는 또 하나의 에너지 관련 재앙을 목도했다. '딥워터 호라이즌(Deepwater Horizon)' 석유 시추시설이 폭발한 후, 멕시코 만으로 석유가 유출된 사건이다. 일본의 핵발전소 위기와 멕시코 만의 석유 유출 사건, 이 두 사건은 우리로 하여금 만족을 모르는, 값싼 에너지에 대한 추구가 어떤 잘못된 결과로 이어질 수 있는지를 생각하게 했다. 하지만 에너지 사용을 둘러싼 이슈들, 이를테면 환경오염, 정치 불안, 원가 상승, 기후변화는 이보다 훨씬 더 심각하고 녹록지 않은 것들이다.

다시 말하지만, 에너지에 대한 인간의 욕구 자체가 전 지구적 악몽을 촉발하고 말았다. 우리는 위기로 더 깊이 침잠해 들어갈 수도 있고 아니면 이를 지속 가능한 에너지의 미래를 만들어낼 방도를 모색하는 기회로 삼을 수도 있다. 화석연료도 핵연료도 유한한 에너지원이므로, 참된 의미에선 지속적으로 사용가능하지는 못할 것이다. 이 연료들은 고갈될 것이고, 우리는 이미 공급 감소가 초래한 결과 중 하나를, 즉 천정부지로 치솟는 원가를 보고 있다. 연료 고갈이 초래한 또 하나의 결과는 앞으로 심해, 티르 샌드, 북극치럼 좀 더 추출하기 어려운 곳에 내장된 석유의 추출에, 또 변덕스러운 정치 사법권력에 점점 더 많이 의존할 것이라는 점이다. 게다가 화석연료와 핵연료 사용은 온실가스와 (장기간 지속되는) 방사능 폐기물의 축적으로 인해 오늘날뿐만 아니라 미래에까지 막대한 문제를 야기한다.

화석·핵 연료는 전 세계적으로 고루 매장되어 있지도 않다. 예컨대 석유 매장지는 지정학적으로 불안한 지역에 많은 편이다. 또한 핵에너지는 그 생산 단계에 이르기까지 믿을 수 없을 정도로 막대한 돈과 시간을 잡아먹는 에너지라는 사실도 밝혀졌다. 만일 구형 핵 시설물을 개선하고 새 시설물을 건축하는 데 쓰이기로 한 자금이 풍력, 태양, 열역학 에너지 등 재생 가능 에너지에 사용된다면 그 효과는 즉각적일 것이고, 진정으로 지속 가능한 에너지 미래로 우리를 이동시켜 줄 것이다.

오늘날 우리는 그 어느 때보다도 에너지 선택지를 평가할 필요가 있는 시대에 살고 있다. 모든 선택지에는 나름의 결과와 손실이 있다. 화석연료 연소가 야기한 기후변화는 우리의 지구를 위태롭게 하고 있고,

핵재난과 핵폐기물은 우리 자신의 건강과 생태계를 근본적으로 위협하고 있으며, 심지어 재생 가능 에너지조차 환경에 일정한 영향을 끼친다. 이제는 에너지 사용 실태를 면밀히 살펴봄으로써 에너지 수요를 채워줄 좀 더 나은 방안을 찾아야 할 때다. 에너지를 더 적게 사용함으로써 각자가 맡은 몫의 일을 시작해야 한다.

어떤 핵반응

핵발전과 관련된 문제들은 이미 극복되었다고 너그럽게 생각할지도 모르겠다. 모든 곳에서 핵은 '녹색' 에너지원으로 지구고온화의 해결책으로 떠들썩하게 이야기되고 있다. 캐나다 총리 스티븐 하퍼(Stephen Harper)는 2008년 영국 런던에서 열린 기업인 대상 연설에서 핵발전과 우라늄 개발의 이점을 구구절절 칭송했다. "우라늄 최대 생산자로서 우리는 핵에너지 르네상스에 기여할 수 있을 겁니다. 핵에너지는 온실가스 배출이 없는 에너지원으로서 이곳 영국과 세계 다른 지역에서도 확대될 겁니다."

말처럼 그렇게 쉬우면 오죽 좋았을까. 후쿠시마 핵사고와 이전의 체르노빌, 쓰리 마일 아일랜드 사고는 핵폐기물, 핵무기 확산, 재난 사고, 우라늄 개발로 인한 오염과 같은 사안을 다시금 생각하게 한다.

이 문제들은 이미 해결된 것일까? 과학자들은 이를 처치할 방도를 이미 찾아낸 건가? 불행히도 답변은 '아니다'이다. 게다가 문제는 이것만이 아니다. 핵발전은 고비용을 요구하고, 납세자들의 세금에 크게 의존하고 있고, 심지어는 온실가스 배출로부터 완전히 자유롭지도 않다. 대량으로 에너지를 지속적으로 공급할 수 있다는 장점이 핵에너지를 매력적으로 만드는 것도 사실이지만, 에너지 수요를 충족할 다른 길을 모색해보는 편이 옳을 것이다.

　우선 우라늄 개발과 핵발전소로부터 배출되는 폐기물은 심각한 문제다. 특히 이 폐기물 중 상당수가 고준위 방사능 물질이라는 점을 생각하면 그러하다. 전력 생산 도중 나오는 일부 폐기물은 재순환이 가능하지만 우리는 여전히 그 대다수를 어떻게 처리해야 할지 제대로 알지 못한다. 대규모 저장을 위한 한 가지 방법은 매장이지만, 아직까지 우리는 그 결과의 전모가 어떠할지 모르고 있으므로, 이는 기본적으로 맹목적인 정책에 불과하다. 게다가 값비싼 방법이고, 핵폐기물은 장거리 수송으로 이동되어야 하기에, 그 과정에서 불행한 사고가 일어날 가능성은 매우 현실적인 것이라 할 수 있다. 다른 대규모 에너지 기술과 비교했을 때 핵에너지는 상대적으로 좋은 안전 기록을 보이고 있기는 하다. 하지만 후쿠시마에서 그리고 1986년 러시아 체르노빌 원자로 폭발 사고에서 배웠듯, 단 한 번의 사고가 초래할 수 있는 나쁜 결과는 타의 추종을 불허한다. 체르노빌의 재난으로 인해 방사능은 러시아, 유럽, 심지어는 북미 일부의 상공으로 유출되었고, 최고의 방사능 낙진 집중률을 보인 지역에서 암 발생률이 높아졌다. 후쿠시마 사고가 어떤 해악으로 이어질지 여전히 우리는 검토하는 중이다.

　많은 이들의 희망대로 만일 전 세계에 핵에너지 사용이 실제로 확대된다면, 핵무기 확산 위험 역시 계속해서 증가할 것이다. 핵발전소의 건설에는 긴 시간과 믿을 수 없을 정도의 막대한 비용이 소요된다. 또한 어마어마한 양의 초과 비용으로도 악명이 높다. 캐나다 한 국가만 해도, 지난 50년 동안 핵발전 산업에 투자된 정부 보조금이 200억 달러에 달한다. 이런 돈을 재생 가능 에너지에 투자했더라면 어떤 일을 성취했을지 생각해보기를 바란다.

　지구고온화를 문제 삼는 경우, 핵에너지는 생각만큼 충분히 녹색인 선택지도 아니다. 핵발전소의 라이프 사이클을 살펴보시라. 핵발전 기술은 에너지 집약적인 우라늄 추출 과정에서부터 수송, 건설, 발전소 폐쇄까지, 각 단계마다 온실가스를 배출한다(에너지 기술의 라이프 사이클을 살피는 일은 일반적인 건 아니었다. 하지만 이는 옥수수로 만든 바이오연료의 경우처럼 처음 보기엔 매력적인 에너지원이 가지는 문제를 알아내는 데 중요한 과정이다).

　만일 과거가 아니라 미래를 바라보았다면 캐나다와 미국은 에너지 기술력과 혁신에서 세계의 리더가 될 수 있었을 것이다. 재생 가능 에너지 가격은 내려가고 있는 반면 핵발전과 화석연료와 같은 구닥다리 기술을 위한 비용은 계속 올라가고 있다. 전력 송전망 관리 기술도 진보하고 있는데, 이는 곧 재생 가능 에너지원이 에너지 시스템에 좀 더 쉽게 통합될 수 있음을 의미한다.

　우라늄이 유한한 자원이라는 사실을 기억할 필요가 있다. 2001년 유럽위원회(European Commission)의 추산에 따르면, 생산 능력이 크게 증가할 경우 세계의 우라늄 공급은 최대 약 12년 정도 지속 가능하다. 또한 현재 사용률을 적용한다면 약 40~70년 정도 존속 가능하다. 우라늄이 희소자원이 되면서 생산비는 이미 천정부지로 솟구쳤다.

　만일 미래의 추가적인 온실가스 배출이 초래할 위험이라는 프리즘으로 에너지 미래를 다시 생각해본다면, 우리가 지금 어마어마한 기회 앞에 있음을 알 수 있다. 빅 테크놀로지에(거대한 댐, 화력발전소, 핵발전소) 우리가 가진 모든 것을 투자하기보다는 소규모의 다양한 재생 가능 에너지원에, 집중화되지 않은 전력시설에 투자하는 것이 훨씬 더 탄력

회복적이고 신뢰할 만한 선택이라고 생각한다.

  핵에너지 산업 확대의 위험과 비용을 피하고자 한다면 재생 가능 에너지에 힘을 실어주어야 한다. 그러나 우리가 할 수 있는 다른 일도 있다. 바로 에너지 사용량 자체를 줄이는 것이다. 에너지 절감은 곧 우리들이 값비싼 발전소를 건설할 필요로부터 해방됨을, 좀 더 청정한 공기로 숨 쉴 수 있음을, 지구고온화에 대한 어떤 실질적 해결책을 가짐을 의미한다. 많은 이들은 이미 더욱 에너지 효율적인 기기들로 전환했고 에너지 소비를 감축하는 다른 방도 역시 모색하고 있다. 이 모든 작은 일들이 모아져 큰 변화를 만들어낼 것이다. 사람에게는 정말로 상황을 바꿀 힘이 있다.

독일 에너지 송전망을 탈바꿈시킨 셰어의 결단

  2005년 교토 의정서에 관한 몬트리올 국제회의에 참석, 독일 국회의원 헤르만 셰어(Hermann Scheer)의 연설을 들었다. 당시 그에 대해 아무것도 몰랐지만 어떻게 독일이 세계 제일의 풍력 발전 기술 수출업자가 될 수 있었고, 핵 원자로를 폐기하려는 길을 걸어가고 있는지에 관한 이야기를 들었을 때, 너무 놀란 나머지 뒤로 나자빠질 지경이었다. 그는 에너지에 관한 다음과 같은 자명한 사실을 논리정연하게 설파했다. 화석연료는 유한하고 고갈될 것이며 세계 최대의 석유 생산지는 대개 정치적으로 가장 불안한 지역에 있다는 것, 핵에너지는 재생 가능 에너지가 아니며 셀 수 없이 많은 후세대에게 방사능 폐기물이라는 유산을 남기는 에너지라는 것, 태양은 모든 나라에 풍부하고 청정한 에너지를 무상으로 제공해준다는 것을 이야기했다.

슬프게도, 셰어는 66세의 나이로 2010년 별세하고 말았다. 다년간에 걸쳐 나는 빈틈이 없고 두려움도 모르며 자기 신념에 끝까지 충실했던 이 정치인과 교류해왔다. 독일 사회에서 그의 인기는 너무 높아진 나머지 나중에는 정당 정치를 할 필요조차도 없을 정도였다. 베를린에서 그는 내게 이런 말을 한 적이 있다. "에너지 문제는 테크놀로지 문제가 아니다. 그것은 넓은 의미에서 정치 문제다. 특정 형태의 에너지를(핵, 수소, 화석연료, 재생 가능 에너지) 개발해 활용하기로 일단 정치적 결정이 내려지면, 그 특정 분야의 모든 전문지식이 총동원되고 이를 위한 모든 인프라가 구축되기 마련이다".

예컨대 석유가 활용 대상으로 일단 결정되면, 석유를 찾는 데 지질학자들이 동원되고, 추출 방법이 개발되어야만 하며, 천연유는 정제되어야 하고, 수송 시스템은 석유를 소비자에게 전달해주어야 하며, 주유소는 건축되어야 하고……. 그 외 부수적인 모든 일들이 잇따라 진행되어야 한다. 문제는 석유 산업 내의 이 모든 부문에서 이해관계가 어마어마하게 증대하고 말았다는 점이다. 그리하여 누군가 태양 같은 대체 에너지원이 화석연료보다 장점이 많다고 지적하면, 이들의 반응이란 "바보 같으니라고", "그건 불가능해", "우리의 필요 가운데 극히 적은 부분 이상을 충족시키진 못할 거야", "신뢰하기 힘들어", "너무 비싸" 등이었고, 사실 이러한 반응은 하등 놀라울 게 없는 것들이다. 셰어가 '정치적'이라고 말한 바는 기성 질서유지(status quo)에 너무 많은 투자를 한 결과 자연스럽게 나타난 태도라고 나는 생각한다.

1973년 석유수출국기구(OPEC)의 석유수출금지 선언 이후 경제학 박사 셰어는 장차 독일의 산업에 에너지가 가장 큰 취약점이 될 것임을 알아차렸다. 독일에는 석유 매장지도 수력발전에 활용 가능한 거대한 강도 없었고, 핵발전이나 화력발전을 통한 전기 생산의 여건 역시 좋지 않았다. 그는 이러한 점이 요동치는 지역 정치에 독일을 취약하게 함을, 아울러 이러한 에너지 생산법은 지속 가능하지 않음을 인식했다.

셰어는 태양이 필요한 에너지 이상의 빛을 지구에 방사한다는 점을, 태양으로부터의 이러한 에너지와 바람, 파도, 바이오매스와 같은 2차적 에너지원은 지속 가능한 에너지원이라는 점에 눈뜨게 된다. 정치인 신분임에도 셰어는 에너지 비영리기구인 '유로솔라(EUROSOLAR)'를 창립하여 사회 전 부문에서의 재생 가능 에너지 활용을 촉구한다. 이러한 그의 노력은 때마침 독일 내 반핵을 기치로 한 녹색당의 발흥과 시기를 같이 했는데, 그리하여 녹일 사회에 큰 반향을 일으킨다. 재생 가능 에너지는 핵발전소 전부를 폐쇄해도 좋을 정도로 충분한 에너지를 제공해줄 수 있을까? 셰어는 그것이 가능함을 인식했다. 비록 과학자들과 다른 '전문가들'은 재생 가능 에너지가 국가 전력의 적은 부분 이상을 책임지는 일은 불가능하다고 선언했지만 말이다.

좌파 연립정부 내에 녹색당이 권력을 일부 지니게 되면서 셰어는 하나의 혁신적 플랜, '피드 인 타리프(feed-in tariff)'를 도입한다. 이 정책으로 인해 독일은 모든 형태의 재생 가능 에너지를(주로 태양에너지와 풍력) 전력송신망에 수용하고 20년간 재생 가능 에너지에 프리미엄 가격을 보장하게 된다. 이로 인해 개인들과 협동조합들은 터빈과 태양열 패널을 너도나도 자발적으로 설치했는데, 그도 그럴 것이 은행들이 이 설치를 위한 은행 대출에 협조적이었던 것이다.

2008년 『글로브 앤 메일』에 실린 글 한 편이 지적했듯이, 피드 인 타리프로 인해 독일은 2만 메가와트 이상의 청정에너지를 얻을 수 있었을 뿐 아니라 새로운 경제적 활력의 출구 또한 찾았다. 2008년 기준 재생 가능 에너지 부문은 "약 2,400억 달러의 연간 수익을 올렸고 25만 명의 독일인에게 일자리를 제공했다. 독일의 풍력 산업은 2007년 한 해만 8,000개의 일자리를 창출했고, 한 연구에 따르면 재생 가능 에너지 부문은 2020년까지 (현재 독일의 최대 고용 산업인) 자동차 산업 이상의 일자리를 제공할 수 있을 것이다."

많은 사람들이 재생 가능 에너지로의 전환을 촉구하고 있다. 노벨상 수상자이자 전(前) 미국 부통령 앨 고어(Al Gore)는 2020년까지 100퍼센트 에너지원을 재생 가능 에너지로 전환하자고 미국 사회에 촉구했다. 이에 대한 반응으로 우리는 석유의 늪에 빠진 부정론자들의 낡아빠진 합창을 들을 수 있었는데, 이들이 헤르만 셰어를 만날 기회가 없었다는 건 너무나도 불행한 일이다.

다른 대안보다 더 건강한 풍력에너지

풍력에너지는 점점 더 매혹적이며 가치 있는 에너지원으로 인식되고 있다. 미국, 독일, 스페인, 중국, 인도를 비롯한 여러 국가들은 풍력에너지 산업 개발을 고무하는 정책안을 시행하고 있다. 하지만 풍력에너지가 개발되고 있는 많은 곳에서 반발 또한 커지고 있는 실정이다. 풍력 개발 비판의 근거 가운데 하나는 터빈이 만들어내는 소음이 인체를 해롭게 할 수 있다는 것이다. 그러나 동료들의 검증을 받은 과학 연구에 따르면, 터빈이 내는 소리는 대체로 3개의 범주에 해당되는데 이는 가청음, 저빈도음, 초저주파 불가청음이며, 인체에는 거의 영향이 없거나 아예 없다.

특히 풍력 발전소가 거주지로부터 훨씬 멀리 떨어져 있다면 말할 나위조차 없을 것이다. 예컨대 캐나다 온타리오 주의 경우 적정 거리는 550미터인데, 이 거리에서 발전소로부터 나오는 가청음은 40데시벨 이하임이 확인되었다. 이 정도의 음량은 보통 대부분의 침실이나 거실에서 우리가 접하는 수준이다. 매사추세츠 대학의 연구들 또한 그 소리가 가청음이긴 하지만 그로 인한 폐해는 극미하다고 밝힌 바 있다.

비판자들은 또 저빈도음, 초저주파 불가청음을 터빈이 인체에 미치는 해악의 원인이라고 지적한다. 이러한 음들은 그러나 우리의 귀가 거의 듣지 못하거나 아예 들을 수 없는 음들이다. 온타리오 주정부 보건부 최고사무관은 과학 기록물들에 대한 검토를 시행했고, 그 결과 풍력 발전소 터빈에서 나오는 저빈노음이 인체에 해악을 미친다는 그 어떤 증거도 발견하지 못했다.

인체에 대한 해악에 대한 증거자료는 없긴 하지만 스웨덴과 네덜란드의 연구들은 풍력 발전 반대론자들의 주장을 재조명하게 한다. 40데시벨의 음이나 그보다 조금 더 적은 음량의 음에 노출되었을 때, 반응자 중 73퍼센트가 이 소리를 감지했고 6퍼센트가 불쾌감을 느낀 것이다. 하지만 풍력 발전소를 좋아하지 않거나 꼴사납다고 생각하는 이들일수록 이 소리를 감지하고 불쾌감을 느끼기 쉬웠다. 그 어떤 이슈에 관한 새로운 연구 결과에 언제라도 열린 마음을 유지해야 하겠지만, 적정 거리를 유지한 채 건설된 풍력 발전소 터빈들이 인체에 아무런 해를 미치지 않는다는 증거는 확실히 믿을 만한 듯하다. 더군다나 석탄과 다른 화석연료를 연소하는 주류 에너지 산업이 인체에 미치는 해악을 고려한다면 풍력에너지는 훨씬 더 매력적인 에너지원이다.

세계보건기구(WHO)에 따르면, 대기오염으로 인한 연간 조기 사망자는 200만 명에 이른다. 대기오염 때문에 응급실이나 병실을 찾는 이들 또한 그 수를 헤아릴 수 없이 많다. 풍력 발전에 관한 불평불만에 관해서라면, 매인 주정부 질병 통제 센터(Maine's Center for Disease Control)의 연구 결론을 마음에 새길 필요가 있을 것이다. 건강에 해로울 수 있으므로 풍력 발전 개발은 일시적으로 연기되어야 한다는 입장을 폐기한 후, 도라 앤 밀스(Dora Anne Mills) 박사는 이렇게 결론 내린다. "만일 일시 연기의 필요성을 이야기하는 증거자료가 있다면 그것은 인류의 건강에 대한, 지금까지 알려진 바 있는 일상적 영향을 생각해볼 때 도리어 화석연료 사용에 관한 것이어야 한다."

터빈이 야생생물에 미치는 영향에 관한 이야기는 또 다른 이야기일 것이다. 하지만 대부분의 과학 연구는 좀 더 새로운 (풍력) 테크놀로지와 (터빈의) 적정한 위치는 새, 박쥐에 대한 위협 대부분을 극복할 수 있음을 밝히고 있다. 한 연구는 또 이렇게 지적한다. "풍력 발전으로 죽는 새들의 수는 차량, 건물과 창문, 전선, 통신 타워, 제초제를 비롯한 독극물, 야생·집 고양이과 동물들 등 다른 여러 가지 인간적 요인으로 인해 해마다 죽는 새들의 수(추정치)에 비해 훨씬 적다."

모든 이를 만족시킬 에너지 기술을 찾아내기란 언제라도 쉽지 않다. 하지만 화석연료 연소가 초래하는 부정적 결과는 쉼 없이 커져만 가고 있고, 따라서 이제는 우리가 지닌 선택지들을 모두 비교하고 검토해보아야 마땅하다. 이 비교 검토의 과정에서 풍력 발전의 가치는 최종적으론 인정될 것이다. 최소한도의 환경적 영향을 미치는 기술을 활용하도록, 인간과 동물에 대한 영향 또한 최소한인 지역에 터빈을 설치하도록 조심을 기한다면 풍력 발전을 반대할 이유는 없을 것이다.

타르 샌드(tar sands)의 문제

공포 체험을 원할 때 굳이 공포영화를 보거나 스티븐 킹의 베스트셀러 소설을 읽을 필요가 있을까? 사용자가 지구 위 그 어느 장소의 위성 사진도 볼 수 있게 해주는 컴퓨터 프로그램인 '구글 어스(Google Earth)'를 활성화하기만 해도 끔찍한 공포 체험이 가능하리라. 마우스를 대고 줌인을 해보라. 그러면 지구 밖에서 본 앨버타 주의 타르 샌드가 어떤 모습인지 확인할 수 있다.

예쁘장한 모습은 결코 아니다. 사실 무서운 모습인데, 여기에는 그럴 만한 이유가 있다.

저명한 저널리스트인 앤드루 니키포럭(Andrew Nikiforuk)의 책『타르 샌드: 더러운 석유와 어느 대륙의 미래』는 구글 어스의 이 회색 점들이 캐나다의 자연환경과 경제에 무엇을 뜻하는지를 탐구한다. 캐나다인이라면 이 중요한 책을 읽고 세계 최대의 에너지 프로젝트가 어떻게 자신들의 삶에 영향을 미치는지 알아야 한다.

앨버타 주의 타르 샌드 프로젝트의 규모는 캐나다 역사상 전례가 없는 규모다. 앨버타의 '푸른 눈을 한 이슬람 가장들(Sheiks)'(석유 산업 엘리트들의 별칭)은 북부 앨버타 매장지 개척으로 수십억의 이윤을 노리고 있는데, 이는 미국과 세계의 석유 수요에 부응하기 위해서다. 하지만 이 돈은 석유 달러를 위해 함부로 버려지는 환경 달러, 즉 환경 비용에 비추어볼 때 그 빛이 바랜다.

앨버타 주의 타르 샌드 주요 매장지는 3곳, 즉 피스 리버(Peace River), 콜드 레이크(Cold Lake) 그리고 애서배스카(Athabasca)로, 이 중 애서배스카 지역은 세계 최대의 천연 역청(瀝靑, bitumen) 매장지다. 선사 시대부터 존재한 여러 복잡다기한 분자의 결합체인 이 역청은 일종의 지질학적 기적으로, 캐나다라는 나라가 자연에서 받은 축복이기도 하다. 마치 선조들이 우리가 컴퓨터 칩 안에 실리콘이라는 물질을 활용하리라고는 상상하지 못했을 것처럼, 이 역청이 훗날 우리의 아이들과 손자들의 삶을 (현재 우리로서는 상상 불가능한 방식으로) 도울 어떤 물질로 판명될지도 모르는 일이건만, 우리는 이 자원을 보존하기는커녕 재빠르게 활용하고 있다. 더군다나 회복하기까지 수백 년이 걸릴 (회복이 가능하기라도 하다면) 환경 재앙을 초래하면서 그렇게 하고 있다.

타르 샌드의 성분은 실리카 샌드(silica sand), 미네랄, 진흙, 물 그리고 가장 중요하게는 천연 역청이다. 자동차에 전력을 공급하고 집을 데우고 식품을 수송하는 데 활용할 수 있도록 이 역청을 변환하는 과정은 꽤나 복잡하다. 1배럴의 두꺼운 타르 비슷한 역청을 생산하려면 2톤의 흙이 굴착되어야만 한다. 또한 1배럴의 역청을 만드는 데 애서배스카강의 청정수 3배럴이 필요하다. 게다가 타르 샌드로부터 석유를 추출하는 데는 어마어마한 에너지가 필요하다. 자, 이런 사전 지식을 가진 상태에서, 현재 캐나다가 매일 100만 배럴의 역청을 미국에 수출하고 있다는 사실을 생각해보니 어떠한가?

우리는 뉴스를 통해 타르 샌드가 석유 기업에게 장차 엄청난 이윤을 가져다줄 것이라는 소식을 듣는다. 하지만 그다음에 어떤 일이 벌어질지에 관한 논의는 거의 전무하다시피 하다. 심지어 완고한 에너지 전문가들조차 북미의 에너지 수요를 충족하고자 타르 샌드에 의존하는 일은 곧 값싼 석유 시대의 종말에 가까워지고 있음을 의미한다는 데 동의한다.

우리는 이미 알고 있다. 우리의 라이프스타일이 혁신되어야 한다는 것을. 석유와 가스 같은 화석연료의 연소가 우리의 건강을 해치는 스모그와 지구고온화를 초래한다는 것을. 지구고온화가 인류에게 상상하기 힘든 위협이라는 것을. 그리고 그 해결책들이 존재한다는 사실 역시 알고 있다. 재생 가능 에너지원에 기반한 미래를 창조하고, 환경보존 노력을 증대하고, 그 운영 과정에서 지구를 파괴하지 않고 우리의 삶의 질을 보호할 수 있는 사회를 모색하는 일 말이다. 타르 샌드로부터 만들어지고 있는 그 모든 돈 가운데 바람, 태양, 바이오매스 또는 열역학을 원천으로 하는 재생 가능 에너지에 재투자되는 돈은 거의 없는 듯하다. 만약 조금이라도 있다면 이 돈을 저탄소 프로젝트에 투자하는 셈일 테고, 그렇게 된다면 지하로부터 역청 모두를 일일이 다 추출할 필요는 없을 것이다.

내 아이들이 아직 어렸을 때 일이다. 아이들은 침대 밑에 누워 방 안의 불이 꺼지기만을 기다리는 일종의 신화적 악령인 도깨비에 관해 자주 물었다. 그러나 이 도깨비는 어떤 무서운 생물이 아닌지도 모른다. 그것은 단순히 정장을 차려 입은 채 주주를 만족시키고 이윤을 만들고 고위 정치인의 비위를 맞추려 노력하는, 그럼으로써 환경 범죄에 책임질 필요도 못 느낀 채 자신의 일을 계속할 수 있는 어떤 한 사람일수도 있다.

생각해봐야 할 더욱 무서운 사태가 진행 중일 수도 있다. 경제적 수익 가치가 낮다는 이유로 우리 자신의 환경과 건강보다 타르 샌드의 (단기적) 경제 이익을 우선시할 때, 어쩌면 그렇게 선택하는 우리 모두야말로 그 도깨비일지도 모른다.

리브랜딩은 타르 샌드 오일을
'윤리적'인 것으로 만들지 않는다

보수당 의원이자 과거에 담배 산업 로비스트이기도 했던 에즈라 레반트(Ezra Levant)의 책 『윤리적 석유』를 (또는 그 책의 표지만을) 대강대강 훑어보며, 캐나다 수상 스티븐 하퍼와 환경부장관 피터 켄트는 앨버타 주의 타르 샌드에서 나온 석유를 '윤리적 석유'라고 이야기해왔다.

하퍼와 레반트의 관계는 오래된 것이다. 2002년 캘거리 남서부지역의 국회의원 보궐선거에서 공동 후보의 자리에서 마지못해 내려감으로써 하퍼를 공식 후보로 만들었던 장본인이 바로 레반트였다. 하지만 이들이 함께 선전하는 '윤리적 석유' 운운의 주장은 포트 맥머레이(Fort McMurray) 주변 지하의 구멍만큼이나 큰 구멍을 지니고 있다.

우선 그 논리 자체가 오류다. 어느 한 사회나 나라가 '윤리적'이라 생각된다 해서 이것이 곧 그 사회나 나라가 생산하거나 수출하는 모든 것이 윤리적이라는 말은 아니기 때문이다. 만일 이 사안의 윤리를 심층적으로 캐묻고자 한다면 에너지 전반의 윤리학을 살펴봐야만 옳다. 이는 곧 여러 에너지 시스템이 사람과 환경에 어떤 영향을 미치는지 고려함을 의미한다. 과학이 문제가 되는 지점은 바로 여기다. 과학은, 앨버타 타르 샌드가 캐나다 온실가스 배출량의 약 5퍼센트에 기여하며 캐나다에서 가장 신속히 성장하는 (온실가스) 배출원이라는 사실을 밝히고 있다. 2011년 초반 기준 이 산업으로 인해 600평방킬로미터의 북부 삼림지대가 훼손되었는데, 엄밀히 말해 삼림 복원 가능성은 거의 없거나 전무한 실정이다. 또한 이 산업으로 인해 어마어마한 수자원이 활용되었고 주변 공기와 물 역시 오염되었다.

2010년 여름 독립적이며 동료의 검증을 받은(peer-reviewed) 한 과학 연구는 타르 샌드 추출 과정으로부터 나오는 독극성 부산물이 애서배스카 강을 오염시키며 하류 유역 원주민 공동체들과 그들의 양식인 물고기의 건강을 위협하고 있다는 사실을 밝혔다. 의료 연구들 또한 이 지역 원주민 공동체들이 이미 이러한 독극물에 대한 노출과 관계 있는 희귀성 암 발병률의 증가를 보이고 있다고 전한다.

만일 이것이 우리가 찾을 수 있는 가장 '윤리적인' 석유 원천이라면 우리는 또한 그토록 다량으로 가공되고 있는 역청의 도덕적 순수성에 관해 다른 질문들을 제기해야 마땅하다. 예컨대 만일 이 석유를 인권취약국인 중국 같은 나라에 판매한다면, 그 행위는 그 세품의 '윤리적' 성격에 영향을 미치게 될까? 또 타르 샌드를 추출하는 기업들, 예를 들어 기후변화에 관한 잘못된 정보의 캠페인을 후원하는 것으로 유명한 엑손 모빌(Exxon Mobil) 같은 기업은, 2010년 멕시코 만의 거대한 기름 유출 사건에 책임이 있는 BP와 같은 기업은, 아니면 페트로 차이나(Petro-China) 같은 기업은 얼마나 '윤리적'인 기업일까? 또한 온실가스 배출이 우리의 아이들과 그 아이들의 아이들에게 미치는 영향도 고려해야 마땅하다. 내 생각에 이는 일종의 세대 간 범죄이기 때문이다.

이런 의미에서 기후변화에 기여하는 온실가스 배출을 제한하고, 환경과 건강에 최소한의 영향을 미치는 에너지원이나 기술로 생산된 에너지가 화석연료보다 훨씬 더 윤리적이지 않을까? 또한 경제학적 관점에서 보더라도 좀 더 윤리적인 기술이나 에너지원이 외국의 바이어에게 이중으로 매력적이지 않을까? 만일 그 바이어가 캐나다 같은 '윤리적'인 나라에서 온 이들이라면 말이다.

문제는, 에즈라 레반트와 정부 내 그의 친구들이 무슨 말을 떠벌리든지 간에 석유는 단 한 번도 '윤리적'인 적이 없었다는 사실이다. 석유는 지금까지 언제나 돈과 관련되어 왔다. '윤리적 석유'를 옹호하고자 하는 이들이라면 에너지 수급 방식 자체가 지금도 앞으로도 참된 의미에서 윤리적이도록 노력해야 할 것이다. 요컨대 유일하게 참된 윤리적 해결책은 석유 생산을 점차적으로 중단하는 것이다. 타르 샌드가 만들어 내고 있는 불명예는 '윤리적 석유'와 같은 의미 없는 문구로 씻을 수 있는 게 아니다.

에너지 환경오염과 관련하여 진정 윤리적인 사회이고자 한다면, 캐나다 타르 샌드 개발 속도를 늦추고 환경 문제들을 해결해야 한다. 또한 탄소세를 시행하고 규제와 감시 제도를 개선하며 그 에너지 수익의 정당한 몫을 캐나다 시민들에게 돌려주어야 한다. 미국 또한 타르 샌드로부터 나오는 더러운 석유에 의존할 필요가 없도록 청정에너지원을 활용하고 에너지를 보존하는 길을 모색해야 한다. 이제 청정에너지원을 정말로 중시해야 한다. 세제 혜택으로 화석연료 산업 전체와 타르 샌드를 보조하는 게 아니라 우리의 건강, 경제, 기후 모두를 이롭게 할 에너지 기술에 투자해야 한다.

캐나다 환경부 장관이 석유 산업과 그 옹호자들의 심기를 달래는 일보다는 환경보호에 더 많은 시간을 투자한다면 그 또한 도움이 될 것이다.

우리의 의심을 자아내는 화석연료 산업

석유 기업의 경영자들에게 제1의 가치는 이윤 극대화다. 이들의 말과 행동을 이끄는 것은 대개는 주주에 대한 헌신이며, 우리 역시 이들을 이러한 맥락에서 이해한다. 반면 정치인들은 공공의 이익을 대변하는 이들이라 생각된다. 산업계에 힘을 실어주는 일은 시민에게 이로울 수도 있지만, 피선되어 공직자가 된 이들이 자신을 뽑아준 사람들이 아니라 산업계를 위해 더 많은 노력을 쏟아 붓는다면, 이들은 신뢰를 잃고 말 것이다. 특히 산업의 성장이 공공의 이익을 대가로 진행되는 경우라면 더욱 그러할 것이다.

대중을 호도하고 환경을 위협하는 화석연료 산업의 기록을 생각해볼 때, 이 산업에 대한 정치 지도자들의 지지 행태는 주목을 끌어야 마땅하다. 2010년 BP의 딥워터 호라이즌 석유 시추시설이 폭발하며 11명의 목숨을 앗아가고 바다에 석유를 유출했던 멕시코 만의 재난 사고는 일종의 경종이었지만, 점차 기억에서 사라져가고 있는 듯하다.

이 사고를 망각해서는 안 되겠지만, 이는 단순히 당시 유출된 수백만 배럴의 석유의 일부가 아직도 주변 생태계에 심각한 피해를 입히고 있기 때문만은 아니다. 이 위기는 파열예방장치가 작동하지 않아 발생한 사건이었지만, 멕시코 만은 여전히 이와 비슷한 장치들을 갖춘 시추시설들로 가득 차 있고, 이 중 대다수는 적절히 검사되거나 유지되지 못하고 있는 형편이다. 딥워터 호라이즌 시추시설의 경우, 소유주들은 자체 검사 보고서를 작성하도록 허가를 받았고 이 보고서는 미국 정부 규제처로부터 정확한 것으로 감수받았다.

멕시코 만에는 또 27,000개의 폐기된 (석유·가스용) 유정(油井)과 3,500개의 '임시로 폐기된' 유정이 있다. 「연합뉴스(The Associated Press)」의 보도에 따르면 신뢰할 수 있고 안전하도록 이 추출구를 규제하는 이는 아무도 없는 실정이다. 청소 과정에 돈이 든다는 건 말할 나위조차 없다. 화석연료 산업은 역사상 가장 많은 이윤을 창출한 산업임에도, 또한 아직까지도 미국과 캐나다 등 많은 나라에서 대규모 국가

보조금(납세자의 고혈로 만들어진 것)을 수혜 받고 있는데도, 이 산업의 경영자들은 꼭 그렇게 하지 않아도 되는 경우라면 돈을 쓰려 하지 않는다. 이익을 감소시킬 테니 말이다.

한편 캐나다 연방정부와 앨버타 주정부는 타르 샌드 석유를 '고 탄소 연료'로 이름 붙이자는 EU의 (과학에 근거한) 제안에 반대하는 캠페인을 (이를 위한 자금도 납세자의 고혈로 가능하다) 벌이고 있다. 또한 이 두 정부는 타르 샌드가 애서배스카 강에 부정적인 환경 영향을 미치고 있다는 사실을, 도저히 부인할 수 없게 되고서야 마지못해 인정했다. 심지어는 다른 연구 결과를 발표한 과학 연구들을 뻔히 보면서도, 이들 정부의 정치인과 산업주의자들은 타르 샌드가 애서배스카 강에 아무런 영향을 미치지 않는다고, 발견된 그 어떤 오염도 '자연스럽게 발생된' 것이라고 주장했다.

화석연료를 향한 우리의 만족할 줄 모르는 갈급증은 또한 유압 파손(fracking)에 대한 우려를 초래하고 있다. 이런 일이 발생한다면 어마어마한 양의 물, 모래, 화학물질이 유정들로 폭발, 분출되어 지하의 혈암(頁巖)을 파열하고 천연가스를 방출할 것이다. 누수, 파열, 수질 오염, 대기 중 오존 증가, 강력한 온실가스인 메탄의 배출은 이러한 과정으로 인해 발생가능한 몇몇 결과일 뿐이다.

환경오염, 기후변화와 더불어 이러한 사실들은 우리에게 에너지 활용방식과 에너지원을 재점검해볼 필요가 있다고 말한다. 그러나 산업계로부터 신뢰할 만한 정보를 기대할 수는 없는 노릇이다. 결국 모든 산업의 최우선가치란 자신의 이익 증대일 테니까. 또한 정부로부터도 그다지 많은 것을 기대할 수는 없어 보인다. 자신들을 선출해준 다수 대중의 장기적 이익보다는 선거 사이클에 맞춘 자신만의 단기 이익에 더 관심을 둔 이들이 이끌기 쉬운 것이 정부이기 때문이다.

예컨대 캐나다에는 석유와 관련된 돈이 있고, 캐나다 경제의 한 동력은 높은 유가다. 하지만 물, 대지, 공기가 오염될 때, 아이들이 환경오염과 기후변화의 결과로부터 고통받게 될 때, 또 석유가 모두 고갈되고 세계의 다른 지역은 청정에너지로 이동할 때, 캐나다의 운명은 어떻게 될까?

그저 석유, 가스, 석탄을 가능한 한 신속히 획득하는 것 이상의, 좀 더 나은 계획이 이 세계에는 필요하다. 이 에너지원을 천천히 현명히 개발하고 이러한 에너지로부터 생산되는 돈을 더욱 잘 관리하는 일, 그리고 그 부가 시민 모두를 이롭게 하도록 하는 일이 필요하며, 그래야 청정에너지로의 전환에 박차를 가할 수 있다. 재생 가능 에너지원에 대한 좀 더 진보된 계획과 더욱 많은 투자는 물, 대지, 공기 그리고 사람들의 건강 증진에 기여할 것이다. 또한 캐나다의 장기적 경제 번영을 위해서도 훨씬 더 건강한 선택지이리라.

인민의, 기업에 의한, 기업을 위한 정부

2008년 경제학을 전공하던 대학생 팀 드크리스토퍼(Tim DeChristopher)는 부시 정부가 석유·가스 산업을 위해 마련한 경매에 참가했다. 그는 유타 주 야생지대 내 14개 부지에 (이 중 상당수가 국립공원 근처에 있다) 대한 시추권에 180만 달러를 제시했다. 또한 그는 그가 금액을 제시했으나 이기지는 못한 다른 부지들의 경우에도 계속해서 가격을 제시하여 경매가를 올려놓았다. 드크리스토퍼는 그 후에도 온라인 경매에서 경매가를 올리려고 노력했고 부지 임대비를 지불하겠다고도 제안했지만, 미국 정부는 그에게서 지불 의사를 찾아볼 수 없다며 그를 2개의 중죄 법정에 보내 유죄를 선고했다.

2011년 7월 27일 그는 2년 징역과 3년 집행 유예를 선고받는 한편, 벌금으로 1만 달러를 지불하라는 법정 명령을 받았다. 그는 유타 주 법원에서 수갑을 찬 채 호송되었다. 이로써 그는 이제 범죄자가 된 것이다.

그런데 법정 판사는 드크리스토퍼가 소명할 기회를 허용하지 않았다. 이것 때문에 또 다른 이유로 그의 변호사는 재심 요청을 진행 중이다. 선고 전 법정 최후 진술에서 드크리스토퍼는 이렇게 진술했다. "제 미래를 위협하는 불법 경매를 가로막고 싶었을 뿐입니다." 그 후 법정 명령은 오바마 행정부에 들어서 취소되었는데 충분한 정황 검토가 시행되지 못했다는 것이 이유였다.

청자의 가슴을 뛰게 하는 법정 진술에서 드크리스토퍼는 에너지원 추출을 둘러싼 법의 모순에 관해 감동적인 발언을 했다. 그가 자란 곳인 웨스트버지니아에서는 주정부가 정부 조사를 통해 (석탄 채취를 위해 산봉우리를 자주 폭발시켜온) 석탄 기업 메시 에너지(Massey Energy)가 10년 동안 62,923차례 위법행위를 저질렀고, 이는 2010년에는 29명의 목숨을 앗아간 사고로 이어졌다는 사실을 밝혀냈다고 지적한 것이다. 하지만 주의 재심 법정 판사들을 선출하는 데 수억 달러를 이미 기부했던 이 회사는 이러한 위법에 대해 벌금을 거의 물지 않았다.

석탄 기업들이 법을 준수하게 하려고 그의 모친은 법적으로 할 수 있는 노력이란 노력은 다 해보았다고, 드크리스토퍼는 주장했다. "공청회에서 발언도 했고 청원서도 제출했고 고소장들도 제출했지만…… 아무 소용도 없었죠." 그의 진술은 이렇게 이어진다. "저는 사실 법의 지배에 대해 커다란 경념(敬念)을 품고 있는 사람이에요. 왜냐하면 법의 지배가 없다면 어떤 일이 일어나게 되는지 화석연료 산업의 경우에서 똑똑히 보았기 때문이죠."

상대적으로 중형을 선고한 이 법정 사안은 드크리스토퍼가 어느 정도 해를 끼쳤는지에 의거해 결정되었다. 정부에 따르면 석유 기업들은 재정적 타격을 입었는데 그로 말미암아 (부지당 제안된) 에이커당 12달러의 가격이 에이커당 평균 125달러로 올랐고, 결국 이는 그가 최종적으로는 입찰하지 않았기 때문이다. 입찰한 회사들은 높은 가격을 자발적으로 지불할 의사가 있었고, 드크리스토퍼가 기소된 이후 경매를 포기해도 된다고 허용되었음에도 그러했다. 어쨌거나 법정 명령은 차후에 취소된다.

드크리스토퍼는 또한 이렇게 주장했다. "해를 가하고자 제가 일부러 공격한 유일한 대상은 바로 비밀이었습니다. 그 비밀을 통해 정부는 공공의 재산을 개인의 이익에 내주고 있었고요. 법원에서 말한 그대로 저의 의도는 부패한 과정에 세간의 이목을 집중시키는 것, 정부가 이 경매 진행 방식에 다시금 주목하도록 하는 것이었죠."

드크리스토퍼 사건은 화석연료 산업에 드리운 거대한 권력을 드러낸다. 미국 정부와 캐나다 정부를 비롯하여 정부들이 기층민의 권리와 건강을 보호하기보다는 산업의 이익을 증진하는 데 훨씬 더 많은 힘을 쏟는 경우는 수없이 많다. 법을 위반하고 오염과 생태파괴적 산업 활동으로 시민들 그리고 그들의 아이들과 손자들의 삶을 위험으로 몰아넣는 이들이 면제의 특혜를 받거나 가벼운 경고를 받는 경우 또한 빈번하다. 반면 이러한 불균형에 도전하고자 시민 불복종 권리를 사용한 이들은 법의 철퇴를 맞고 있다.

팀 드크리스토퍼는 자신이 순교자가 되길 희망하는 건 아니라고 밝혔다. 그가 바라는 건 단지 사람들이 그의 편에 합류하는 것이라고 했다. "만일 정부가 살 만한 미래를 만들어내려는 자신의 책임을 지지 않겠다고 한다면, 이는 곧 저와 다른 시민들에게 도덕적 책무를 부여하는 것이라고 생각합니다. 저의 미래 그리고 제가 중시하는 모든 이들의 미래는 오늘날 단기 이익에 매매되고 있어요. 이러한 사태에 저는 분노하지 않을 수 없습니다."

그러나 분노해야 하는 건 우리 모두다. 그렇다고 화석연료 산업을 즉각 폐쇄하자는 건 아니다. 그건 불가능할 뿐만 아니라 비상식적이다. 하지만 지속 가능한, 건강한 모두의 미래가 어느 한 기업체의 이윤 창출 권리에 앞선 가치여야 한다는 건 자명하다.

언제나 지저분했던 석유 중독

2010년 멕시코 만에 정착해 있던 BP의 딥워터 호라이즌 플랫폼의 폭발 사고와 뒤이어 발생한 통제불능의 석유 유출(하루에 수백만 리터) 사고는 일종의 대재앙이다. 하지만 왜 우리가 새삼스레 이러한 사건에 놀라야 한단 말인가? 석유 시추와 수송은 뇌수술 같은 무엇이 아니다. 이들이 천연유를 획득, 수송하는 데 사용하는 기술은 잔혹하고 냉정한 것이며, 이 과정에서 석유는 매일같이 조금씩 유출되고 있다. 헤아릴 수 없을 정도로 많은 석유 유출 사건들이 육지에서, 바다의 시추시설에서 그리고 선박의 충돌과 파열 과정에서 다년간 발생해왔다.

1967년으로 돌아가보자. 이 해에 토리 캐넌(Torrey Canyon)은 1억 1,700만 리터의 천연유를 잉글랜드 콘월 연안에 유출했다. 1976년엔

아고 머천트(Argo Merchant)가 매사추세츠, 낸터켓 아일랜드 남동부 연안에 연료용 석유 2,900만 리터를 내다버렸다. 1977년에 일어난 에코피스크 브라보(Ekofisk Bravo) 플랫폼 근역의 폭발 사고로 약 3,000만 리터의 석유가 북해로 흘러들어갔고, 1978년 아모코 카디즈(Amoco Cadiz)는 2억 6,000만 리터의 석유를 프랑스 브리태니 연안에 의도적으로 쏟아부었다. 이외에도 우리는 수많은 다른 충돌 사고, 폭발, 의도적 방출(1991년 이라크는 페르시아 만에 약 19억 리터의 천연유를 의도적으로 방출했다) 그리고 폭풍으로(2005년 허리케인 카트리나로 2,500만 리터가 넘는 석유가 유출되었다) 인한 석유 유출 사건을 목격해왔다. 1970년 애로우(Arrow)는 노바스코샤의 제다묵토 만에 1,000만 리터에 가까운 석유를 유출했다. 1988년 오디세이(Odyssey)가 노바스코샤 연안에 의도적으로 쏟아버린 석유는 1억 5,900만 리터에 달했다. 또한 1989년 엑손 발데즈(Exxon Valdez)는 4,000만 리터가 넘는 천연유를 알래스카 연안 프린스 윌리엄 사운드(Prince William Sound)의 청정해역에 유출했다.

지금도 수십만 개의 유정들이 육지와 해양에서 시추 활동을 벌이고 있고, 초대형 유조선들이 바다를 오가며 어마어마한 양의 석유를 운송하고 있다. 또 파이프라인과 트럭들이 육상에서 석유를 운송하고 있다. 그리고 벌어질 일은 또 벌어진다. 지진 사고, 폭풍과 홍수, 빙산 사고와 인간의 실수로 인한 사고 말이다.

멕시코 만 BP 폭발 사고로부터 무얼 배울 수 있을까? 첫째, '절대로 고장나지 않는(foolproof)' 기술 같은 건 없다는 것. 왜냐하면 영화 「2001: 스페이스 오디세이」에 나오는 컴퓨터 할(HAL)도 알고 있듯, 어떤 한 미션의 수행에 가장 큰 위협요소란 다름 아닌 오류투성이의, 불완전한 인간 자신이기 때문이다. 또한 우리는 에너지 수요를 충족하고

자 재생 불가능한 화석연료에 지나치게 의존하는 현실 자체가 무시무시한 (석유) 유출부터 파국적인 기후변화에 이르기까지 무수한 위험을 초래하고 있다는 점을 배워야 한다.

1979년 알래스카에서 BC 연안까지 위태위태하게 이동하는 초대형 유조선의 위험을 경고하는 내용의 「유조선폭탄(Tankerbomb)」이라는 프로그램을 진행한 적이 있다. 10년 뒤 일어난 엑손 발데즈 석유 유출 사고는 이 경고를 현실화하고 만다. 최근의 사례로는 퀸 오브 더 노스(Queen of the North)라는 유람선이 BC 주 북부 연안의 길 아일랜드(Gil Island)에 충돌한 사고가 있다. 인간은 오류투성이인 존재이며, BC 주 연안은 무수한 암석과 암초로 유명한 지역이다. 바로 이것이 연안지역 원주민들이 앨버타 타르 샌드 석유를 서부 연안으로 (이곳에서 선박에 실리기 위해) 수송하는 엔브리지(Enbridge) 파이프라인 건설 계획에 만장일치로 반대했던 이유이기도 하다. 유조선 사고의 가능성은 이들 원주민 공동체와 어장에는 너무나 큰 위험요소였던 것이다.

초대형 유조선의 길이는 최대 300미터 정도 되는데, 자그마한 도시 하나를 가동시킬 수 있을 정도의 에너지를 끌어들일 수 있다. 1대의 유조선이 보통의 속도로 달리다가 정지하여 역방향으로 몸체를 돌리는 데는 총 14분이 걸리며, 3킬로미터를 이동해야 한다. 비록 대부분의 신형 유조선에는 충돌이 일어날 경우 유출 위험률을 감소시키는 이중 선체가 장착되어 있지만, 많은 유조선들은 여전히 단일 선체를 장착한 채 위험한 장난을 하고 있다.

기업들은 사고 예방에 충분히 주의를 기울이지 않을 뿐만 아니라 사고 희생자들을 중요하게 생각하지도 않는다. 엑손 발데즈 사의 유출 사고는 어민, 여행사 가이드, 원주민들을 비롯한 일부 시민들의 고소를 촉발했다. 법정은 보상금 지급을 명령했지만, 이 석유 회사는 수도 없이 재심을 요청했다. 거의 20년 동안 시간을 끌면서(즉 지급 명령을 유예시키며) 엑손 모빌은 계속해서 돈을 벌고 있는 것이다.

유조선 사고들과 멕시코 만 유출 사고는 기업들이 사고 예방에 얼마나 관심이 없는지를 보여준다. 멕시코 만의 심해 유정으로부터 석유가 솟구쳐나올 때 BP가 보인 반응은 미미했다. 우리는 모든 것이 잘 처리되고 있다고 무책임하고 태연하게 주장할 것이 아니라 그 어떤 긴급 사태에 대해서도 세심한 대비 계획을 세워야 한다. 또한 우리는 정말로 화석연료에서 좀 더 청정한, 재생 가능 에너지원으로의 이동을 시작해야만 한다. 에너지를 절약하고 차량에 대한 의존도를 낮춰 개인으로서 우리에게 주어진 일을 할 수 있을 것이다.

기름기투성이의 재난: 대체 우리는 언제 배울 수 있을까?

2010년 멕시코 만의 석유 재난은 역사상 최악의 유출 사고일지도 모른다. 하지만 1979년에 발생했던 또 다른 사고는 이에 못지않게 최악이었다. 이 사고를 기억할 만큼 충분히 나이든 이라면 2010년의 사고에서 일종의 데자뷰를 체험했을지도 모르겠다. 1979년 6월 3일 멕시코 연안의 유정에서 시추 활동을 하던 익스톡(Ixtoc) 1호의 파열방지 시설이 고장나고 말았다. 멕시코 국유 석유 기업체인 페멕스(Pemex)가 당시 이 유정의 소유주였으나 그 시추의 시행은 세드코(Sedco)가 담당하고 있었다. 세드코는 차후 트랜스오션(Transocean)으로 변신하는데, 트랜스오션은 다름 아닌 2010년 사고가 발생한 딥워터 호라이즌 시추시설의 소유주다.

2010년 위기 때처럼 전문가들은 1979년의 유출 사고에서도 방재(防材)나 분무기의 사용, 거대 금속 '톱-킬(top-kill)' 돔의 설치, 시멘트와 쓰레기로 틀어막기 등 여러 방법들로 문제 해결을 시도했다. 이러한 테크닉들 중 당시에 성공한 것은 하나도 없었고 2010년에도 사정은 마찬가지였다. 익스톡 유출 사고는 9개월 이상이나 계속되었는데 4억 7,700만~7억 9,500만 리터의 석유가 그 과정에서 유출되어 멕시코와 미국의 연안에 떠 있었다. 이 사고는 멕시코 연안의 어업을 수년간 중단시켰고, 그로 인해 바다거북과 돌고래, 새 등 여러 다른 동물들이 살상되었다. 결국 익스톡에서의 유출은 페멕스가 2개의 구조 유정을 시추하고 진흙과 철로 된 공들을 그 유정 안에 집어넣으면서 멈추었다. BP는 사고가 난 지 3개월이 지나서야 비로소 딥워터 호라이즌의 유정을 봉쇄하는 데 성공했다.

이 두 유출 사고의 주요 차이점은, 익스톡 사고에서는 사망자가 한 명도 없었던 반면 딥워터 호라이즌 폭발 사고에서는 11명이 죽고 17명이 다쳤다는 점, 또한 익스톡 유정은 해저 49미터에서 시추가 진행되고 있었던 데 비해 딥워터 호라이즌 유정은 1,500미터 이상의 심해에서 시추가 진행되고 있었다는 점이다.

이런 정황은 과연 우리가 (한 번 발생된 사고로부터) 무언가를 배울 수 있는 이들인지 실로 궁금하게 만든다. 현재 캐나다에서 석유 기업들은 멕시코 만의 BP 유정보다도 더 깊은 곳에 있는, 뉴파운드랜드 연안 근방의 한 유정을 시추하고 있다. 석유 기업들은 또한 북극해에서의 시추를 준비하고 있고, BC 주정부는 연방정부가 석유 시추와 서해안 유역의 유조선 교통에 대한 금지를 해제하도록 압력을 가해왔다.

이러한 유출 사고들은 우리의 화석연료 중독증이 환경에 매일 가하고 있는 해악을 눈에 띄게 상기시켜주는 사례일 따름이다. 결국 그 석유들이 유출되지 않았더라도, 어디에선가는 연소되었을 것이고 대기에 탄소를 배출했을 것이다. 환경 참사는 에너지를 절감하고 청정에너지로 전환해야 하는 당위를 설명해주는 한 가지 이유일 뿐이다. 세계적 차원의 석유 공급에 관해서라면 안정적 공급의 보장 또한 중차대한 사안이다. 이라크에서 일어난 고비용 전쟁에서부터 몇몇 주요 석유생산국의 정치적 불안에 이르기까지, 점점 더 희소자원이 되어가는 이 에너지원에 대한 우리의 의존은 점점 더 심각한 문제가 되고 있다.

우리는 과거로부터 무인가를 배우는 데 그다지 유능하지 않은 듯하다. 기술이나 에너지원이 무엇이든, 그것이 화석연료든 핵발전이든, 최악의 시나리오에 대비해야만 한다. 멕시코 만에서, 체르노빌에서 우리가 목격한 바처럼 그 위험이 얼마나 소소하든, 어떤 한 사고의 결과는 무시무시하고 참혹할 수 있기 때문이다. 우리가 확연히 알고 있는 한 가지는, 에너지 필요를 충족하기 위해 점점 그 공급 감소세를 보이는 화석연료에 의존하는 일은 환경, 인간의 건강, 경제, 그리고 우리의 안보에 심각한 결과를 초래한다는 것이다. 그러나 사정이 이러함에도 각국 정부는 여전히 이 산업을 기꺼이 보조하고 있는 실정이다. 미국 텔레비전 진행자 레이첼 매도우(Rachel Maddow)가 어느 텔레비전 쇼에서 BP와 익스톡 석유 유출 사고를 비교하며 제대로 지적한 것처럼 "우주 탄생 이래 가장 많은 이윤을 창출하고 있는 산업"에 기꺼이 말이다.

우리가 배울 능력을 지닌 사람들임을 입증하자. 에너지를 절감해야 한다. 그리고 정부를 향해 이제는 청정에너지 경제로의 전환을 시작할 때가, 유정과 유조선을 바다에서 사라지게 할 때가 도래했다고 말해야 한다.

규제 실패를 보여주는 루비콘 족의 투쟁

2008년 우리를 강타했던 거대한 경제 혼란의 주요 원인은 금융 부문에 대한 효율적 규제의 실패였다. 지난 수십 년 동안 공익 보호의 책무를 위임받은 이들은, 정부가 규제를 풀고 시장이 스스로를 조절하도록 허용해야 한다는 생각을 복음으로 (끔찍한 결과를 초래한 복음!) 수용해왔다.

불행히도 이러한 이데올로기는 금융 시장을 넘어 정부들에도 침투해 있다. 우리가 마주하고 있는 가장 심각한 여러 환경 위기의 핵심에 있는 것 역시 그와 같은 믿음으로, 정부는 규제 책임을 포기하고 기업이 제 비즈니스를 하도록 허용해야 한다는 믿음이다(식품과 의약품에 대한 완화된 기준이 초래한 문제들을 생각해보라). 2008년 10월 세계 최대의 파이프라인 기업들 중 하나인 트랜스캐나다 코퍼레이션(TransCanada Corporation)이 북부 앨버타 주를 관통하는 거대한 가스 파이프라인에 대한 경솔하기 짝이 없는 승인을 받았을 때, 나는 다시금 이 규제 실패를 떠올려야 했다. 이 파이프라인은 천연가스를 캐나다 북부지역으로부터 포트 맥머레이 지역으로 수송하고, 포트 맥머레이에서 이 가스는 타르 샌드 채취 과정에 연료를 공급할 터였다. 내가 위에서 '경솔하기 짝이 없는'이란 표현을 쓴 것은, 이 기업은 승인이 너무나 확실하다고 확신한 나머지 앨버타 유틸리티 위원회(Alberta Utilities Commision)가 그 결정을 발표하기도 전에 필요한 모든 장비와 물품을 구입하여 해당 지역으로 이동시켰기 때문이다.

이 파이프라인은 루비콘 레이크(Rubicon Lake) 인디언 부족에 속한 땅을 가로지를 예정이었는데, 이 부족은 북부 앨버타 주 북부 삼림지대의 선조들 대대로 살던 땅을 (소유지로) 인정받고 지켜내고자 지난 수십 년 동안 싸워온 자그마한 원주민 공동체다. 이 기간 동안 루비콘 족은 그들의 소유지를 숨막히는 속도로 석유·가스 기업들에게 빼앗겼고, 이 과정에서 대대로의 전통적 삶의 방식이 붕괴되는 현실을 감내해야 했다. 이들은 2,000개가 넘는 (석유·가스) 유정 부지를, 32,000킬로미터의 지진선(seismic lines)을, 자신들의 숲으로 들어온 2,000킬로미터가 넘는 도로를 목도해야 했다. 앨버타 주정부는 루비콘 부족 지역에 매년 평균 100개의 새로운 석유·가스 시설 설치를 승인하고 있다.

새로운 파이프라인이 자신들의 공동체에 장기적인 이익을 가져다주는 대신, 한때 자신들이 사냥을 하고 덫을 놓던 풍요로운 대지를 더욱더 파괴하고 황폐화할 도로, 개간 작업, 가스 탐사와 여타 다른 산업 활동들을 더욱더 많이 초래할 것이라는 점. 루비콘 족은 바로 이 점을 우려하고 있다.

그동안 나는 루비콘 족의 투쟁에 큰 관심을 기울여왔다. 이들은 개발이(지진선, 전선, 도로 등) 자신들의 영역에 영향을 끼치기 시작했음을 감지하기 시작한 1970년대까지는, 그 땅에 의존하며 전통적 삶의 방식을 유지해온 사람들이었다. 이들은 다국적 일본 제지 기업인 다이쇼와 주식회사(Daishowa Inc.)가 자신들의 북부 삼림을 벌채하려는 계획에 맞서 싸우기로 결정하며 자신들의 땅을 지켜내려고 쉴 틈 없이 분투한다. 영예롭게도 나는 이들이 자신들의 싸움에 자금을 지원받도록 힘을 보탤 수 있었는데, 결국 이 노력은 벌채꾼들을 저지하는 데 효과를 발휘했다.

캐나다 정부가 루비콘 족 대지권 분쟁을 해결하지 못한 데 대해 UN

은 한 번이 아니라 네 차례나 비난의 목소리를 낸다. UN은 또한 현재 루비콘 부족에게 일어나고 있는 일을 국제 규약상의 인권유린이라 불렀다. 2008년 8월 UN 인종차별 철폐 위원회는 캐나다 정부에 서면을 보내, "앨버타 주정부와 앨버타 주 유틸리티 위원회가 루비콘 족의 사전 동의 없이 루비콘 족의 영토를 관통하는 파이프라인의 건설에 법적 인가를 했는지에 관해 의심의 요소가 있다"는 뜻을 전했다. 국제 엠네스티조차 루비콘 족의 요구 조건이 충족되기까진 파이프라인 설치를 중지하라고 촉구했다.

그러나 그 어떤 노력도 앨버타 주정부가 루비콘 족의 승인 없이 루비콘 족의 영토의 심장부를 곧장 관통하는 (트랜스캐나다의) 거대 가스 파이프라인 건설안을 인가하지 못하도록 막지는 못하고 있는 듯하다. 역사적으로 자국민의 관심사를 무시해온 정부들이 만든 역사의 진공 속에서, 루비콘 공동체는 경솔한 환경적·사회적 파괴의 증대 이상의 무언가를 해낼 자신들만의 규제 활동이 필요하다고 역설하고 있다.

이들의 투쟁은 새로운 무엇이 아니다. 하이다 과이(Haida Gwaii) 족과 루비콘 족, 그래시 내로우스(Grassy Narrows) 족, 그리고 그 외 다른 무수한 캐나다 원주민 공동체들은 강력한 산업 세력과 무관심한 정부에 맞서 저항을 지속해왔다. 우리는 루비콘 족과 그들의 행동에 힘을 보탬으로써 정부가 공공의 이익을 고려하며 경제 규제를 해야 하고 또 할 수 있다는 이념을 보호해야 한다.

궁극적으로, 루비콘 족의 투쟁은 곧 우리 전체의 안전 유지에 관한 것이다. 환경보호에 관한 정부의 책임이라는 사안은 최근의 금융 붕괴 사건만큼이나 정치인들로부터 많은 관심을 받지 못했던 것이 사실이다. 하지만 장기적으로 볼 때 정부의 환경 규제 완화는 우리의 경제, 우리의 생태계 건강, 그리고 우리의 웰빙에 (금융 붕괴보다) 훨씬 더 큰 해를 가할 수 있다.

우리를 궁지로 몰아넣는 탄소 포집?

캐나다 연방정부와 앨버타 주정부는 기후변화 대응책의 일환으로 탄소 포집과 저장(CCS) 기술에 수십억 달러를 투자하고 있다. 미국 대통령 버락 오바마와 캐나다 총리 스티븐 하퍼 또한 2009년 오바마 측의 오타와 방문 기간 중에 (아직 검증되지 않은) 이 기술에 대해 대화를 나눴다. CCS 프로젝트는 노르웨이, 폴란드, 독일, 영국에서 계획되고 있다. 하지만 CCS는 과연 바람직한 전략일까? CCS에 들어가는 자금이 에너지 절감에, 재생 가능 에너지에 투자된다면 어떤 일을 할 수 있을지 생각해보시길. 더럽고 유한한 화석연료에 대한 (특히 타르 샌드 석유) 우리의 중독을 연장하려는 것에 투자되는 것이 아니라 말이다.

CCS란 무엇인가? 석유 산업 종사자들은 유정 안의 석유를 다 추출하면 이산화탄소를 땅 밑으로 되집어넣어 더 많은 석유를 추출할 수 있음을 알아냈다. 그리고 그 이산화탄소는 지하에 머무르는 것처럼 보인다. 하지만 이 가스에 무슨 일이 벌어지는지 우리는 아무것도 알지 못한다. 이 가스는 거대한 암석 아래에서 버블을 만들어낼까? 그것은 주변의 땅에 화학적으로 연결되어 있을까? 그 지하에서 얼마나 오래 머물게 될까? 우리는 아무것도 알지 못한다. 지상에서 대기 호흡을 하는 존재인 우리들은 '눈에 보이지 않으면 신경 쓰지 않는' 태도를 지닌 듯하다. 그래서 쓰레기들을 바다에, 땅 밑에 또는 공중에 태연히 내버리고 있는 것이다. 마치 그것이 해결책이라도 되는 양 말이다.

우리가 얼마나 무지한지를 지나치게 강조하려는 것은 아니다. 몇 년 전까지만 해도 과학자들은 암반 아래에는 그 어떤 생명도 살지 않을 것이라 가정했지만, 채광업자들은 지하 깊이 더 파고들어간 드릴의 끝이 오염된 채 올라왔다고 반복해서 보고해왔다. 이후 연구자들은 지표면으로부터 거의 3킬로미터 아래에서 기괴한 형태의 생명체를 발견했다. 이 유기체는 일종의 박테리아인데, 어떤 경우 암석의 일부가 되어버린 채, 물, 에너지, 영양소를 슬쩍슬쩍 훔쳐가며 간신히 제 목숨을 이어나간다. 이 중 일부는 천 년에 한 번씩만 바위에서 떨어진다고 여겨진다! 이들 중 지표면 위로 올라온 유기체의 DNA를 분석해보면, 지상 박테리아의 DNA와는 전혀 다름을 알 수 있다. 생물학자들은 이들을 기술하려고 완전히 새로운 생물 분류명을 창안해야 했다.

지표면 위 생물층은 매우 얇다. 하지만 이 단세포 유기체는 지하로 수 킬로미터를 내려간다. 오늘날 과학자들은 지하에 서식하는 이 원형질(protoplasm)이 지상 생물(코끼리, 나무, 고래, 어류, 그 외 다른 생물들) 전부를 합친 것보다 양적으로 훨씬 더 풍요롭다고 생각한다! 이들 유기체는 아래 생명의 그물에 얼마나 중요한지, 우리는 아무것도 알지 못한다. 이들은 물과 영양소의 이동에, 마그마로부터 나온 에너지의 이동에 중요한 역할을 수행하고 있는 걸까? 우리는 아직 답을 찾아내지 못하고 있다.

프린스턴 대학에서 강의할 때 그 대학 지질학자인 툴리스 온스톳(Tullis Onstott)을 만난 적이 있다. 그는 지하 유기체 전문가였다. 그에게 지하에 수백만 톤의 이산화탄소를 집어넣는 CCS의 계획안에 관해 물어보았다. "어떤 결과가 나올까요?" 그의 답변은 이러했다. "모르겠습니다. 하지만 메타노젠스(methanogens)들은 좋아하겠죠." "메타노젠스

라뇨?" "이산화탄소를 흡수하고 메탄을 만드는 놈들이죠." 메탄은 이산화탄소보다 그 온실효과에서 22배나 강력한 가스다! 그렇다면 우리는 하나의 온실가스를 지하에 성공리에 집어넣고 그 결과 하나의 슈퍼-온실가스를 대신 만들어내고 있는 셈이다. 누군들 이 가능성을 생각조차 해보았을까?

폴 뮐러(Paul Müller)는 1939년 DDT가 해충들을 살해한다는 사실을 발견했는데, 이 성과를 인정받아 1948년 노벨상을 수상한다. 수년 후 전 세계 곳곳에서 이 물질을 대규모로 사용하기 시작하는데, 그러면서 우리는 DDT가 벌새, 물고기, 인간으로 먹이사슬을 타고 올라가며 생체 내에 농축된다는 사실을 알게 된다. 스프레이 통에서 염화불화탄소 화합물 또는 CFCS 즉 프레온가스를 사용하기 시작했을 때, 대개는 프레온가스에서 나오는 염소 활성산소(chlorine free radicals)가 오존층을 파괴한다는 것은 말할 나위조차 없고, 오존층이 있다는 사실조차도 몰랐다. 그리고 이 말에 주목하시길! 우리는 유전자 조작 유기체나 나노테크놀로지가 어떤 결과를 낳을지 전혀 알지 못한다. 만일 인류에게 유능한 점이 하나라도 있다면, 그것은 훌륭한 아이디어를 얻었다고 생각하고는, 그 잠재적 결과나 우리 자신의 무지는 인정하지 않은 채, 그 아이디어의 실행으로 곧장 나아가는 능력일 것이다.

CCS는 첫 느낌에 그 뿌리를 둔, 순진하기 짝이 없는 아이디어다. 장기적 결과를 알기 이전에 신기술을 서둘러 적용하려 해서는 안 된다는 점을, 과거의 경험을 통해 배웠다고 생각할지도 모르겠다. 탄소 포집과 저장은 연구 가치가 있는 주제이기는 하다. 그러나 CCS의 잠재력은 석유·가스 기업들이 자신들의 배출량 감축이나 재생 가능 에너지 투자를 회피하는 하나의 도구로 활용되어서는 안 된다. 어찌되었든, 우리는 에너지 절감과 재생 가능 에너지 활용이 좀 더 청정한 환경 조성에 직접적인 효력이 있다는 사실을 이미 알고 있다. 하지만 탄소의 포집, 저장에 어느 정도 비용이 들지, 언제 이것이 상업화될 수 있을지, 또는 이것이 어떤 결과로 이어질지 전혀 알지 못한다. 이것이 유한하고 오염된 에너지원에 계속 의존할 수 있는 길을 제공할 것이라는 점은 알고 있지만 말이다.

4

과학은 존재를 비춘다

과학자인 내게 과학과 과학적 방법, 모두 매력적이다. 하지만 과학은 완벽하지 않다. 생각건대 과학은 유용한 발명품 못지않게 위험하고 파괴적인 발명품 역시 숱하게 양산해왔다. 과학은 그 자체로 우리를 구원하지는 못할 것이다. 어쨌거나 과학은 가치중립적이며, 달리 말해 도덕성이나 윤리와 관련된 질문과 관련해서는 별반 도움을 주지는 못한다. 그럼에도 과학은 우리가 지금 어떤 곳에 처해 있는지, 잘 살아간다는 목표를 위해 택할 수 있는 선택지는 무엇인지를 분석하는 데 활용 가능한 최고의 도구 중 하나다. 과학은 또한 지속 가능성 과학, 생체모방(biomimicry)과 같은 새로운 분야와 더불어 오늘날에도 진화 중이다. 한편 우리는 (일부 이슈만 거론하자면) 지구고온화와 생물종 멸종에 관한 과학적 결론이 산업적·경제적 이해관계와 충돌하기 쉬운 곳인 미국, 캐나다, 오스트레일리아와 같은 곳에서 과학에 대한 대중의 반발을 목격하기도 했다. 이 장에서는 과학이 제시하는 희망을, 과학이 직면하고 있는 문제들과 더불어 살펴보기로 한다.

새로운 과학은 큰 그림을 본다

삼림 카리부와 같은 멸종위기 동물들을 보호하려면, 그 동물 자체에 대한 연구 이상의 무엇을 해야만 한다. 우선 그 동물이 서식지, 다른 동물, 인간을 비롯한 주위의 전체 환경과 어떻게 상호작용하는지 이해해야만 한다. 그리고 그 동물이 건강하게 무리를 지어 살아갈 수 있는 최적 조건은 무엇이고, 그 동물의 지속적 삶을 위협하는 것이 무엇인지 알아내려고 노력해야만 한다. 우리 인간들이 필요에 따라 만들어낸 (전 지구적 규모의) 문제들은 좀 더 복잡하다는 차이가 있을 뿐, 여기서 동물과 인간은 전혀 다르지 않다.

때론 환경오염, 지구고온화, 인구 증가, 생물다양성 손실, 대양 조건의 변화 등과 같은 무수한 문제들을 해결해나가는 데 과학이란 부적절한 물건은 아닌가 하는 생각도 든다.

과학자들이라고 늘 '큰 그림'을 살펴보는 방법을 채택하는 건 아니다. 예컨대 응용과학은 특정 필요를 위한 또는 실제 문제를 해결하는 지식에 중점을 두기 쉽다. 신기술 발명과 같은 것이 하나의 예다. 이러한 과학은 그 기술이 어떤 사회적 함의가 있는지에 대해선 거의 주목하지 않은 채, 그 기술의 메커니즘에만 천착할 수도 있다. 반면, 기초 과학 내지 '순수' 과학은 때론 그 실제적 응용을 고려하지 않은 채, 어느 한 현상이나 과정에 관한 이해를 얻고자 한다. 둘 다 사회에는 가치 있겠지만, 이 가운데 어느 것도 인류가 지금껏 실험해온 것들 중 가장 큰 문제인 우리 자신의 생존이라는 문제를 해결하려는 단독의 시도는 하지 않을 것이다.

지난 20년간 출현한 과학의 한 분야는 근본적 이해와 실제적 응용이라는 두 마리 토끼를 한꺼번에 잡으려 하고 있다. 이 과학의 목표는 근사한데, 인류가 환경과 얼마나 조화롭게 살고 있는지 그 정도와, 장기적으로 인류는 이 조화에 어떻게 기여할 수 있을지, 그 방도를 이해하는 것이다. 몇몇 소수의 흥미만을 자아낼, 전문화된 여러 과학 분야와는 달리 이 분야는 모든 이들의 흥미를 자아낼 것이다!

산업화 사회는 자연 생태계들에 엄청난 영향을 미쳐왔고, 그리하여 인류의 발자국이라는 속박을 받지 않은 자연은 거의 남아 있지 않을 정도다. 지속 가능성 과학은 인류의 집합적인 '생태발자국'과는 다른, 아직 남아 있는 지구의 '생물부양능력(biocapacity)'과 같은 '지구적 차원의 경계'를 알아내는 데 기여한다. 요컨대, 이 과학은 우리가 직면하고 있는 복잡한 문제들을 더 잘 이해하는 데 기여한다.

'지속 가능성(sustainability)'과 '지속 가능한 발전(sustainable development)'이라는 용어들은 남용되어왔고, 그래서 이 단어들이 정확히 무얼 뜻하는지 이해하기 어려울 때가 많다. 가장 널리 인용되는 정의는 UN 세계환경발전위원회의 것으로, 이 조직의 '지속 가능한 발전' 정의는 이러하다. "미래 세대들이 자신들의 필요를 충족할 기회나 수단을 빼앗지 않은 채 현 세대의 필요를 충족시키는 발전." 한 가지 난관은, 일부 환경 문제는 너무나 복잡한 반면 지금까지의 많은 과학은 오직 문제의 파편만을 한 번에 하나씩 건드려왔다는 것이다. 그러나 문제와 해결책은 긴밀히 연결되어 있는 법이고 또 좀 더 넓은 관점에서 통찰되어야 마땅하며, 바로 이것이 지속 가능성 과학의 영역이다.

먼저 과학의 시각에서 지속 가능한 미래에 필요한 조건을 살펴본 후, 현 상황을 '되돌아'보며 그 조건에 도달할 수 있는 선택지를 연구해야 한다. 어떤 의미에서 이러한 방법은 과학에서 자주 사용되는 미래 예측법과는 정반대의 방법이다. 미국 국립연구위원회는 이 연구를 "지금보다 훨씬 더 늘어날 그러나 그 이상은 늘어나지 않을 인류를 부양하고…… 지구의 생물부양 시스템들을 지탱시키며…… 기아와 가난을 크게 감소시키면서도" 동시에 우리의 생존 역량을 향상시키는 한 가지 방법이라고 이해한다.

사실 이는 꽤나 거창한 주문이 아닐 수 없다. 국립 과학아카데미가 지적하듯, 해결이 요청되는 사안에는 청정수에 대한 접근도 향상, 좀 더 청정한 에너지와 제조 시스템 개발, 건강에 미치는 환경오염 해악의 완화, 농업 생산량과 식량 안보 개선, 더욱 살 만한 도시 환경 창조, 빈곤의 완화 등이 포함된다.

이 새로운 과학 분야는 전 세계 학계로부터 점차 인정받고 있다. 하지만 이 분야는 너무나도 중차대하기에, 모든 학교의 과학 프로그램에 포함되어야 옳다. 인구가 100억까지 증가할 것으로 예상되는 세계에 우리는 살고 있고, 그리하여 과학은 우리가 어떻게 살아남을 수 있을지, (우리 자신이 그 일부이고 그리하여 그것에 의존하고 있는) 자연 생태계와 어떻게 조화를 이루어 살아갈 수 있을지 연구해야만 한다. 이는 널리 적용가능한 비전이 필요한 거대 과업이다. 단지 과학자들만이 아니라 좀 더 많은 사람들이 이 과학과 문제의 복잡성을 이해하고, 또 지속적인 해법을 고안할 때 비로소 더욱 밝고 더욱 지속 가능한 미래를 보기 시작할 것이다.

지금은 과학을 정말로 중시해야 할 때

지난 세기에 세계가 경험한 거대한 변화를 바라본다면, 우리의 삶과 사회를 형성한 가장 강력한 힘은 정치도 경제도 아니고, 기업·제약산업·의료산업·군대에 응용된 과학이라는 점은 명백하다. 항생제, 전기톱, 핵무기, 컴퓨터, 구강 피임약, 자동차, 텔레비전 등이 (이 목록은 길다) 끼친 영향을 한번 생각해보라. 또 무엇이 우리를 기다리고 있을까? 인간복제, 유전공학, 인공지능, 나노테크놀로지, 우주 무기…… 기후변화, 삼림파괴, 환경오염 같은 환경 문제들은 말할 필요조차 없을 것이다. 그 어떤 사회가 과학적 교양과 정보 없이 이러한 문제들에 관한 중대한 결정을 내릴 수 있을까?

사회·의학·경제 문제를 해결하는 데 과학이 어떤 역할을 수행하는지에 대한 대중의 이해는 태부족하다. 과학적 연구, 발견, 응용의 성질을 대개는 이해하지 못하기 때문이다. 더군다나 경제적 난관에 부딪힌 어떤 정부들은 과학 지원을 줄이기도 한다. 하지만 왜 과학 연구를 지원해야 한단 말인가? 첫째, 훌륭한 과학자들은 중요한 발견을 하는 이들이기에 그러하다. 따라서 최고 수준의 과학자들을 유지하기 위해선 연구자들을 지원하고 존중할 사회적 필요가 있다. 어느 정당이 정권을 잡든, 한 번 치고 마는 일종의 정치적 하키 퍽처럼 과학 지원금이 결정된다면, 이러한 일은 불가능하다. 최고 수준의 과학자들이 열정적이고 영감에 가득 찬 연구진들을 만들 수 있도록 이들을 장기적 안목에서 관대하게 지원해야 한다.

많은 사람들은 암, 에너지 또는 환경오염과 같은 중요 분야를 우선 결정한 후, 해법이나 새로운 테크놀로지를 찾을 수 있도록 그러한 분야에 자금을 지원해야 한다고 생각한다. 하지만 과학은 이런 식으로 작동하지 않는다. 과학자들이 자기 작업을 하는 데는 돈이 필요하며, 특정 분야에 자금 지원이 결정되면 그들은 자신들이 그간 해온 작업이 그 분야에 관련되는 무엇이 되도록 길을 찾아낸다. 바로 이것이 과학 지원금 수혜를 둘러싸고 진행되어온 게임의 방식이다. 나 또한 정력적인 연구자로 활동하던 시절 이와 똑같이 행동했다. 당시 나는 세포분열에 대한 유전학적 통제에 관심을 두고 있었다. 암 연구 지원안이 공고되자 나는 세포분열 과정에 대한 이해가 세포들이 암세포화되어감에 따라 무작위적으로 분열되기 시작하는 과정을 밝혀낼 수 있다는 논리를 폈다.

과학자들은 암 치료법을 알아내고자 실험 A에서 B로, 그다음엔 C, D로 이동하지 않는다. 이런 식으로 결과물이나 자금 지원신청서를 정리해 적을 따름이다. 만일 지원금이 특정 분야 또는 특정 목표에만 맞추어졌다면, 중대한 발견이라는 업적을 달성한 많은 과학자들은 연구 지원을 결코 받지 못했을 것이다. 내가 훈련받은 분야인 유전학에서 두 가지 사례만 소개해보려 한다.

1960년대 미생물 과학자들은 박테리아와 바이러스 감염과 관련된 불가사의한 영역의 탐구에 고심하고 있었다. 이들은 어떤 바이러스들은 박테리아 숙주를 감염하고 살해할 수 있음을 알아냈다. 반면 어떤 박테리아들은 그 공격에 면역성을 띠는 듯했다. 그 박테리아들은 어떻게 바이러스의 감염으로부터 자신들을 보호할 수 있는 걸까? 박테리아가 감염이 되든 말든 누가 신경을 쓰겠냐고 혹자는 반문할지도 모르겠다. 하지만 소수만이 관심을 둔 이 주제로부터 해답이 도출되었다. 박테리아는 바이러스 DNA의 확산을 감지하고 이를 분해하는 효소를 갖추고 있었던 것이다. 이러한 '제약 효소(restriction enzymes)'는 차후 유전공학의 핵심 도구가 된다. 훗날 노벨상을 받은 이 연구가 시작될 즈음엔 예측할 수 없던 일이었다.

1950년대 학창시절, 한 옥수수 연구자의 연구 논문을 주야장천 읽던 기억이 난다. 꼼꼼하기로 유명한 그 과학자의 이름은 바버라 매클린톡(Barbara McClintock)이다. 그녀의 실험을 만날 때마다 괴로웠는데, 그 실험들이 지나칠 정도로 정교하고 정밀했던 까닭이다. 당시 그녀는 특정 부분이 염색체 내를 이동하는 옥수수 유전자를 연구하고 있었다. 나는 그녀의 연구가, 오늘날 유전학자들이 유전자 행동을 변형하고자 할 때 사용하는 툴박스의 중요 일부인 '뛰는 유전자(jumping genes)'의 발견으로 이어지리라곤 감히 상상조차 하지 못했다. 자신의 연구를 인정받아 매클린톡은 훗날 노벨상을 받는데, 만일 지원금 신청에 특정한 제한이 있었다면 결코 지원금을 받지는 못했을 그런 연구였다.

오직 특정 분야에만 자금 지원을 제한하는 고집 어린 행태에 저항해 줄 것을 정치인과 과학자 집단에게 호소하고 싶다. 그보다는 논문과 연설 등 추적가능한 연구 이력으로 평가 가능한 과학자들을 지원해야 마땅하다. 이러한 과학자들은 아이디어를 가지고 있고, 관찰 능력이 있으며, 특정 분야에 차후 유용할 작업에 (이는 예측 불가) 대해 잘 알고 있는 이들이라는 점을 인식하며 말이다. 또한 교육 분야의 일부로서 읽기, 쓰기, 수학, 음악만큼이나 과학을 중시하는 문화가 필요하다.

생체모방: 탁월한 자연은 희망을 보여준다

때로 새로운 과학은 하나의 생물종으로서의 우리의 지속적 생존이라는 과업에 희망을 줄 뿐만 아니라 지구상에서 우리가 보낸 상대적으로 짧은 시간 동안 우리가 알아낸 것들이 실은 얼마나 미미한 것들인지를 분명히 밝혀준다.

　과거에는 어떤 한 기술 혁명을 완전한 수준까지 활용하기까지는 수백 년 내지 수천 년이 걸렸다. 하지만 현대의 기술은 값싼 에너지를 동력 삼아 20세기에 폭증한다. 화석연료를 동력으로 하는 각종 기계들은 인류의 능력 자체를 크게 확대했고, 그에 따라 오늘날 우리는 지구의 물리적·화학적·생물학적 특징들을 전례 없는 규모로 변형하는 지경에까지 이르고 말았다. 일부 과학자들은 심지어 이 시대를 '인류 시대(Anthropocene epoch)'라 부르자고 제안하기도 했다. 인류 시대란 인류가 하나의 지질학적 힘이 된 시대를 의미한다.

　그러나 비록 우리의 기술력이 강력하다 할지라도, 어느 정도 통제할 수 있는지에 대한 우리 자신의 감각은 그릇된 것이기 쉽다는 점, 억지로 자연으로부터 승복을 받아내는 비정한 힘의 사용은 예기치 못한 비용을 초래하기 쉽다는 점, 이 점을 우리는 이제 깨닫기 시작했다. 인류가 이룩한 위대한 혁신들이 초래한 부정적 결과의 예들은 무수하다. 이를테면 살충제인 DDT, 원자의 분해, 염화불화탄소(프레온가스), 인산비료 그리고 말할 필요도 없지만 화석연료 연소를 통한 에너지 생산 등.

　우리는 무얼 배울 수 있을까?

　우선 우리 자신이 자연의 일부라는 점을, 자연은 많은 것을 가르쳐준다는 점을 깨달아야만 한다. 토론토의 주간 신문 『나우(NOW)』에 실렸던 생체모방에 관한 2010년 8월 특집 기사 「자연을 무대로 모시기」는 내게 이 점을 상기시켰다. 재닌 베니어스(Janine Benyus)의 작품을 만난 이후로 나는 줄곧 이 주제에 매혹됐는데, 『나우』에 게재된 글에도 그녀의 이름이 언급되어 있었다. 생체모방 연구소(Biomimicry Institute)의 소장이자 미국 과학 저술가인 베니어스의 지적에 의하면, 자연은 인류가 맞닥뜨리고 있는 도전과제들을 거의 40억 년 동안 상대하고 처리해왔다. 어떻게 먹을거리와 잠잘 곳을 찾고, 쓰레기 처리를 어떻게 하며, 잡아먹히는 일을 어떻게 피하고, 아플 때는 무얼 할지 등등의 과제들 말이다. 그녀는 이러한 풍부한 경험들로부터 우리가 배울 수 있다고 생각한다.

『나우』에 실린 글은 이렇게 지적한다. "생체모방학은 인간이 필요에 의해 수행하는 여러 다양한 기능들을 자연은 어떤 식으로 성취하고 있는지를 묻는다. 이를테면 거미가 그렇게 하듯, 저온에서 탄수화물을 강철보다도 강한 섬유질로 변형시키는 (그러면서도 독소를 배출하지 않는) 법을, 잎들이 태양광을 에너지로 바꾸는 방법을 모방하여 태양광 전지를 만드는 법을 묻는 것이다." 생체모방 연구소 웹사이트는 또 이렇게 지적한다. "생명의 천재성을 지속적으로 모방하는 것은 인류의 한 가지 생존 전략이자 지속 가능한 미래로 향하는 길이다. 우리의 세계가 자연의 세계와 비슷하게 작동하면 할수록, 우리의 (그러나 우리만의 것은 아닌) 고향인 이곳에서 더 잘 견뎌낼 수 있을 것이다."

이 연구소가 운영하는 또 다른 웹사이트인 애스크네이처(asknature.org)는 이 새로운 과학이 지닌 멋진 잠재력 중 일부를 그럼직하게 설명한다. 이 사이트에서 생물학자, 엔지니어, 건축가, 디자이너 그리고 일반대중은 "생물학적 청사진과 전략을, 생물에 영감을 받은 제품과 디자인 스케치"를 만들기 위해 서로 아이디어를 공유하고 서로에게 질문을 던질 수 있다. 예컨대 나노 수준의 돌기(bump)를 활용하는 연꽃의 연잎을 관찰함으로써 스스로를 정제하는 방수 표면의 제조법을 배울 수 있는 것이다.

심지어 우리 자신의 신체가 활용하는 전략도 멕시코 만 석유 유출 사건과 같은 재난 사고와 관련하여 도움을 줄 수 있다. "인체의 순환계는 혈소판을 보내 상처의 구멍을 막아 상처로부터의 혈액 손실을 방지한다."

내가 가장 좋아하는 것 중 하나는 그보다 더 간단하다. "임상(林床) 위에서 자란 잎들은 일종의 조직화된 혼돈을 나타내며 심미적으로 아무런 결점도 없는 표면을 만들어낸다." 이러한 점에 착안, 우리 재단의 전 이사이며 세계 최대의 카펫 타일 제조업체인 인터페이스 주식회사(Interface Inc.)의 창립자이자 경영자인 레이 앤더슨(Ray Anderson)은, 그 어떤 두 개의 타일도 똑같지 않기에 패턴을 굳이 맞추지 않아도 한 번에 대체가능한 (재활용 가능한) 카펫팅 법을 창안했다. 그는 이 카펫 타일이 가장 인기가 높다고 말한다.

다른 훌륭한 아이디어로는 저비용 통풍구 제조법을 위한 흰개미 언덕의 관찰, 뒤틀지 않는 경량 구조 지지물 제조법을 위한 대나무 줄기 연구, 그리고 터빈, 비행기 날개, 잠수정 제조법을 위한 혹등고래 지느러미의 공기역학적 효율성의 적용 등이 있다.

생태계 서비스는 또한 우리가 자연으로부터 무얼 배울 수 있고, 자연이 제공해주는 것을 존중하는 일이 얼마나 중요한지를 일러준다. 숲은 탄소를 저장하고, 물을 걸러내며, 홍수를 방지해준다. 그러나 이러한 서비스들의 가치를 고려하지 않은 채 우리는 돈벌이를 위해 나무를 잘라낼 것이고, 그리하여 종국에는 정수장(淨水場, filtration plant)이나 홍수 방지용 제방을 건축하는 데 더 많은 돈을 지출할 것이다.

우리가 자연을 통제하는 것이 아니라 거꾸로 우리 자신의 웰빙을 위해 자연에 의존하고 있다는 점을 인정하는 데는 겸손한 태도가 요구된다. 만일 우리가 해결해야 하는 무수한 과제들에 대한 (진화의 무대에 있는) 다른 생물들의 해결책을 존중한다면, 이로부터 많은 것을 얻을 수 있을 것이다.

과학을 거부하는 정치인은 리더로 부적합

과학자로서 나 개인의 삶이 활력을 얻은 곳은 다름 아닌 미국 땅이었다. 소련이 스푸트니크 위성을 처음으로 쏘아올린 해인 1957년, 난 매사추세츠의 한 대학에 다니고 있었다. 이 위성 발사 사건은 소련과 미국 간 경쟁을 촉발했는데, 소련을 따라잡겠다고 미국인들이 항공우주 과학에 돈을 쏟아 붓기 시작했다.

나는 시카고 대학에서 대학원 과정을 계속 공부할 수 있도록 학자금 지원을 받았다. 박사학위를 취득한 후 테네시 오크 리지 국립연구소(Oak Ridge National Laboratory)의 연구원으로 일했는데, 이 연구소는 1942년 맨해튼 프로젝트(The Manhattan Project)의 우라늄 정제를 위한 일급비밀 프로그램의 일환으로 창립된 기관으로, 내가 들어갈 무렵에는 그 주력 분야를 기초생물학으로 바꾼 상태였다. 이 연구소는 그 후 세계 최고 수준의 연구소이자 국제적 협동 공간으로 변신하기에 이른다.

그 뒤로 세월은 변했다. 과학에 관해서라면 과거에 비해 진화했다고 말할 수 있었으면 싶다. 하지만 때로 뉴스 기사를 읽거나 (특히 미국) 정치인들의 발표문을 들을 때, 나는 과학에 대한 무지와 반감이 크게 만연해 있다는 사실에 당황하곤 한다. 한 가지 사례는 매인 주 주지사 폴 르페이지(Paul LePage)의 비스페놀 A(bisphenol A), 즉 BPA에 관한 발언이다. BPA는 주로 플라스틱 용기와 장난감에 사용되는 물질이다. 캐나다 보건부는 유방암, 아동 발달장애, 전립선 질환, 불임과 관련 있다는 이유로 BPA를 유독성 화학물로 공식화했다.

매인 주 정부는 BPA 사용을 제한해야 한다는 요청의 목소리에 대해 르페이지는 이렇게 발언했다. "어떤 문제가 존재한다고 지적하는 과학은 있어본 적이 없어요. 제가 들어본 유일한 경우는, 플라스틱 병을 마이크로웨이브에 넣고 가열하면 에스트로겐과 유사한 화학물질이 방출된다는 거죠. 더 나쁜 경우는 그래서 어떤 여성들은 겉옷을 일부 잃게 될 수도 있다는 것입니다."

이러한 발언은 그 발언자가 어느 주정부 주지사가 아니라 그 누구든, 심각한 무지를 드러내는 발언이 아닐 수 없다. 하지만 이것은 빙산의 일각에 불과하다. 과학은 미국에서 힘을 잃고 있고, 비슷한 현상은 (비록 심각한 정도는 아니지만) 캐나다에서도 벌어지기 시작했다.

이보다 훨씬 더 위험천만한 것은, 인간 활동이 파국적인 기후변화를 초래하고 있다는 넘쳐나는 과학적 증거들에 대한 미국 정치인들의 공격 시도다. 전 세계 과학자들의 무수한 연구에도 불구하고, 극단적 기후조건의 빈번한 발생, 해수면 상승, 만년설과 빙하의 용해 등은 말할 것도 없고, 온실가스 배출이 지구의 평균 기온 상승을 초래하고 있다는, 전 세계 기후과학자 98퍼센트와 세계 과학계와 학회 멤버들 대다수의 동의에도 아랑곳하지 않은 채, 일부 미국 정치인들은 계속해서 과학을 거부하며 통례적 방식으로 비즈니스 활동을 계속 해나가야 한다고 주장하고 있다.

공화당 출신의, 버지니아 주 법무부 장관 케네스 쿠치넬리(Kenneth Cuccinelli)는 버지니아 대학 기후과학자들을 공격하는 데 세금을 써온 인물이자, 이산화탄소와 다른 지구고온화 가스들이 인간 건강과 복지에 대한 위협이라고 판단했다는 이유로 미국 환경보호국을 고소한 인물이다. 많은 공화당 의원과 당원들이 그의 지도를 따르고 있는데, 이들 중 일부는 또한 진화과학을 부인하며 지구가 6,000년 전에 창조되었고 인간과 공룡은 동시대에 살았다고 믿고 있다.

이른바 클라이밋게이트(Climategate) 소동(이스트앵글리아 대학 기후과학자들이 주고받은 1,000통이 넘는 이메일을 해커들이 훔쳐내 유출한 사건)에 관해서라면, 50번째의 조사가(이번에는 오클라호마 주 공화당 상원의원 제임스 인호페의 요청대로 공화당이 주도했다) 진행되어 "과학자들의 윤리를 문제 삼을 만한, 또는 (미국 해양대기부의) 기후변화 과학 이해에 관해 의심을 제기할 만한 증거자료"는 발견되지 않았음을 재차 확인했다.

기후과학에 관한 혼란을 퍼뜨리려는 미국 내 여러 노력은 결실을 맺고 있는 듯하다. 2011년 실시된 한 설문조사에 따르면, 미국 시민 가운데 기후변화 과학을 신뢰하는 이들은 겨우 58퍼센트에 불과했다. 캐나다인의 경우 80퍼센트였는데 말이다. 그렇긴 해도, 캐나다라 해서 상황이 대단히 더 좋지는 않다. 캐나다 정부는 기후 연구를 위한 자금 지원을 삭감하고, 타르 샌드의 환경 악영향을 밝히는 과학 연구들을 부인하거나 무시한 바 있고, 과학자들의 입에 재갈을 물린다는 혐의를 받고 있으니 하는 말이다.

과학은 완벽하지 않다. 게다가 과학은 인류의 복지를 위해 활용 가능하기도 하지만 동시에 파괴를 목적으로 활용될 수도 있다. 그러나 과학은 우리의 세계를, 우리의 활동이 (우리 자신 그 일부분인) 환경에 미치는 영향을 이해, 분석하는 데 활용할 수 있는 최고의 도구다. 정치 지도자들이 과학을 거부한다면 우리는 실로 큰 곤경에 처하게 될 것이다.

때론 할리우드에도 로켓 과학자가 필요하다

헤디 라마(Hedy Lamarr)는 한때 할리우드에서 가장 아름다운 여배우였다. 1933년 그녀는 〈엑스터시〉라는 체코 영화에 나체로 출연해 추문에 오른 적이 있었는데, 그 덕분에 미국 영화계 거물들의 주목을 받았다. 1930년대와 1940년대, 그리고 1950년대 내내 그녀는 스펜서 트레이시, 클라크 케이블 같은 남성 영화배우 아이콘들과 함께 몇몇 할리우드 최대 히트작들에 출연했다. 그런데 그녀의 부업은 다름 아닌 로켓 과학자였다. 사실을 말하자면, 우리는 오늘날의 휴대폰과 인터넷에 사용되는 일부 테크놀로지와 관련하여 그녀에게 빚을 지고 있다.

1940년 라마는 아방가르드 작곡가 조지 앤틸과 함께 (라디오가 이끄는 지뢰에 사용될) '빈도 도약(frequency hopping)'에 기초한 커뮤니케이션 시스템을 고안하여 특허권을 취득했다. 이들의 발명품은 자동 피아노에게 쳐야 할 음을 지시해주는 (구멍을 지닌 종이 두루마리인) 자동 피아노 롤지에서 영감을 받은 것이다. 빈도 도약은 오늘날 무선 통신 기술의 많은 부분에서 사용되고 있다. 이 발명은 오랫동안 일급비밀로 구분되어 왔고, 그녀의 기여는 오랫동안 세상에 알려지지 않았다. 많은 사람들은 어느 글래머 스타가 뛰어난 과학 정신의 소유자라는 사실에 놀랄 것이다.

하지만 왜 놀라야 할까? 그렇다면 오스카 수상자인 내털리 포트먼(Natalie Portman)이 고등학교 재학 시절 늘 A학점만 받은 학생이었다는 사실, 쓰레기를 좀 더 환경친화적 방식으로 에너지로 전환하는 방법에 관한 연구로, 엄격하기로 유명한 인텔 과학재능 탐색대회(Intel Science Talent Search)의 준결승까지 갔었다는 사실, 하버드 대학에서 신경과학과 인지진화학을 공부했다는 사실은 어떠한가? 대학 재학 시절 그녀는 메이저 영화에 배우로 출연하기도 했다.

2011년 2월 『뉴욕 타임스』에 실린 한 기사에 따르면, 포트먼과 라마는 예외적 인물들이 아니다. 다니카 맥켈러(Danica McKellar)는 〈경이로운 날들〉〈웨스트 윙〉〈NYPD 블루〉와 같은 텔레비전 드라마에 출연한 인물이다. 그런 그녀는, UCLA에서 수학과 학생으로 재학하던 시절, 그녀와 동료들의 이름이 붙게 되는, 어느 한 수학 정리(定理)의 발견에 관여한다. 텔레비전 드라마 〈빅뱅 이론〉에 신경생물학자 에이미 파라 파울러로 출연하고 있는 마임 비아릭(Mayim Bialik)은 실제로 UCLA에서 박사학위를 취득한 신경생물학자이기도 하다. 그녀는 또한 1990년대 텔레비전 쇼 〈블로썸〉의 주인공 역을 맡기도 했다.

이러한 예화들은 만능 스타들에 관한 이야기가 아니다. 그보다는 과학이 세상 물정 모르는 샌님들 또는 남자들만을 위한 것은 아님을 일러준다. 하지만 이 예화들은 또한 서구 사회의 유명인사 중독증에 관해, 과학에 대한 관심의 결여에 관해 무언가를 말해준다. 우리는 이들의 과학적·학문적 성취 때문이 아니라 이들이 영화에서 한 역할과 이들의 스타로서의 지위 때문에 이들에게 훨씬 더 관심을 쏟고 있다.

신문, 잡지의 무수한 칼럼이 또는 방송이 그렇게 믿도록 만들고는 있지만, 사실 유명인사, 스포츠, 비즈니스 그리고 정치는 우리에게 가장 중요한 사안이 아니다. 오늘날 우리 삶을 형성하는 가장 강력한 힘은 사실은 과학이다. 그것이 산업 내, 의료 내 또는 군대 내 과학이든, 과학이 가장 강력한 힘이다. 만일 사회집단으로서의 우리가 과학맹이라면, 과학이 풀어놓는 새로운 생각과 제품을 통제할 길은 없다. 우리는 우리 자신을 대변하고 미래로 이끌 정치인들을 선출하고, 그 대신 그 정치인들은 기후변화, 인구과잉, 내분비호르몬 이상 원인, 줄기세포, 복제, GMO, 환경오염, 삼림파괴, 그리고 일정 수준의 과학적 교양을 요하는 숱한 다른 사안들을 어떻게 처리할지에 관해 결정을 내려야만 한다.

포트만(그녀는 어린 시절 환경 비디오를 만들기도 했다) 같은 사람들로부터 배울 수 있는 교훈은, 유희를 제공하고 제공받는 일은 그 자체로 좋은 일이지만, 그것에만 매몰되어 우리를 둘러싼 세계에 대한 관심을, 세계 내 우리의 위치를 크게 주조하고 있고 세계를 이해하게 도와주고 있는 과학에 대한 관심을 버려서는 결코 안 된다는 것이다.

모두가 영화 스타가 될 수 없듯이 우리들 전부가 과학자가 될 수는 없다. 하지만 시간을 투자해 현대 세계의 일부 문제들을 이해하고 해결하는 데 쓰이고 있는 과학에 대해 좀 더 많은 것을 배울 수는 있다. 나 역시 어느 단편 극영화에 단역으로 출연한 적 있지만, 장담한다, 그 일은 따분하기 짝이 없는 노동이다. 난 단호히 과학자가 되는 편을 택하겠다. 하지만 과학에 관심을 둔 영화 스타들이 있다니, 기쁘기 그지없다. 영화 산업계든 정치계든, 너절한 롤 모델로 넘쳐나고 있는 이 시대에, 좋은 사례를 만들고 있는 누군가를 만난다는 건 기운 나는 일이다.

5

현 경제는 우매하다?

우리의 현 경제 패러다임은 이제껏 제 목적을 잘 달성해왔다. 전례 없이 폭증하고 있는 인류를 위해 상품과 서비스를 효율적으로 공급하는 일 말이다. 하지만 이러한 길을 걷는 동안 우리는, 대체 경제는 무슨 목적으로 존재하는지에 관한 식견을 잃어버리고 말았다. 하나의 경제 시스템이란 우리의 필요에 맞게끔 변형, 개선, 혁신이 가능한 인간의 발명품이라는 사실도 망각하고 말았다. 실제로 이 시스템은 때로는, 지난 100년간 북미에서 우리가 목도한 것처럼 점차적으로 변화되는 것이기도 하고, 때로는 구소련의 붕괴에서 본 바대로 격변을 통해 바뀌는 것이기도 하다. 유한한 행성 내에 살고 있음에도, 끝 모를 성장이라는 생각에 기반한 경제 시스템에 (이 시스템의 역사는 그리 길지 않다) 아직 의존하고 있다는 건 사실 부조리하다. 대개가 부정적이라 생각하는 것들, 예컨대 전쟁, 자연 재난, 사고 등이 일자리 창출과 생산 증대를 통해 실은 경제에 긍정적인 효과를 가져온다는 점 역시 일종의 부조리다. 정치인과 기업인들이 경제를 환경 위에 위치시키는 일은 잦지만, 자연환경이 제공하고 있는 그 모든 효용과 서비스가 존재하지 않는다면, 경제를 이야기하려는 우리는 이곳에 존재조차 하지 못할 것이다. 그 반대가 아니라, 우리를 위해 작동하는 경제를 만드는 더 나은 길을 찾아야 할 시점에 우리는 도착해 있다.

새로운 경제 패러다임이 필요한 시점

자신들의 기풍과 원칙은 인간의 근원적 충동인 이기심에 기초한 것이라고, 무슨 자랑이라도 되는 양 떠벌리던 경제학자들을 기억한다. 이들의 주장에 따르면, 우리는 우선 자신의 이익 추구욕으로 인해 행동한다. 동의할 수 있다. 다만 어느 정도 동의하냐는 '자신(self)'을 어떻게 정의하느냐에 따라 달라질 것이다. 어떤 이에게 '자신'은 개별자를 넘어 가까운 가족까지를 의미할 것이다. 다른 이들은 여기에 지역공동체, 생태계 또는 다른 모든 생물종을 포함시킬지도 모른다. 여기에 나는 '생태계'와 '다른 생물종'을 일부러 언급했는데, 그동안 인류는 너무나 나르시시즘적인, 제멋대로인 생물종으로 변질되었다고 믿고 있기 때문이다. 우리는 우리 자신이 세계의 중심에 있으며, 우리 주위의 모든 것은 활용 가능한 일종의 '가능성'이거나 '자원'이라고, 우리 자신의 필요나 수요가 다른 모든 가능성들보다 중요한 것이라고 생각하고 있다. 삶과 생명에 관한 인간중심적 관점이란 바로 이러한 것이다.

그리하여 어느 한 숲을 벌채할지 보존할지 선택의 갈림길에 설 때, 벌채를 하는 경우나 그렇지 않은 경우 얻을 수 있을 잠재적 경제 이익에 우선 관심의 초점을 맞춘다. 경제가 침체하면 이에 대한 비용을 자연에서 충당해야 한다고 여긴다. 환경오염 규제를 느슨하게 하고, 산림 벌채나 어류 포획의 양을 지속 가능 수준 이상으로 늘리거나 또는 (연방정부가 그러한 결정을 발표하여) 새로운 사업에 대한 환경영향 평가 요구 기준을 해제하는 식이다.

지상 위 인간의 위치에 관한, 전혀 다른 관점의 이름은 '생물중심주의(biocentrism)'다. 이 관점에 의하면, 생물 다양성은 만유를 포괄하며 인류는 그 한 부분일 따름이고, 궁극적 의미에서 우리가 필요로 하는 모든 것의 원천은 바로 대자연이다. 이런 시각에서 보면, 우리의 웰빙, 실제로는 우리의 생존은 자연 세계의 건강과 웰빙에 의존하고 있다. 나는 이 견해가 현실을 더 잘 반영한다고 생각한다.

인간중심주의가 지닌 가장 치명적인 독은 경제 분야를 최고의 우선 가치로 격상시켜버렸다는 것이다. 우리는 마치 경제가, 가능한 한 모든 방식으로 달래거나 봉사해야만 하는, 일종의 자연력이라도 되는 것처럼 행동하고 있다. 그러나 자연력이라 하면, 중력, 빛의 속도, 엔트로피, 열역학 제1법칙과 제2법칙 같은 것들이고, 이 힘들이 정한 경계 안에서 사는 일 외에 우리가 할 수 있는 일은 전무하다. 하지만 경제, 시장, 통화란 우리가 만들어낸 것들이고, 만일 이것들이 제대로 작동하지 않는다면, 단지 이것들을 다시 본 궤도에 올려놓으려 노력하는 것 이상을 생각해봐야 한다. 달리 말해 이것들을 교정하거나 폐기하거나 대체해야 한다.

1944년 경제학자와 정치인들이 뉴햄프셔 브레턴우즈(Bretton Woods)에서 회합을 가졌을 때, 당시 세계는 전쟁으로 인해 시골과 도시 전역, 경제 체제가 황폐해진 상태였다. 회합의 목적은 그 해결책의 모색이었다. 이들은 통화를 미국 달러화 기준에 맞추는 한편, 세계 경제 정상화를 위해 (끔찍한) 쌍둥이 형제인 국제통화기금(IMF)과 세계은행(World Bank)의 도움을 구했다. 전후 유럽과 일본은 경이로운 경제 회복세를 보였고, 미국 경제 역시 소비재의 다량 공급에 기초한 성장세를 보이며 세계를 향해 포효했다. 하지만 브레턴우즈에서 탄생된 이 경제 시스템은 근본적으로 결함이 있었다. 생물권(biosphere), 대기권, 물 그리고 땅과 분리된 시스템이었기 때문이다. 그리고 우리는 이 결함을 더는 무시할 수 없는 상태에까지 이르렀다. 그 결함의 내용은 무엇일까?

결함 1: 어류, 목재, 식품 등 원자재로서의 자명한 가치 외에도, 자연은 우리가 생존하고 번영할 수 있도록 해주는 모든 종류의 '서비스'를 실행한다. 자연은 모든 농업활동의 지지대이자 지구의 가는 피부인 표토(表土)를 생산한다. 자연은 대기 중의 이산화탄소를 제거하고 산소를 대기에 되돌려놓는다. 자연은 공기로부터 질소를 가져가 토양을 비옥하게 만드는 데 쓴다. 자연은 물도 여과하는데, 물은 흙을 통해 여과되는 것이다. 자연은 태양광을 분자들로 변형하는데, 우리는 우리 몸의 에너지를 위해 이 분자들을 필요로 한다. 자연은 죽은 동식물의 사체를 분해하고 그 원자들과 분자들을 흩뿌려 다시 생물권에 되돌아가게 한다. 자연은 꽃을 피우는 식물에 수분(受粉)을 한다.

더 이야기할 수 있겠지만, 이미 독자들은 논점을 파악했을 것이다. 자연이 주야장천 쉼 없이 하는 일을 우리는 결코 복제할 수 없다. 그럼에도 우리는 이러한 자연의 서비스들을 우리의 경제 외부에 있는 일종의 '외부성(externalities)'으로 치부하고만 있다.

결함 2: 문제를 더욱 어렵게 만드는 건, 인간 창조성에 한계란 있을 수 없으므로 경제에도 한계선이 불필요하다는 경제학자들의 믿음이다. 경제를 좌우하는 건 건강한 사람들이고, 건강을 좌우하는 건 자연의 서비스들이다. 그러나 이 자연의 서비스들은 경제적 수치계산에서는 무시되고 있다. 우리가 사는 곳은 생물권, 즉 모든 생물이 생존하고 있는 장소인 대지와 물 그리고 얇은 대기권이다. 그리고 그게 전부다. 무슨 말이냐면, 이 생물권은 확대가 불가능하다는 것이다. 오늘날 우리가 목격하고 있는 건, 무한히 성장하자는 경제적 정언명령과 자연이 실행하는 한정된 서비스 간의 충돌이다. 이제는 우리의 관점과 우선가치를 올바로 다잡아야 할 때다. 이 다잡음에서 생물중심주의는 하나의 좋은 출발점이 될 수 있을 것이다.

제1차 브레틴우즈 회의 덕에 당대의 문제들에 대한 해결책을 고안할 수 있었다. 이제 우리에겐 새로운 시대의 새로운 과제가 주어져 있다. 지금은 2차 브레턴우즈를 위한 시대다.

성장을 멈추지 않을 사탄 베헤못(behemoth)

지금 내가 시장과 경제를 마치 살아 있는 무엇인 양 묘사하고 있다는 걸 눈치챘는지 모르겠다. 오늘날 시장은 스트레스 상태의 징후를 보이고 있다는 둥, 경제는 건강하다는 둥, 경제는 생명활동 덕에 움직인다는 둥. 경제는 때로 마치 생명보다 거대한 무엇인 것처럼 행동한다. 과거에 사람들은 용, 사탄, 여러 신들, 괴물들 앞에서 벌벌 떨며 이들을 달래려고 무엇이든 (처녀든, 돈이든, 신생아든) 희생양으로 바쳤지만, 오늘날 우리는 이러한 공포가 실은 미신적 상상 작용이었음을 알고 있다. 그러나 우리는 이들이 차지하던 자리에 새로운 베헤못을 들여놓았다. 그 새로운 베헤못의 이름은 다름 아닌 경제다.

더욱 기이한 건 경제학자들이 이 베헤못이 영원히 성장할 수 있다고 믿는다는 것이다. 사실 한 정부나 기업이 얼마나 잘하고 있는지의 측정 기준이란 아직도 여전히 경제성장 지표다. 그러나 우리가 사는 곳, 즉 생물권은 유한하고 고정되어 있고, 그리하여 이러한 세계 내에서는 그 어느 것도 무한정 성장하는 건 불가능하다. 지속적 성장에 중점을 두느라 중요한 질문을 제기하지 못하고 있다. 경제는 대체 무엇을 위해 존재하는가? 경제가 제공하는 그 모든 제품 덕에 나는 더 행복해졌는가? 대체 어느 정도가 충분한 걸까?

요크 대학 환경경제학자 피터 빅터(Peter Victor)의 시의적절한 책『성장 없이 나아가기: 재난이 아니라 디자인으로 속도 낮추기』는 무한한 성장에 기초한 경제 시스템의 불합리성을 논의한다. 빅터는 또한 경제의 필연적 특징으로 여겨지는 성장이라는 개념이 최근의 현상임을 밝힌다.

경제는 하나의 자연력도, 일종의 불변하는 무오류의 실재도 아니다. 우리는 경제를 창조해냈는데 그 경제에 문제가 발생할 때 단순히 그것이 계속 작동하도록 더 많은 돈을 쏟아붓기만 한다는 건 극히 비합리적인 행위가 아닐 수 없다. 경제는 인간이 만든 하나의 발명품이므로, 우리가 고칠 수 있거나 좀 더 나은 경제로 대체할 수 있어야 마땅하다.

계속되는 현 경제 위기는 우리가 우선시하고 있는 가치들을 재검토할 기회를 제공해주고 있다. 수십 년 동안 과학자와 환경주의자 들은 전 지구적 환경 악화에 관하여 경고의 목소리를 내왔다. 바다에는 물고기가 고갈되고 있고, 거대한 플라스틱 섬들인 '죽음의 구역들' 그리고 이산화탄소의 용해로부터 발생되는 (해양) 산성화는 전에 없던 결과로 이어지고 있다. 우리는 우리의 배출물로 대기권의 화학 반응작용을 변형해버렸고, 이로써 지구의 기온을 높이고 있다. 또한 숲을 벌채했고, 수십만 생물종의 목숨을 앗았다. 대기를, 물을, 토양을 우리의 산업 폐기물 매립지로 활용하며 우리 자신을 독으로 오염시키고 있다.

지구 40억 년의 생물 역사상 최초로 하나의 종이 지나치게 강력해지고 많아졌고, 그리하여 그 종은 지구의 물리적·화학적·생물학적 특징을 거대한 지질학적 규모로 변형하고 있다. 따라서 이런 질문을 던져야만 한다. "전 세계 개별자들이 집합적으로 만들어내는 환경 영향은 얼마나 되지?" 이러한 질문을 던질 필요는 이제까지 한 번도 없었다. 게다가 이는 답변하기 어려운 질문이다. 심지어 전 지구적 환경 영향을 고찰한다 해도, 하나의 종으로서 이 위기에 대응할 메커니즘을 아직 가지고 있지 못한 형편이다.

이러한 파괴적 활동 중 다수의 동력이 되어 그 활동들을 이끌고 있는 것은 바로 경제 그 자체다. 몇 년 전, 삼림 벌채에 대한 뜨거운 논전을 벌인 적이 있는데 그 자리에서 어느 삼림업체 사장은 내게 이렇게 윽박질렀다. "이봐요, 스즈키 씨, 당신 같은 나무 애호가들 말인데, 저 나무들을 보호하려고 돈 한 푼 내려고 한 적 있어요? 그런 적 없지요? 그러니까 저 나무들은 어떤 사람이 벌채하기 전까진 그 어떤 (경제적) 가치도 없는 것들이에요!" 어안이 벙벙했다. 우리의 경제 시스템 내에서 그의 말은 옳다는 자각 때문이었다. 다 알다시피, 그 숲을 아무도 건드리지 않는 한 식물들은 광합성으로 이산화탄소를 대기 중에서 제거하고 산소를 배출하는 활동을 할 것이고, 이는 청정한 공기에 의존해 생존하는 우리 같은 동물들에게는 나쁜 서비스가 아니다. 그러나 경제학자들은 이러한 활동 일체를 일종의 (경제 밖) '외부성'으로 무시한다. 즉 광합성은 그들이 고안해낸 경제 시스템과는 아무런 관련성이 없다는 것이다!

　나무의 뿌리는 토양에 들러붙어 있고, 그 덕분에 토양은 비가 오더라도 강으로 쓸려 내려가지 않고, 그리하여 연어의 알이 있는 자갈을 틀어막지 않는다. 이러한 것은 경제학자들에게는 또 하나의 '외부성'이다. 나무는 토양으로부터 수십만 리터의 물을 뽑아 올리고 이를 대기 중에 발산하며 물과 기후를 조정하는 역할을 한다. 이 또한 일종의 외부성일 것이다. 숲은 무수한 종의 박테리아, 균류, 곤충류, 포유류, 양서류, 조류에게 서식지를 제공한다. 이 또한 외부성일 것이다. 이런 식으로 식물에 활력을 불어넣고 우리 같은 동물을 건강하게 하는, 인간의 손을 타지 않은 생태계의 활동 전부가 우리의 경제에서는 간단히 무시당한다. 미래학자 하젤 헨더슨(Hazel Henderson)은 통상적 경제학을 "일종의 두뇌 손상"으로 기술했는데, 전혀 놀라운 일이 아니다.

　자연의 서비스들은 이 지구를 우리와 같은 동물들이 살 만한 곳으로 유지시키고 있고, 그리하여 그 서비스들은 새로운 경제 체제의 한 구성인자로서 인식되어야만 한다. 끝이 없는, 무뇌아적인 성장에 대한 자기 파괴적 중독으로부터 이제는 해방되어야 한다.

만일 내게 4조 달러가 있다면

　많은 이들이 가족과 이웃을 위해 세계를 더 낫게 만들기 위해 (쓰레기) 재순환과 에너지 절감에 동참하고 있다. 이 소소하지만 수많은 노력은 큰 변화를 이끌어내는 힘이 될 것이다.

　만일 당신에게 4조 1,000억 달러가 있다면 무엇을 할까 한번 생각해보라!

이 돈은 2008년 후반 미국에서 발생하여 곧바로 전 세계로 파급된 경제 위기에 연루된 금융 기관들을 구제하려고 미국과 17개 서유럽 국가들이 사용한 돈이다. (최종 금액은 이보다 훨씬 높을 가능성이 있다. 이렇게 거대한 숫자를 헤아린다는 건 어려운 일이지만 1조 초는 약 32,000년이라는 것만 생각해보라!) 더군다나 이 돈의 상세 지출처는 비밀에 부쳐졌다. 우리는 이 돈이 누구를 위해 어디에 쓰이는지 알지 못한다. 당신의 퇴직 연금액 폭락을 막는 데 이 돈이 쓰이지 않았다는 건 거의 확실하겠지만 말이다.

(경제 위기가) 개발도상국 국민들에게 미친 효과는 훨씬 더 고약하다. 이들 대다수는 우선 저축조차 하지 않으며, (가뭄과 식품 부족 등) 기후변화가 가져온 결과와 더불어 경제 위기로 인해 더욱더 많은 이들이 극심한 빈곤과 실업에 고통받고 있다.

4조 1,000억 달러로 그들이 무엇을 할 수 있었을까 한번 생각해보라! 정책연구소(IPS)가 발행한 2008년 보고서 「삐뚤어진 우선가치: 구제금융은 어떻게 다른 전 지구적 위기 예산을 위축시키나」에 따르면, 이 금액은 빈곤과 (907억 달러) 기후변화 (131억 달러, 이 중 단 한 푼도 미국이 투자한 돈은 아니다) 대응을 위한 프로그램에 미국과 유럽이 개발도상국에 지출하고 있는 금액의 40배에 달하는 금액이다. 사실 미국은 2007년 다른 국가들을 위한 개발 지원금으로 지출한 금액의 총합보다도 높은 금액(1,525억 달러)을 보험회사 AIG를 위해 지출했다. 그렇다면 납세자의 혈세인 구제금융비를 수혜받은 후 AIG의 간부들은 이 돈으로 무엇을 했을까? 축하연을 열었다. 호화로운 온천 리조트 여행에 44만 달러씩 써가면서 말이다. 이 여행 경비는 2007년 미국이 레바논, 즉 IPS에 의하면 "내전에서 회복하느라 분투 중인 국가"에 식품 원조로 지출한 금액과 유사하다. 개발도상국은 우리에게 영향을 미치지 않으므로 그들에게 무슨 일이 일어나든 걱정할 바는 아니라고 생각하는 이라면, 자연계의 만유가 서로 연결되어 있는 것처럼 세계 경제, 정치 시스템 내 모든 것 역시 그러하다는 점을 상기할 필요가 있다. 증대된 국제적 일자리 경쟁, 수출 기회의 감소는 IPS 보고서에서 언급되는 좀 더 소소한 영향들 중 두 가지 예일 뿐이다. 하지만 최악의 붕괴는 세계 경제에 관한 것이 아니다. 공공이익 연구소(Public Interest Research Centre)에서 발행한 또 다른 보고서인 「기후 안정」에 의하면, 북극의 빙원이 녹아내리는 속도는 과학자들이 이전에 예측했던 것보다 빠르고, 어쩌면 그 빙원은 곧 사라질지도 모른다. 이러한 사건의 파급 효과는 파국적인 무엇일 수도 있다.

  그 4조 1,000억 달러로 우리가 무엇을 할 수 있었을까 한번 생각해보라!

  이런 거금을 기업들에게 건네서 그들이 통상적인 방식으로 사업을 계속하고, 사고, 팔고, 합병하고, 간부들에게 불결한 보너스와 임금을 지불하게 하는 대신, 이 돈을 재생 가능 에너지에, 지속 가능한 도시 계획에, 기후변화 영향 완화법에 대한 연구에 쏠 수도 있었다. 이런 일이야말로 경제적 활기를 자극할 것이라는 건 말할 필요조차 없다. 그러나 '경제 vs 환경'이라는 그릇된 이분법은 아직도 힘을 발휘하고 있다.

  저명한 경제학자 스턴 경(Lord Stern)은, 기후변화에 대응하는 데 소요되는 비용은 연간 GDP의 약 1퍼센트 정도이지만, 아무것도 하지 않는 행위는 결국 세계 경제를 파괴할 것이라고 지적했다. 이 두 선택지 중에서 우리가 선택할 수 있는 것은 하나뿐인 듯하다. 그리고 그 일을 하는 데 4조 1,000억 달러만 한 돈이 필요하지는 않을 것이다.

시민으로서 우리는 이 유한한 세계가 계속해서 건강할 수 있도록, 할 수 있는 모든 일을 다해야 한다. 우리 자신의 삶에서 자그마한 그러나 중대한 변화를 만들어내야 하며, 동시에 우리의 지도자들에게 너무나도 자명한 과학을 더는 경시하지 말라고 요청해야 한다. 기후 위기에 대한 신속한 대응의 실패는, 경제 위기를 역사의 소소하고 일시적 문제로 보이게 만들 정도로 거대한 결과로 이어질 것이라고 말하는 과학 말이다.

우리는 저 4조 1,000억 달러를 어디에 사용하면 좋을지 그들에게 이야기할 수 있었다!

숲을 구하면 돈이 나올까?

숲 하나를 가격으로 환산하면 얼마나 될까? 그 가격을 어떻게 매길 수 있을까? 나무를 한 그루 한 그루 세고 그것들을 벌목해 통나무로, 목재로, 펄프로, 종이로 만들면 얼마나 얻을 수 있을지를 알아내면 되는 걸까?

이러한 계산법이 전통적인 방법이었지만 그다지 많은 도움은 되지 못한다. 숲은 그것이 지탱하고 있는 수목보다 훨씬 더 많고 큰 가치를 지닌다. 하나의 숲은 야생생물에게는 서식처를, 도보 여행자와 사냥하는 이에겐 심신을 재충전하는 기회를 제공하고, 나아가 조용한 명상처, 식수의 여과와 저장 기능 또한 제공한다. 게다가 숲은 대기 중에서 이산화탄소를 흡수하여 이를 나무와 토양에 저장하므로 지구고온화에 대항하는 중요한 '방어책'이기도 하다.

숲이 제공하는 생태학적 효능이나 서비스 전부를 염두에 둔다면, 숲

관리법을 결정할 때 활용될 결정 기준은 재평가되어야 한다. 어떤 처녀림 하나를 벌목하면, 이 행위는 일시적으로 일자리와 이윤을, 아울러 건축과 가구용 재원을 조금은 공급해줄 수 있을 것이다. 하지만 그 행위가 동시에 나무와 토양 내 저장되어 있던 탄소를 풀어놓는 결과를 가져온다면, 그리하여 지구고온화의 한 원인이 된다면, 또는 자연의 질서에 중차대한 어느 동물의 서식지를 소거한다면, 그러한 단기적 이익은 그다지 가치 있지 않을지 모른다.

데이비드 스즈키 재단과 재단 협력체들이 발행한 두 보고서는 자원 관리에 대한 결정을 내릴 때 숲이 가지는 가치 또는 숲의 '자연 자본(natural capital)'의 총량을 고려해야 한다는 의견을 제시한 바 있다. 「돈과 감각: 브리티시컬럼비아 내 부엉이 서식지의 보호를 해야 하는 경제적 이유」 그리고 「맥켄지 지역의 진정한 부: 어느 북부 생태계의 자연 자본 가치 평가」는 둘 다 자연 생태계 관리에 대한 보다 총체적인 접근법을 주장한다.

오랫동안 우리는 숲의 활용에 관한 결정을 내릴 때 (숲의) 자원이 시장에서 바로 만들어내는 수익가치만을 고려해왔다. 그러는 동안 생물다양성에, 인간의 건강에, 공동체 웰빙에 중차대한 생태계 서비스들의 어마어마한 가치는 무시되어왔다. 탄소의 포집과 저장, 수질 정화, 청정수의 저장, 생물종 다양성과 같은 무엇에 화폐 가치를 부여하기란 쉽지 않은 일이긴 하다. 하지만 이것들을 방정식에 넣지 않는다는 건 어리석은 일이다.

보고서 「돈과 감각」을 작성한 연구진들이 살펴본 것은 비단 (멸종위기의) 얼룩 부엉이의 서식지인, 브리티시컬럼비아 내 처녀림의 수목들이 얼마나 가치 있는가만은 아니다. 이들은 심신재충전 공간으로서의 가치와 수목 외의 숲 생산물, 나아가 숲의 탄소 저장 역할도 살펴보았다. 보고서는 이렇게 결론 내리고 있다. "81개의 시나리오 중 72개에서, 좀 더 강화된 기준으로 보존된 숲은 통례적인 벌목과 제한 보존이 적용된 숲보다 더 나은 경제적 보상을 만들어낸다." 맥켄지 보고서는, 그 지역의 비-시장 가치가 시장 가치에 비해 11배 높다고 결론 내리고 있다. GDP에 기초한 시장 가치는 연간 419억 달러인 반면, 17개의 생태계 서비스들에 기초한 비-시장 가치는 4,838억 달러라는 것이다.

연구의 영향으로 맥켄지 지역에선 긍정적인 결과가 나왔다. 노스웨스트 테리토리 보호구역 전략[(Northwest Territories Protected Area Strategy), 캐나다 연방정부, 노스웨스트 테리토리 주정부, 원주민 부족들, 환경보호 단체와 기업들의 공동보조] 아래 캐나다 연방정부가 1,010만 헥타르의 북부 삼림지대를 보호하겠다는 계획을 발표한 것이다. 목표는 보호 구역 내 문화적·생태학적 관계자들의 네트워크를 만드는 것, 그렇게 하여 보존과 개발 양쪽으로부터 지역공동체들이 혜택을 얻도록 하겠다는 것이다. 이 지역은 장차 석유·가스 탐사, 다이아몬드와 우라늄 채광을 비롯한 산업 개발로부터 보호받을 예정이다.

반면, 얼룩 부엉이 서식지 보호는 이만큼 순조롭지 않다. BC 주정부는 더욱 강화된 기준으로 이 지역을 보호하겠다는 그 어떤 계획도 아직 발표하지 않았다. 그러나 이 운동은 단순히 얼룩 부엉이 구하기 운동이 아니라 균형 잡기에 관한 것이고, 숲지대에서 우리 모두를 위한 최대한의 혜택을 끌어내는 일에 관한 것이다.

숲이 지닌 가치 전부를 고려하자는 것이 곧 벌목업과 채광업을 종식시키자는 건 아니다. 단순히 이 생태계들 내에서 진행되는 우리의 활동 전부를 좀 더 효율적으로 관리하는 방법을 찾아보자는 것이다. 또한 이 생태계들이 제공하는 실제 서비스들 일체에 가치를 부여하자는 것이다. 만일 지구고온화와 생물다양성 손실이라는 심각한 문제들, 아울러 청정수, 청정대기의 오염과 같은 사안들을 우리 스스로 해결하려 하지 않는다면 어쩌면 우리 인류는 멸종위기 목록에 올라 얼룩 부엉이 옆자리에 앉아야 할지도 모른다.

자연의 효용과 서비스 계산하기

오늘날 브리티시컬럼비아 주에서 최다 수확량을 보이고 있는 과일은 블루베리로, 연간 판매량은 1억 달러에 육박한다. 1억 달러라 하면 농민들, 수확하고 포장하고 유통하는 이들, 그리고 소매상들에게 엄청나게 큰돈일 것이다. 하지만 블루베리 산업에서 가장 고된 노동을 하는 어느 한 노동자의 필수 서비스가 이 계산법에는 빠져 있다.

만일 밴쿠버 근방의 프레이저 밸리나 타 지역의 블루베리 농장에서 수분매개자인 야생벌이 자신의 노동을 그친다면 블루베리 산업은 붕괴하고 말 것이다. 실제로 서식지 손실, 살충제 사용, 여타 다른 인간 활동으로 인한, 꿀벌과 다른 농업 관련 수분매개자들의 감소로 농민들은 이 중요한 자연의 서비스를 대체하는 일에 추가 비용을 지불하고 있는 형편이다. 미국과 캐나다의 많은 지역에서 농민들은 농장으로 벌집을 트럭채 실어오고 있는데, 이는 (작물들이 의존하는) 한때는 공짜로 제공되던 수분매개 서비스를 지속시키기 위함이다.

그러나 이 사례는 자연이 제공하는 서비스들의 가치와 어설픈 생태학적 관리가 초래하는 비용을 설명해주는 단 한 가지 사례일 뿐이다. 자연이 제공해주는 다른 혜택의 사례들은 무궁하다. 예컨대, 숲은 가파른 비탈이 안정적으로 유지되도록 하고, 홍수의 위험을 낮추며, 도시인들을 위한 여과된, 청정한 식수가 수도꼭지에서 나오게 한다.

자연이 제공하는 혜택의 실제 가치를 좀 더 자세히 살펴볼 때 비로소 우리는 좀 더 나은 삶을 영위할 수 있을 것이다. 자연 보호는 실제로 정부 지출을 감소시킬 수 있다. 경제 불황의 전면적 여파를 막는 완충장치 역할을 할 수 있기 때문이다. 부분적으로는, 잘못된 관리로 인해 사라져버렸거나 그 질이 퇴화된 자연의 서비스들을 대체하는 대체비용 자체가 터무니없이 크기 때문이기도 하다.

생태계 서비스의 대체 불가능한 가치 그리고 개발이 그 서비스에 대해 미치는 충격효과는 이제 캐나다에서도 세계에서도 서서히 인정받고 있다. 예를 들어「UN 밀레니엄 생태계 평가 보고서」는 세계 생태계 서비스의 약 60퍼센트가 지속 불가능한 속도로 활용되고 있다고 결론 내린 바 있다. 캐나다, 미국, 브라질, 영국, 오스트레일리아 그리고 다른 여러 나라에서 농지, 숲, 분수령, 습지, 도시 근교 녹지의 보호를 위한 '그린벨트' 조성은 핵심적인 생태계 서비스의 보호에 기여해왔다. 온타리오 주 남부지역의 그린벨트 하나가 제공하는 이익만 해도, 아무리 보수적인 계산법으로 계산해도 연간 26억 달러로 추산된다.

하지만 그럼에도 통례적인 경제적 사고는 여전히 자연 서비스의 가치를 무시하고 있다. 그에 따라 뉴질랜드에서 북미로 수송된 사과 한 알의 생태학적 비용은 사과의 가격 책정에 적절히 포함되지 못하고 있다. 마찬가지로, 우리가 폐기한 휴대폰이나 노트북과 같은 전자 쓰레기가 어떤 비용을 초래하는지 역시 제대로 계산되지 못하고 있다. 자연 서비스의 가치, 그리고 쓰레기와 오염으로 인한 비용을 포함하는 새로운 정산 시스템이 필요하다.

현재의 경제 위기를 살펴볼때, 파산한 사업체들에게 더욱 많은 돈을 퍼부어주는 행동은 기껏해야 진짜 파국이 강타하기 전까지 시간을 벌어줄 수 있을 뿐이다. 이 위기의 자리에서 새로운 세계 경제가 출현하고 있다. 그 경제는 바로 녹색 경제다.

생태계 서비스를 유지, 향상, 복원하는 프로그램에 대한 투자는 효과적인 예산 절감안일 뿐만 아니라 그 형태가 어떠하든 녹색 경제의 중요한 요소다. 막대한 구제금융비의 아주 자그마한 일부로도 이러한 서비스들을 제공하는 자연 구역을 보호하고, 좀 더 높은 경제적 이익을 창출할 수 있다. 개인과 공동체 건강의 증진은 말할 나위조차 없다. 예컨대 뉴욕 시는 토지 구매를 통한 분수령 보호, 환경오염 방지, 자연 보존 촉진을 목표로 하는 프로그램에 투자했고, 그 과정에서, 그렇지 않았더라면 청정식수를 위한 새 인프라 구축에 필요했을 수십억 달러를 아낄 수 있었다.

몇몇 작은 정부의 노력이 미치는 파급효과는 장기간 지속될 수 있다. 그로 인해 우리는 자연의 혜택을 계속해서 누릴 수 있고, 자연이 손상될 때 그 서비스 대체비로 들어갈 (만일 대체로도 가능하다면!) 막대한 양의 비용도 없앨 수 있다. 정부는 관리책임(stewardship) 기금, 인센티브 프로그램을 만들어 자연보호를 위해 애쓰는 농민에게 보상해야 한다. 또한 야생생물 서식지와 철새 보호구역에 좀 더 많은 돈을 투자하고, 생태학적으로 중요한 땅의 보호에 기여하는 기부자들에겐 세제 혜택을 제공해야 마땅하다.

자연의 서비스들을, 쓰레기·오염물이 초래하는 환경 비용을 당위가 아니라 당연한 일로서 경제지표의 계산에 포함시킨다면 우리는 지금보다 훨씬 더 현실적인 경제 시스템을 갖추게 될 것이다. 또한 환경과 경제는 실은 서로 얽혀 있는 부문들이라는 점을 인식하게 될 것이다. 어느 하나를 돌보는 일은 다른 하나가 직면한 문제에 대한 해법이 될 수 있다.

환경에 해를 가하는 일은 경제에도 해롭다

에콜로지(ecology)와 이코노미(economy)라는 단어의 어원이 같다는 점, 즉 '집 또는 고향(home)'을 의미하는 그리스어 오이코스(oikos)로부터 기원했다는 점을 우리는 종종 지적한다. 에콜로지, 즉 생태학은 집에 관한 학문이고 이코노미, 즉 경제학은 그 관리법에 관한 학문이나. 그러나 아직도 많은 사람들은 이 둘을 다른 별개의 두 과정으로, 자주 상충하는 두 과정으로 취급해야 한다고 고집을 부리고 있다.

이러한 주장 가운데 가장 모순된 주장은, 환경을 보호할 정도로 경제 여건이 충분히 좋지 못하다는 것이다. 즉 환경보호 비용은 너무나 커서 그 비용을 비용대로 고스란히 지출하면 경제는 피폐해지고 말 것이라는 주장이다. 그러나 만일 우리가 사는 집 자체를 돌보지 않는다면, 그 집은 종국엔 거주할 수 없는 곳이 되고 말 것이다. 이를 정당화할 수 있는 경제학적 근거가 과연 있을까? 다른 이들은 어떤 활동들의 경제적 장점이 그 환경적 단점보다 훨씬 중요하다고 주장한다. 이 또한 모순된 주장이다. '그리스트(grist.org)'에 게재된 2009년 6월의 한 기사인 「환경을 망치면 경제에도 그다지 좋지 않다고, 연구는 밝힌다」는, 그러한 경제활동들 중 다수는 심지어 경제학적 관점에서 봤을 때조차 바람직하지 않음을 입증하는 여러 연구와 논문들을 논하고 있다.

석탄 채광업을 예로 생각해보자. 웨스트버지니아 대학의 한 연구에 따르면, "석탄 채광 산업은 일자리, 세금, 다른 경제적 수익 등 그 산업이 아팔래치아 지역에 제공하는 것보다 다섯 배가 넘는 (환경)비용을 초래하며 이 지역의 조기 사망률에 기여하고 있다." 또한 공동체 경제 발전을 위한 산악 연합은 "석탄 산업이 정부에 내는 세금에 비해 1억 1,500만 달러 이상이나 많은 돈을 켄터키 주정부로부터 매년 받아내고 있다는 사실"을 알아냈다(이에 관해선 grist.org를 보라). 그리스트는 또한 『사이언스(Science)』지에 게재된, 동료의 검토를 받은 어느 논문을 언급했는데, 이 논문의 결론은 브라질 열대우림 지대의 벌목이 (지역민의) 수입, 평균수명, 국어능력 향상면에서 오직 단기적 이점만을 제공하고 장기적으로는 이 이점들이 모두 소멸해버린다는 것, "결국 남는 건, 그들의 숲을 보존했던 이들만큼이나 가난한 자치체, 그러나 이미 숲은 잃어버린 자치체"라는 것이었다.

그러나 또 다른 연구에 따르면, 미국 3대 자동차 제조업체가 이윤 창출과 일본 자동차 제조업체와의 경쟁을 위해 필요한 건 정부의 새로운 연료 경제성 기준(fuel economy standard)을 준수하는 것뿐이다. 연구들은 또한 곰 관람 사업이 곰 사냥보다 훨씬 더 많은 이윤을 낸다고 밝힌 바 있다. 나아가 그리스트 웹사이트의 글 또한 고래 관람 사업이 고래 살상보다 더 많은 수익을 낸다고 지적한다.

그러나 문제는 자원 채취 그 자체가 아니라 도리어 자원 채취 방식이나 그 이유에 있다. 3개월치 결과만을 살피는 기업 경영자들과 3~4년 임기만을 중시하는 정치인들이 판을 치는 마당에, 넓고 길게 살피는 사고방식을 가져야 할 이유란 늘 분명했던 건 아니니까 말이다.

이러한 우물 안 개구리식 전망법이 초래한 가장 끔찍한 사례 중 하나는 바로 캐나다 타르 샌드다. 앤드루 니키포럭은 수상작이기도 한 자신의 저서 『타르 샌드: 더러운 석유와 어느 대륙의 미래』에서, 이 자원에 투자된 자금은 "캐나다의 저탄소 경제로의 이동에" 좀 더 현명히 사용될 수도 있었다고 주장한다. 그러나 관련 업체들과 앨버타 주정부, 연방정부는 완전한 파산을 향해 광기의 질주를 계속하고 있다. 이런 식이라면 결국엔 일부 단기적 이윤과 겉보기에만 건강한 경제만이 남을 것이다. 막대한 환경 파괴, 앞으로도 얼마간은 필요할 수 있는 어느 한 자원의 신속한 고갈, 그리고 그로 인한 부정적인 경제적 결과라는 대가를 치르면서 말이다.

문제의 일부는 우리의 자원 채취 활동, 산업 활동 중 많은 부분이 실행되는 진짜 이유에 숨어 있다. 이러한 활동 중 많은 활동은 우리의 필요가 아니라, 많은 돈을 신속하게 벌려는 상대적으로 소수인 사람들의 욕망을 충족하기 위해 시행되고 있다. 수익금이 들어오고 일자리가 창출되는 한, 이러한 활동을 육성한 정치적 선택은 건강한 선택이었던 것처럼 보일 테고 말이다.

화석연료가 필요한지도 모른다. 적어도 지금 당장은 말이다. 하지만 고작 한두 명이 수 톤의 금속으로 된 커다란 SUV를 타고 식품점에 달려가게 하는 기막힌 사태를 만들면서까지 화석연료가 정말로 필요한 걸까? 별반 놀랍지도 않지만, 우리는 화석연료와 다른 산업의 공룡들이 자신들의 이익을 보호하려고 갖은 노력을 다할 것이라는 점 또한 알고 있다. 이것이 곧 이들 산업이 초래한 결과에 관한 노골적인 거짓말이나 그릇된 정보의 유포를 의미하는 것이라면, 글쎄, 어디 해볼 테면 해보라고 하라지!

지구고온화 인간유래설을 입증하는 과학적 증거는 이미 명명백백하지만, 그럼에도 석탄·석유 산업은 그 과학에 의심의 빛을 비추는 거대 캠페인에 돈줄을 대고 있고, 정치인들은 세계 과학자들이 어떤 사악한 음모에 연루되어 있다고 가정하고 있다. 이렇게 하여 우리는 파국으로부터 우리를 구원해줄 수 있는, 좀 더 녹색인 경제를 통해 일자리와 부를 창출하는 과업은 접어둔 채, 계속해서 오염물질을 방출하는 연료의 공급에, 이 공급은 줄어들고 있는데도, 의존하고 있다.

환경 개선의 길을 가로막고 서 있는 이들이 경제에 관해서도 그와 똑같이 무지하기 쉽다는 점을 확인하고자 한다면, 2012년 미국 대선 과정에서 나왔던 정치적 담론들만 살펴봐도 충분하다.

카본 옵셋: 지구고온화를 막는 한 가지 도구

과학은 인류가 자초한 지구 기온 상승이 하나의 엄연한 현실이라는 점을 명확히 한다. 이제는 그 해법에 초점을 맞출 때다. 확고한 온실가스 감축 목표를 정할 강력한 정부의 리더십이 필요하며 여러 광범위한 정책과 관행 역시 검토해야 한다. 문제가 실재하느냐에 관한 정통성 있는 주장은 없지만, 문제를 해결할 최고의 방책에 관한 논의는 그래도 일부 있다.

카본 옵셋(carbon offsets) 제도는 어떠한가? 어떤 사람들은 이 제도를 죄인들이 탈선행위에 대한 처벌을 피할 수 있게 허가하는, 교회가 부여한 방종에 비유한다. 다른 이들은 이 제도가 기후변화를 막는 데 사용될 여러 적법한 도구들 중 하나이며, 고품질의 카본 옵셋은 온실가스 배출량의 실질적 감소로 이어질 수 있다고 주장한다.

카본 옵셋은 개인, 기업, 심지어 정부 사이에서도 환경에 미치는 충격효과를 줄이기 위해 활용 가능한 방법으로 점점 더 인기를 얻고 있다.

카본 옵셋의 매입으로 만들어진 '임의적' 탄소 시장의 규모는 2007년 3억 500만 달러에서 2008년 4억 6,000만 달러로 증가했다. 교토 의정서와 EU 배출권 거래 시스템과 같은 세계 규제 프로그램에서 사용되고 있는 옵셋들까지 추가한다면, 전체 탄소 시장의 규모는 이제 연간 1,390억 달러 수준에 육박한다.

이렇게 카본 옵셋 제도는 우리 곁에서 지금 실행되고 있다. 그런데 카본 옵셋이란 대체 무엇일까? 카본 옵셋이란 태양광 발전시설 설치와 같은 어떤 프로젝트를 통해 온실가스 배출량을 감축할 경우, 그 감축분에 주어지는 일종의 신용(credit)이다. 그리고 이 신용은 다른 출처로부터의 배출량을 상쇄하는(옵셋) 데 사용될 수 있다. 카본 옵셋은 보통 (배출된) 이산화탄소의 톤 단위나 그와 비슷한 기준으로 측정된다. 옵셋을 매입하는 이들은, 그들을 대신하여 배출량을 감축하는 다른 프로젝트에 투자하는 일종의 투자 선택을 하는 셈인데, 그들 스스로 배출량을 감축할 능력이 없거나 자체적으로 감축하기엔 너무나 많은 비용이 들기 때문이다.

문제는 모든 카본 옵셋이 균일하게 실현되지 않는다는 점이다. 시장 자체가 새로운 데다 대체적으로 규제되지 않기에, 일부 카본 옵셋은 기후변화를 막는 데 아무런 효능을 발휘하지 못할 수 있다. 카본 옵셋이 나쁜 평판을 받는 한 가지 이유는 바로 이것이다. 그렇다면 무엇이 좋은 카본 옵셋일까? 구체적인 사안에서는 의견 차이가 조금씩 있지만, 대다수의 전문가들은 몇 가지 조건에 합의한다. 좋은 옵셋은 우선 '추가적'인 것이다. 즉 카본 옵셋의 인센티브가 없었다면 발생하지 않았을, 추가적인 온실가스 감축분을 만들어내야 한다. 예컨대, 만일 어느 한 기업이 (정부의) 규제로 공장 배출량을 감소하는 설비를 설치해야 하는 경우라면, 이로 인한 온실가스 감축분은 옵셋으로 판매되어서는 안 된다.

좋은 카본 옵셋은 또한 온실가스 배출량의 '영원한' 감축으로 귀결되는 것이다. 이런 이유로 일부 단체들은 식목을 통한 옵셋 창출을 반대하고 있다. 나무는 환경에 여러 혜택을 제공해주지만 동시에 카본 옵셋을 위험하게 만드는데, 왜냐하면 화재, 벌목, 곤충의 내습에 취약하기 때문이다. 이 중 어느 하나라도 발생할 경우 (나무에) 저장된 탄소는 대기 중으로 되돌아가게 되고 옵셋을 무가치하게 만든다. 좋은 카본 옵셋은 또한 자격을 갖춘 감사로부터 감축이 확실히 실행되었다는 확증을 받은 것이다.

실제적·추가적·영속적인 카본 옵셋은 기후에 대한 직접적이고 긍정적인 영향을 미칠 수 있을뿐더러 다른 중요한 혜택도 가져올 수 있다. 재생 가능 에너지와 에너지 효율성 프로젝트들에 자금을 지원할 수 있고, 그리하여 사회가 화석연료에 더 이상 의존하지 않고, 청정에너지 경제로 이동하는 데 기여할 수 있다. 카본 옵셋의 매입은 국제항공선 이용과 같은, 현재 정부 규제 범위권 밖에 있는 온실가스 배출을 처리하는 데 기여할 수 있다. 또한 카본 옵셋은 탄소에 일정한 가치를 부여하고 있고, 스스로의 일상적 선택이 얼마나 기후에 영향을 미치는지, 감축 노력을 어디에서부터 시작해야 하는지에 대해 기업과 소비자들을 교육하는 데 기여한다.

온실가스 배출량을 줄이기 위해 할 수 있는 모든 노력을 다해야 하겠지만, 이것이 가능하거나 그럼직하지 않을 경우, 좋은 품질의 옵셋을 구매한다면 이는 적어도 그 금액만 한 감축분이 어디에선가 만들어질 수 있게는 보장할 것이다.

카본 옵셋만으론 기후변화 문제를 해결할 수 없다. 그러니 탄소 배출량을 좀 더 크게 줄일 수 있는 다른 방안들 또한 모색해야만 한다. 기후변화는 너무나 거대한 문제이기에 여러 다른 해결 방안들이 필요하며, 카본 옵셋 제도는 그 한 부분으로 이해해야 한다.

탄소세로 공기를 정화하자

지구고온화 현상의 원인이 인간 활동임을 우리가 아직 100퍼센트 확신하지 못하고 있다는 데 동의한다. 그러니 모두 SUV를 타고 집에 돌이기 화석연료 소비 따윈 진부 잊기로 하자. 참 그러고 보니, 우리의 집이 강도를 당하거나, 홍수 피해를 입거나 또는 화재로 전소될 가능성에 100퍼센트 확신하지 못하고 있기는 마찬가지 아닌가. 그렇다면 집과 관련된 모든 보험을 일체 해약하기로 하자.

우리가 어찌 생각하든, 세계 기후과학자의 대다수는 우리의 탄소 배출이 지구고온화의 원인이며, 그 고온화는 너무나도 심각하여 만일 '노선'을 바꾸지 않는다면 전 지구적 파국에 직면할 가능성이 90퍼센트 이상이라는 데 동의할 것이다. 만일 10명의 의사 중 9명이 당신 아이는 지금 당장 수술해야 한다고 말한다면, 당신은 나머지 한 명이 동의할 때까지 마냥 기다리고만 있을 건가? 1980년대 후반 미국 국회에서 지구고온화에 대한 경고를 했던 선도적 기후 전문가 제임스 한센(James Hansen)은 자신이 이 문제에 대해 99퍼센트 확신한다고 밝히고 있다. 하지만 여전히 100퍼센트는 아니지 않은가? 그러니 왜 일어나지 않을지도 모르는 문제를 다룬답시고 내 세금을, 그러니까 탄소세를 더 내야 한단 말인가?

그러나 그 모든 것이 사실이다. M. K. 재카드(Jaccard)와 그 동료들이 준비하여 데이비드 스즈키 재단에 제출한 보고서 「탄소 가격 책정: 녹색을 구하라」에 의하면, 탄소세는 효율적인 배출량 감축 도구이고 전세계 정부, 과학자, 경제학자도 이에 동의하고 있다. 하지만 만일 이들 모두가 틀렸다면? 일찍이 1991년 탄소세를 시행한 스웨덴 같은 국가들은 이 방법의 효율성을 입증했고, 이들은 실제로 경제적 수익을 창출하고 있지만, 그게 대체 무슨 상관이람! 우리가 꼭 그렇게 해야 할 필요가 없다면 대체 왜 바꾸어야 한단 말인가? 전 세계 시장의 여파로 인한 가스 가격 인상은 벌써부터 우리를 충분히 강타하고 있다. 이러한 불행도 벅찬데, 또 다른 불행을 왜 또 생각한단 말인가?

한번 생각해보시라. 만일 산업 끄나풀과 그 추종자 들이 옳고, 지구 고온화는 우리가 생각하는 그러한 위협이 아닌데도, 우리가 (기후변화 제지를 위한) 행동에 나섰다고 말이다. 이 경우 석유는 미래에도 쓸 수 있을 정도로 넉넉하게 남아 있을 것이고, 우리는 좀 더 청정한 공기와 더욱 혁신된 녹색 기술들을 누리게 될 것이다. 경제는 전보다 훨씬 튼튼해질 테고. 반대로 대다수 세계 기후과학자들이 옳은데도, 우리가 행동에 나서지 않는다면 어떨까? 우리가 상상할 수 있는 그 어느 것도 초월하는 대규모의 생태적·사회적·경제적 파국을 체험하게 될 것이다.

탄소세는 많은 경우 조세 이동(tax shift)이라는 사실 또한 생각해봐야 한다. (정부가) 개인, 기업, 산업으로부터 거두어들인 돈은 개인·법인세 절감이라는 형태로 환원 가능하다. 많은 경우, 탄소세로 인한 가스 가격 상승은 시장 변동으로 인한 가격 상승에 비한다면 극미하다. 또한 그 세금으로 우리는 점점 더 비싸고 희소해지는 화석연료에 대한 의존으로부터 조금 더 빨리 해방될 수 있을 것이다. 그 이름이 조세 이동이든, 세수중립세(revenue-neutral tax)든 또는 새로운 세금이든, 이 세금은 사람들의 정신을 일깨울 수 있을 것이다. 세금을 좋아하는 이는 아무도 없으리라. 하지만 우리는 도로를, 학교를, 병원을, 경찰 서비스를 좋아하며 그래서 이것들에 세금을 내고 있다. 또한 쓰레기를 매립지로 보내는 데 비용을 지불하고 있다. 그렇다면 쓰레기를 대기에 버리는 데는 왜 그토록 비용 분담하기를 망설인단 말인가?

정치인들에게는 사람들의 행동에 영향을 끼칠 두 가지 강력한 도구가 있다. 규제와 세금이 그것이다. 무뇌아적 반과세 집단의 만트라(mantra)에서 세금은 무조건 나쁜 것, 언제나 낮춰야 하는 것이다. 우스운 것은, 자그마한 세금 인상에도 저항하는 이들은 초과이윤을 달성하는 화석연료 산업에 지원되는 막대한 양의 보조금에 관해선 침묵한다는 것이다. 이 보조금의 출처는 납세자들의 혈세인데도 말이다.

배출권 거래제와 탄소세를 통해 우리는 에너지 효율적이지 않은 기업들로부터 흘러나오는 돈을 활용하여, 에너지 사용에서 좀 더 현명한 길을 가는 이들에 대한 경제적 혜택과 인센티브를 제공할 수 있다. 탄소세로 발생하는 수입은 소득세 절감에, 더욱 많은 대중교통시설 구축에 사용될 수 있을 것이다. 또한 재생 가능 에너지의 개발에, 가옥·건물에의 에너지 효율 테크놀로지 적용에 사용될 수도 있다.

20년이 넘는 세월 동안, 과학자들은 온실가스 배출량 감소를 위해 적극적인 행동이 필요함을 역설해왔다. 탁월한 경제학자들은 배출량 감소에 소요되는 비용은 연간 GDP의 약 1퍼센트인 반면, 배출량을 감소하지 않는 경우 발생될 비용은 경제학적으로 감당하기 어려울 규모라는 점을 밝힌 바 있다.

정치인, 기업인, 그리고 시민 들은 지구가 직면하고 있는 실제 문제들에(그렇다, 90퍼센트 이상 확실함이란 과학에선 실제적인 것이다) 대한 해결책을 제안하고 시행함으로써 리더십을 보일 필요가 있다. 그리고 그럴 때에만 그들은 우리의 지지를 받을 자격이 있다.

기후변화는 경제적 광기의 증후

정치인들은 경제를 구실로 삼아 기후변화에 대응해야 하는 국제적 의무를 무시하곤 한다. 게다가 온실가스 배출량을 감축하고 재생 가능 에너지를 개발하며 녹색 일자리를 창출할 필요에 대한 진지한 논의를 거부할 때, 이들이 내세우는 구실 역시 다름 아닌 경제다.

경제 위기라는 유령의 호출은 다른 사회정치적 사안들을 경시 내지 무시하는 데 써먹기 좋은 편리한 방법이다. 그러나 전 지구적 생태계 악화는 막대한 경제학적 함의를 지닌다. 기후변화의 경제학에 관한 혁신적 분석에서, 전(前) 세계은행 상임 경제학자 스턴 경은 파국적 기후변화를 촉발할 수준 이하로 온실가스 배출량을 낮게 조절하는 행동에는 연간 세계 GDP의 2~3퍼센트의 투자가 필요하다고 결론짓고 있다. 이는 엄청난 양의 돈이지만, 이처럼 막대한 투자는 새로운 일자리를 창출하고 지속 가능하며 건강한 에너지의 미래로 우리를 인도할 것이다. 또 그는 온실가스 배출 감축에 실패한다면 이는 경제 붕괴로 이어질 것이며, 그 비용은 1·2차 세계대전을 치른 비용을 합한 것 이상일 것이라 지적한다.

경제를 중시하는 이라면 어찌 이 문제를 무시할 수 있겠는가?

우리가 직면하고 있는 문제들은 경제 붕괴보다 훨씬 거대하다. 이 문제들은 문명의 존립 자체를 위협한다. 환경 위기는 단순히 온실가스 배출, 오염, 숲이나 생물종의 손실에 관한 것만은 아니다. 그것은 지구의 생물권이 계속해서 (먹이사슬 내) 최고 포식자들을 지탱할 수 있느냐의 여부에 관한 것이고, 먹이사슬 내 최고의 포식자란 다름 아닌 우리 인간이다.

영국의 『가디언』에서 저명한 저술가이자 환경주의자인 조지 몬비오와 폴 킹스노스(Paul Kingsnorth) 사이에 지상논전이 벌어진 적이 있었다 (2009년 8월 18일 자 참조). 이 논전에서 킹스노스는 가로축에 1750년부터 2000년까지 시간상 변이를 보여주는 그래프를 언급한다. 이 그래프는 "인구 증가 수준, 대기 중 이산화탄소 집중도, 어류 포획량, 열대우림 파괴, 종이 소비량, 차량의 수, 물 사용, 생물종의 멸종 속도, 인류 경제의 총 GDP"를 보여주고 있었다.

놀라운 것은 그토록 이질적인 요소들을 측정했음에도 이 그래프의 곡선들이 거의 동일했다는 것이다. "곡선은 페이지 좌측에서 시작되어 우측으로 이동하면서 점진적으로 상승한다. 그러다가 마지막 1인치 정도에서, 즉 약 1950년을 기점으로 방향을 바꿔 급상승한다."

우리는 이러한 곡선들에 익숙하다. 특히 인구 증가에 관해서라면. 종이 한 장을 꺼내 가로축 선을 긋고 (현생인류가 지구에 출현한 시점인) 15만 년 전부터 지금까지의 시간을 표시해보라. 그 총 시간 중 99퍼센트 이상의 기간 동안 이 곡선은 거의 직선에 가까운데, 눈에 띄지 않을 정도로 미세한 증가를 보일 뿐이다. 그러다 약 1830년에 이르면 10억에 도달하게 된다. 이후 이 곡선은 오늘날의 70억으로 수직 상승한다. 그 어떤 무엇도 한계선을 치지 않고, 또 급격한 붕괴를 초래하지 않고 이토록 급상승할 수는 없는 법이다.

킹스노스의 결론은 무엇일까? "이 모든 트렌드의 근본 원인은 결국 하나다. 그것은 고속으로 세계를 대혼돈의 위기로 몰아넣고 있는 탐욕스러운 인류의 경제다."

그의 주장에 따르면, "주류 환경운동의 많은 이들을" 포함하여 우리 중 많은 이들은 이 현실을 외면하고 있다. 우리는 "현재를 업그레이드한 버전으로서의 미래상(未來像)에 여전히 우리의 정신을 섞고 있고, 서구 자유주의가 어설프게 정해버린 '진보'라는 이념을 아직까지도 신봉하고 있기" 때문이다. 나는 이 논쟁에서 약간은 더 낙관적인 몬비오의 주장을 더 지지하는 편이지만, 킹스노스의 논점 중 일부는 부인할 수 없는 것이 아닌가, 두렵다.

"기후변화의 위험이 되돌아갈 수 없는 지점까지 우리를 밀어넣고 있건만, 우리의 지도자들은 더 많은 성장이 필요하다는 목소리만 높이고 있을 뿐이다." 킹스노스는 주장한다. "우리가 의존하고 있는 현 경제 시스템은 붕괴하지 않는 한 유순해지지 않을 것이다. 왜냐하면 그것은 정상 작동을 위해 그러한 성장에 의존하는 시스템이니까."

쓰레기를 재순환하고, 음식물 쓰레기를 퇴비로 만들고, 소형 형광전구로 바꾸고, 하이브리드 차를 구매하면, 지금 체험하고 있는 이 뒤엉킴으로부터 해방될 수 있을 것이라는 안일한 생각으로 우리 자신을 기망하는 일을, 더 이상 지속할 수는 없는 노릇이다. 이러한 일들은 모두 중요하지만 고작해야 모두가 하나의 출발점들일 뿐이다. 이 위기의 심부에 있는 것은 지속적 성장에의 맹목적이고 가차 없는 몰두와 몰입이다. 만일 정치 지도자들이 정말로 경제를 최고의 우선가치로 생각한다면 지구의 생태권(ecosphere) 상태의 개선 노력부터 시작해야 마땅하다. 기후변화는 그러한 노력의 출발 지점이다.

자연은 실제적인 한계선을 부여한다

캐나다의 특별 텔레비전 채널인 '비즈니스 뉴스 네트워크(BNN)'와 인터뷰를 진행한 적이 있다. 당시 인터뷰 주제는 2009년 12월 코펜하겐 기후 정상회담이었다. 인터뷰 시간은 6분, 이후 5분간 코펜하겐 현지로부터의 생중계가 이어졌다. 방송에선 기후변화 대응을 위해 더 많은 투자를 요구하는 빈국들, 그리고 자원이 부족하다며 항변하는 부국들의 대립이 보도되었다. 이러한 보도 앞뒤로는 다우존스 산업 평균, 금과 달러의 가격, 신형 휴대폰 기술에 대한 리포트가 이어졌다.

나는 방송을 시청하는 동안 기후변화에 관한 협상 노력이 필연적으로 실패할 수밖에 없다는 걸 깨달았다. 뉴욕의 블룸버그 TV처럼 BNN은 비즈니스에만 집중하는 24시간 채널이다. 이러한 채널들은 그 존재 자체로 경제가 우리의 최고 우선가치라는 점을 시사한다. 더욱이 코펜하겐에서 토론과 결과를 지배한 것은 돈이었다.

하지만 생물권을 다루는 24시간 채널은 대체 어디에 있단 말인가? 생물학적 피조물로서 우리는 청정한 공기와 청정한 물에, 청정한 토양과 청정한 에너지에, 우리 모두의 웰빙과 생존에 필수적인 생물다양성에 의존하고 있다. 말할 것도 없이, 이러한 근원적인 필요를 보호하는 일이 최고 우선가치가 되어야 하며, 우리의 생각과 삶의 방식을 지배해야 한다. 어찌 되었든 우리는 우선 동물이다. 가장 기본적인 필요를 충족하고자 생물권에 기대야 하는, 우리의 생물학적 의존성은 분명하다.

경제는 인간이 주조해낸 것이지, 엔트로피, 중력 또는 빛의 속도와 같은 하나의 자연력이 아니다. 우리를 계속해서 살아 숨 쉬게 하는 것들 위에 경제를 올려놓는다는 것은 도대체가 어불성설이다. 현 경제 시스템의 토대는 생물권으로부터 원자재를 추출, 착취하는 활동이자 (생산, 소비의 결과 나온) 쓰레기를 다시 생물권으로 내버리는 활동이다. 더욱이 통상적 경제학은 우리와 같은 동물들을 위해 지구를 살 만한 곳으로 유지하는 자연의 모든 '서비스' 활동을 '외부성'으로 간단히 무시해버린다. 경제적 고려가 우리의 결정 과정에서 다른 모든 요소들을 누르고 승리하는 한, 우리가 만들어낸 문제로부터 벗어날 길은 결코 찾아낼 수 없을 것이다.

우리는 같은 크기를 지닌 서로 교차하는 세 개의 원을 그리고, 이 세 개의 원, 즉 사회·경제·환경이 우리의 세 가지 핵심 영역이라고 이야기하곤 한다. 한마디로 이것은 난센스다. 현실을 고려해볼 때 가장 큰 원은 생물권이어야 한다. 이 생물권에 의존하고 있는 생물종은 인간을 포함하여 3,000만 종에 이른다. 이 생물권의 원 안에 훨씬 더 작은 원이 있는데, 그것이 바로 인간 사회이고, 그 원 안에 그보다도 훨씬 더 작은 원이 있는 데, 그것이 바로 경제다. 이것이 제대로 된 그림이다. 안에 든 원들 중 그 어느 것도 더 큰 원들과 교차할 정도로 성장해서는 안 된다. 하지만 인간 사회와 경제가 자신들의 한계선을 강타하면서 지금 그 일이 벌어지고 있다.

우리는 또한 집, 도시, 지방, 주, 국가 간에 경계선을 긋는다. 우리는 이 경계선을 너무나도 중시한 나머지 이것들을 지켜내기 위해 싸우고 죽을 각오까지 한다. 그러나 자연은 인간의 경계선 따위는 안중에도 없다. 대륙과 대양을 가로지르는 공기, 물, 토양은, 이동하는 새와 물고기와 포유류와 바람에 날아가는 씨앗은 인간의 구획 내에서 관리될 수 없는 것임에도, 코펜하겐에서의 그 모든 토론은 국가라는 구획에 초점이 맞추어져 있었고, 그 국가들은 또 부국과 빈국으로 구획되어 있었다.

지구 밖에서 온 외계인이 인간을 공격, 살상하는 공상과학 영화에서, 인류는 공동의 적에 대항하려고 협력한다. 그리고 그 과정에서 국가적·민족적 차이 따위는 사라져버린다. 기후 위기에 대응하려는 우리가 활용해야 하는 것은 바로 이런 것이다.

자연은 우리의 집이자 고향이다. 자연은 우리의 가장 근본적인 필요물을 제공해준다. 자연은 한계선을 정해놓는다. 참으로 지속 가능한 미래를 위해 애쓰고자 한다면 자연이 정해놓은 한계선에 우리의 활동을 종속시켜야 한다. 해양과 육지의 녹색 생물이 얼마나 이산화탄소를 재흡수할 수 있는지 우리는 이미 알고 있고, 우리가 이 한계선을 넘어서고 있다는 점 또한 이미 알고 있다. 이것이 바로 대기권에 탄소가 축적되고 있는 이유다. 그렇다면 우리의 목표는 벌써 자명하다. 인류는 생물권이 정해놓은 한계선 아래로 배출량을 낮게 유지하는 방도를 찾아내야만 한다.

모두에게 공평한 길은 한 가지뿐이다. 범국제적인, 수용 가능한 1인당 배출량을 정하는 것. 이 기준선 아래에 해당되는 이들은 자신들의 작은 탄소발자국에 대해 보상을 받아야 할 것이고, 기준선 위에 해당되는 이들이라면 그에 따라 평가되어야 할 것이다. 또한 현 경제는 생물권이 부여한 한계선에 맞게 (그 위로 넘어서는 것이 아니라) 조율되어야 할 것이다.

6

점점 뜨거워지는 지구

　기후변화는 하나의 현실이다. 만일 현실이 아니라는 기후변화 부인론자들과 산업계 홍보 전문가들의 주장이 옳다면 그건 누구라도 기뻐할 일이다. 그러나 산처럼 쌓여 있는 과학적 증거와 직접 관찰의 자료들은, 인류의 화석연료 연소 활동으로 과도한 양의 이산화탄소가 배출되었고 이로써 지구 기온은 크게 상승했다고 말하고 있다. 다른 과학자들과 더불어 나 역시 이 문제에 대해 수십 년간 경종을 울려왔다. 만일 우리가 처음부터 이 문제를 해결하려 노력했다면 지금은 훨씬 나은 세상에서 살고 있을 것이다. 하지만 흡연의 해악이나 프레온가스 배출의 위험에 관한 증거가 나왔을 때도 그랬던 것처럼, 산업 지도자들과 그들에게 고용된 홍보 인력들은 지금 문제가 있다는 점을, 또는 만일 문제가 실재할 경우 우리가 할 수 있는 일이 무언가 있다는 점을 부인하고 있다. 문제는 기후변화가 흡연이나 프레온가스 배출에 비해 훨씬 더 심각한 위협이라는 것이다. 이 장에서는 기후변화의 과학, 가능한 해결책들 그리고 혼돈을 퍼뜨림으로써 행동을 지연하거나 방지하려는 산업계의 시도를 살펴보고자 한다.

과학은 기후변화의 위협에 관해 명백한 입장을 보인다

왜 대중은 기후과학자들보다 기후변화 부인론자들에게 더 많은 관심을 쏟는 걸까? 왜 그토록 낱낱이 그 정체가 폭로된 부인론이 아직도 언론에 정기적으로 나타나는 걸까?

뉴욕 포드햄 대학의 몇몇 연구자들은 이 질문에 대한 답변을 찾아낸 듯싶다. 데이비드 부데스쿠(David Budescu)와 그의 동료들은 기후변화 다자간협약(IPCC) 보고서들의 문장들을 골라 223명의 참가자들에게 읽게 했다. 참가자들의 반응은 과학의 성질에 대한 일부 근본적인 오해를 드러냈다.

과학은 하나의 과정이다. 과학자들은 증거자료를 수집, 비교한 후 그 데이터를 '합리적으로 설명하는' 가정을 만들어내고, 그 가정을 검증할 것을 제안한다. 다른 과학자들은 자신만의 데이터나 실험으로 제안된 가정의 결함을 찾아내려고 시도한다. 그렇게 하여 일정 양의 지식이 형성되면 과학자들은 이제 점차 자신들의 이론을 확신한다. 하지만 어느 한 이론이 도전될 가능성은 상존한다. 그래서 과학자들은 그 이론이 어느 정도 확실한지에 대해서도 이야기한다. 이러한 과학의 성질로 말미암아 사람들은 기후변화에 관한 과학적 합의에 대해 혼란스러운 상태에 있다.

부데스쿠와 그의 동료들이 발견한 것을 소개한다. 실험 참가자들은

"극단적 고온, 열풍, 폭우, 폭설과 같은 사건이 더욱 빈번하게 나타날 가능성은 매우 높다"와 같은 언명을 두고, 이것은 아직 과학자들이 확실한 사실에 도달하지 못했음을 의미하는 것이라고 해석했다. 사실 '가능성이 매우 높다'는 표현은 곧 90퍼센트 이상 확실하다는 뜻이지만, 참가자 중 거의 절반은 그 의미가 '66퍼센트 이하로 확실함'이라고 생각했고, 4분의 3은 '90퍼센트 이하로 확실함'이라고 생각했다.

2009년 2월 『뉴 사이언티스트(New Scientist)』에 실린 글 「기후변화를 둘러싼 언어 전쟁에서 패배하는 과학자들」을 쓴 연구자들은, 과학자들이 확실성을 표현하는 단어와 숫자를 사용해야 한다고 결론짓고 있다. 예컨대 IPCC는 '사실상 거의 확실함(virtually certain)'을 99퍼센트 이상 확실함으로, '매우 가능성이 높음(very likely)'을 90퍼센트 이상 확실함으로, '가능성이 있음(likely)'을 66퍼센트 이상 확실함으로, '그럴 가능성이 조금 더 높음(more likely than not)'을 50퍼센트 이상 확실함으로 간주한다. 이들 간에 어떤 차이가 있는지 이해하는 일은 중요하다. 상황의 다급함을 인식하는 이들이라면 해결책을 지지할 가능성이 좀 더 크기 때문이고, 기업과 정부는 대중이 그렇게 할 것을 요구할 때 해결책을 찾으려 노력할 가능성이 좀 더 크기 때문이다.

상황은 얼마나 다급한가? IPCC는 자연적 변수보다는 인간의 온실가스 배출활동이 지표면을 데울 '가능성이 매우 높다(very likely)'고 결론을 내렸다. 이는 곧 그 가능성이 90퍼센트 이상 확실함을 의미한다. 이 수치는 과학이 도달할 수 있는 명백함에 가까운 수치다. 또한 IPCC는 그 결과는 파국적이라는 결론도 제시했다. 이것은 동료 과학자들의 엄밀한 검토를 받아오고 있는 과학이자 전 세계 기후과학자 대다수와 G8 국가들 전부를 포함한, 50곳 이상의 과학 연구기구와 학회의 동의를 얻어오고 있는 과학이다. IPCC의 기본적 결론에 의심을 제기한, 신뢰할 만한 동료 학자의 연구는 아직까지 제출되지 않았으며 IPCC의 결론은 세계 과학 공동체의 합의를 대변한다.

그렇다면 왜 논쟁은 지속되는 걸까? 지구는 자꾸만 뜨거워지고 있는데, 왜 우리는 시간을 허비하고 있는 걸까? 부데스쿠의 연구가 보여주듯, 어떤 이들은 과학이 어떤 식으로 작동하는지를 이해하지 못하고 있고 기득권자들은 (이들 중 다수는 석유·석탄 산업계와 관련이 있을 것이다) 혼돈의 씨앗을 퍼뜨림으로써 그러한 (대중의) 이해 부족을 적극 이용해 먹으려 하기 때문이다.

많은 사람들이 변화하기를 두려워한다는 것 또한 진실일 것이다. 우리는 독일과 스웨덴 같은 곳에서 녹색 에너지 분야에 대한 투자로 일자리가 창출되고 경제가 활력을 얻은 사례들을 목격하고 있다. 또한 우리가 기후변화에 대한 대응 행동을 전혀 하지 않는다면, 지금 당장 행동하는 것보다 훨씬 더 많은 비용을 감내해야 할 것이라는, 주요 경제학자들의 경고도 있었다. 그러나 아직도 많은 사람들은 그 어떤 심각한 수준의 변화는 경제에 차질을 빚게 하거나 자신들의 삶의 질을 낮출 것이라는 두려움에 휩싸여 있다.

기후변화에 대한 대응 행동을 옹호하는 합리적인 주장 역시 살펴봐야만 한다. 그 가능성은 극히 낮지만 전 세계 기후과학자들이 사태를 오판한 것이라 하더라도, 그럼에도 만일 우리가 우리의 행동을 바로잡는 길로 나아간다면, 결과적으로 우리는 좀 더 청정한 지구, 좀 더 지속 가능한 테크놀로지와 에너지원을 만나게 될 것이다. 반면, 만일 과학자들이 옳음에도 부인론자들의 모순된 주장을 경청하기로 결정한다면 우리는 그야말로 거대한 곤경에 처하게 될 것이다. 이렇게 볼 때, 우리에게 주어진 선택지가 여러 개인 것 같지는 않아 보인다.

어쩌면 우리는 기후변화와 그 원인에 대한 100퍼센트 확실한 답을 영원히 얻지 못할지도 모른다(하지만 과학은 100퍼센트 확실한 답변에 관한 것이 아니다). 한 가지는 확실하다. 만일 우리가 지금 당장 해결책을 향해 공조하지 않는다면, 우리는 훗날 그 결과에 대응하느라 훨씬 더 힘든 시대를 살게 될 것이라는 점 말이다.

과학자의 연구를 강타한 조사

부인론자들은 기후변화 인간유래설을 논하는 전 세계 연구들에 도전할 연구를 지푸라기만 한 것이라도 찾아내려 안간힘을 쏟는다. 그러한 노력 속에서 이들은 종종 윌리 순(Willie Soon)의 연구 작업을 근거로 내세운다. 하버드-스미스소니언 천체물리학 센터의 천체물리학자인 순은 현 기후변화의 주요 원인은 인간의 이산화탄소 배출이 아니라 태양이며 20세기 기후변화는 생각만큼 기현상은 아니라는 논지의 연구를 발표한 인물이다. 그는 또한 석탄 연소 과정에서 배출되는 수은은 그다지 큰 문제가 아니라고 주장하기도 했다.

2011년 그린피스가 진행한 조사에 답변할 때 순은 지난 10년간 미국 석유·석탄 기업들로부터 100만 달러 이상의 연구지원금을 받았다고 시인했다. 이 기업들에는 엑손 모빌, 아메리칸 페트롤럼 인스티튜트(American Petroleum Institute), 코치 인더스트리스(Koch Industries), 그리고 세계 최대의 석탄 연소 기업체인 서던 컴퍼니(Southern Company)가 포함되어 있었다. 그린피스에 따르면, 2002년 이후 순이 받았던 모든 연구지원금은 석유나 석탄 기업들로부터 지원된 것이었다. 이는 미국 상원의원 공청회에서 그가 이전에 했던 발언, 즉 자신은 "교토 의정서나 UN 기후변화협약과 관련하여 운동을 벌인 바 있는" 그 어떠한 단체로부터도 고용되거나 지원금을 받은 적이 없다는 발언과 상충한다.

순은 여러 주요 산업 그룹들과도 유대관계를 맺어왔는데, 이 그룹들에는 석탄 기업의 후원을 받은 그리닝 어스 학회(Greening Earth Society), 조지 C. 마샬 연구소와 같은 코치-엑손-스카이페(Koch-Exxon-Scaife)가 후원하는 그룹들, 과학과 공공정책 연구소(Science and Public Policy Institutue), 과학과 공공정책 센터(Center for Science and Public Policy), 하트랜드 연구소(Heartland Institute), 캐나다의 프레이저 연구소(Fraser Institute) 등이 포힘되어 있다.

그린피스가 찾아낸 서한을 통해 순이 IPCC 4차 보고서를 공격하려는 2003년의 계획을 주도했다는 사실 또한 밝혀졌다. 이 보고서는 2007년에 발표되었는데도, 공격 계획은 2003년에 시작되었던 것이다.

그간 화석연료 산업이 제 생산물이 초래하는 결과와 기후변화의 위험에 관한 그릇된 정보와 의심을 홍보, 확산하는 작업에 돈줄을 대어왔다는 건 사실 무슨 뉴스거리는 아니다. 과학사학자 나오미 오레스케스(Naomi Oreskes, 『의혹을 팝니다(Merchants of Doubt)』의 공저자)부터 그린피스에 이르기까지 여러 사람들과 단체들은 다년간 이러한 노력을 폭로해왔다. 웹사이트에 댓글을 달고, 편집자에게 편지를 보내고 독자의견 칼럼을 쓰는 정보 용병을 고용하는 일에서부터 '과학' 연구를 후원하고 회의를 개최하는 일에 이르기까지, 이 모든 노력은 일일이 기록되고 폭로되어왔다(이와 동일한 전술들은 또한 담배 산업이 활용해오고 있는 것이기도 하다).

그러나 최근의 한 사건은 석유 거인 엑손 모빌을 난처하게 만들었다.

이 세계 최대의 석유 기업은 자신이 이러한 노력에 돈줄을 댔다고 공개적으로 시인했고, 2008년 청정에너지원 모색 필요성에 반대하는 로비 활동에 더는 자금을 대지 않겠다고 약속했다. 이 사건으로 인해 난처해진 건, 압도적 다수의 과학적 증거를 목도하면서도 기후변화 자체를 부인하거나 그 현상을 인정은 하지만 그에 대해 우리가 할 수 있고 해야 하는 일은 없다고 주장하는 이들이기도 하다. 물론 이들은 앞으로도 계속 '클라이밋게이트(Climategate)'에 대해, 중세 때의 고온 현상에 대해, 식물의 먹이로서의 이산화탄소에 대해 신빙성 없는 주장을 중언부언 반복할 것이다. 또한 앞으로도 계속 톰 해리스(Tom Harris)와 같은 기후변화 부인론 홍보꾼들의 조언을 수용하며, 언론에 독자의견을 포탄처럼 퍼붓고, 편집자에게 편지를 보내고, 온라인 글에 댓글을 달 것이다.

어떤 이들이 적절히 지적하듯 우리는 과학 연구에 돈을 대는 이들이 아니라 과학을 살펴봐야 한다. 그렇다면 순이 제시한 과학은 어떠한가? 글쎄, 그의 동료 살리에 발리우나스(Sallie Baliunas)와 공동으로 발표한 한 논문을 살펴보자. 이 논문은 펜실베이니아 주립대 지구 시스템 과학 센터 소장 마이클 만(Michael Mann)의 작업에 대한 비판을 시도한 것이다. 이 논문을 게재한 출판물인 『기후 연구(Climate Research)』의 세 편집자들은 이 논문 게재에 항의하며 사임한다. 후임 예정 편집자인 한스 폰 스토치(Hans von Storch)도 이 셋 중 하나였는데, 그는 이렇게 말했다. "논문에 제시된 증거자료들은 그 연구의 결론을 뒷받침해주지 못했죠." 그린피스 또한 이 논문에 언급된 13명의 과학자들이 순과 발리우나스가 자신들의 작업을 잘못 해석했다며, 그에 대한 반박 논문을 발표했다고 지적한다. 반면 만의 작업은 다른 과학 연구들에 의해 그 정당함이 입증되고 있고, 무수한 연구조사들이 그의 연구 결과를 옹호하고 있다.

그 모든 탐사 노력 끝에 부인론자들은 산더미같이 축적된 (동료들의 검토를 받은) 기후변화 과학 내에서 몇몇 소소한 오류만을 찾아낼 수 있었고, 그리하여 자기들의 논지를 뒷받침하기 위해 스캔들 조작과 음모론을 동원해야만 했다. 기후과학의 신뢰도를 떨어뜨리려 시도했던, 어설픈 일부 연구들의 이론적 구멍을 찾아내는 데는 대단한 수준의 연구가 필요치 않다. 부인론자들에 대응하느라 시간을 허비하지 말자. 그보다는 우리가 만들어낸 심각한 문제들을 해결하려고 노력하는 데 시간을 쓰는 편이 훨씬 가치 있다.

부인론자들에게 반복해서 강타를 날리는 과학

오늘날 기후변화 부인론자 행세를 한다는 건 (완전히 창피한 것이 아니라면) 어려운 일일 수밖에 없다. 부인론자들이 공격해온 과학자들은 결백이 입증되었고, 점점 더 많은 부인론의 '전문가님들'이 산업의 끄나풀이거나 단순하고 음흉한 서커스 광대였음이 밝혀지고 있기 때문이다. 나는 지금 일부러 '부인론자'라는 용어를 사용하고 있다. 자신만의 호소력 높은 증거자료를 제공하지도 않은 채 압도적으로 다수인 과학적 증거자료들을 부인하기만 하는 이, 자신이 제시하는 주장마다 비판의 화살을 맞는데도 그에 개념치 않고 자기 신념을 계속 유지하는 이는 '의심론자'라 불리는 데 요구되는 지적 엄밀함을 보여주지 못하는 사람이다. 반면, 우리의 화석연료 중독이 위험천만한 기후변화에 기여하며 다른 방식으로 환경에 해를 가하고 있다는 증거자료들은, 석유 유출,

파이프라인 유출, 다른 환경 재난 사건들과 더불어 매일매일 산처럼 쌓여가고 있다. 우리가 알아낸 것들 가운데 일부를 아래에서 살펴보기로 하자.

독립적으로 수행된 6개의 연구조사에 따르면, 그다지 시적이지 못한 명칭의, 이른바 '기후게이트'는 사실은 부인론자들이 주장한 스캔들 또는 "지구고온화 인간유래설의 숨통을 조이려는 노력"에 불과했다. 이스트앵글리아 기후연구소(East Anglia Climate Research Unit) 과학자들의 이메일이 불법으로 탈취·유출된 사건이 일어난 후, 일부 보고서들은 과학자들이 정보 공유에 보다 열린 태도를 지니고 있을 수도 있다고 밝혔다. 그러나 이들의 과학 자체야 이론적으로 아무런 하자가 없는 엄밀한 것이었다. 이스트앵글리아 대학은 이 사건 후 자체 연구 결과와 데이터를 온라인에 공개하고 있고, 문제가 되는 모든 이메일 역시 온라인에 게시하고 있다.

IPCC의 전 지구적 기후변화 평가 보고서에 대한 비판에 관해서라면, 한 검토 보고서는 "약 500페이지의 보고서 가운데 극소수의 사소함에 가까운 실수들"이 있었지만 "주요 결론의 신빙성을 약화시킬 만한 그 어떤 오류도 없다"는 점을 밝힌 바 있다. 또 다른 독립 연구는 부인론자들이 수년에 걸쳐 비판해오고 있는, 펜실베이니아 주립대 기후학자 마이클 만의 입장을 뒷받침해주었다.

2010년 6월 부인론자들의 무기고에 대한 또 하나의 강타가 있었다. 같은 해 1월 런던의 『선데이 타임스(Sunday Times)』는 아마존의 강우량 변화에 대한 IPCC 보고서에 문제를 제기하는 기사를 실었는데, 그해 6월 『선데이 타임스』는 이 기사에 대해 사과하고 기사 내용을 무효화하라는 명령을 받은 것이다. 『선데이 타임스』는 기후 연구자 사이먼 루이스(Simon Lewis)의 견해를 잘못 해석했음을, 그리고 그 기사 내용과는 달리 예의 IPCC 보고서의 결론은 동료 연구자의 검토를 받은 연구에 의해 뒷받침되고 있음을 시인했다.

자신들의 주장이 오류로 드러나자 부인론자들은 강도를 한층 높여 역사상 최대의 위험에서 인류의 생존을 보장하려 애쓰고 있는 과학자들에게 살해 협박 메시지와 악의성 편지를 보낼 정도까지 담대해진다. 물론 이들은 과학적 증거자료들을 계속해서 무시할 것이다. 이들의 주장이 옳다면 우리는 더없이 기뻐할 것이다. 석유와 석탄 같은 화석연료들이 환경적 해악을 초래하거나 지구 생명체들의 삶을 위태롭게 하지 않는다면, 또 이런 연료들이 영원히 공급될 수 있다면, 정말로 우리의 삶은 훨씬 더 편안해질 것이다. 그러나 이 세계는 가상이 아니라 실제 세계이고, 실재하는 과학 증거들은 삶의 방식과 에너지 공급 방식을 혁신해야 할 다급한 필요성을 지적하고 있다.

에너지를 절감하고 오염물질을 적게 내는 개인적 노력에서부터 정부의 청정에너지 기술 분야 연구개발 장려 노력에 이르기까지, 파국적인 기후변화의 위협에 맞설 수 있는 방법은 많다. 근거 없는 비난, 불법난입과 협박에 맞서 사실을 계속 전하는 이들의 목소리를 경청해야 한다. 우리가 처한 곤경에 대해 눈을 감고 지나가기를 바라는 이들이 아니라 무언가 극복하려고 노력하는 이들의 목소리에 귀기울여야 한다.

기후 음모론이라고?

인간이 자초한 기후고온화의 현실을 부인하는 이들은 이스트앵글리아 대학 기후연구소의 이메일 해킹 소동 사건에 어찌할 바를 몰라 허둥

댔다. 다급한 나머지, 부인론자들은 이 이메일들은 전 세계 과학자들과 정부 지도자들의 전 지구적 음모를 가리키고 있다고 주장했다. 글쎄, 이들이 생각한 그 음모라는 게 무엇에 관한 음모인지 단언키는 어렵다. 2007년 12월 21일자 밴쿠버에서 발행하는 한 신문에 기고된 독자편지는 이들의 사고방식을 말해주고 있었는데, 그 편지의 주인공의 주장에 따르면 지구고온화 문제를 해결하고자 애쓰는 이들은 "서구 경제를 통제하고 지배하는 유사-종교적 사회주의 의제를 추구하는 이데올로기 광신도들"이다.

이 발언이 그토록 많은 사람들의(이들 가운데에는 심지어 정부와 산업계의 영향력 있는 지위에 있는 이들도 일부 있다) 사고방식에 메아리를 울리지 않았더라면, 또 그 상황이 그토록 중차대한 것이 아니었더라면 그저 우스운 발언에 불과했을 것이다.

부인론자들에게도 또 우리 모두에게도 슬픈 일인데, 그 이메일들은 지구고온화가 하나의 거대한 날조나 음모임을 입증해주지 못했다. 화석연료 연소 과정에서 나오는 배출물로 인해 지구가 더워지고 있을 뿐만 아니라 우리가 생각했던 것보다 훨씬 상황은 나쁘다는, 수십 년에 걸쳐 축적된 압도적 다수의 과학적 증거들을, 이 이메일들은 전혀 흠집 내지 못한 것이다. 2009년 독일, 프랑스, 스위스, 오스트리아, 캐나다, 미국, 오스트레일리아의 26명의 과학자들은 지구고온화의 여파는 IPCC가 예측한 다른 수치들보다 훨씬 빠르고 광범위하게 나타나고 있음을 보여주는 보고서를 발표한다.

「코펜하겐 진단(The Copenhagen Diagnosis)」이라는 제목의 이 보고서는 북극의 빙원이 생각보다 빨리 녹아내리고 있고, 그린란드와 남극에서 얼음은 예상보다 더 많이 사라지고 있으며, 예측치보다 해수면 상승 속도는 더 빠르다는 점을 보여주는 전 세계 연구들을 요약했다. 만일 현 속도로 대기권에 탄소 배출물을 계속 양산한다면 지구는 몇몇 '임계점들'에 도달할 것이라고 과학자들은 결론짓고 있다.

이 보고서는 또한 "로비 그룹들이 홍보해왔고 일부 언론이 채택하여 보도한" 바 있는 "지구저온화"의 신화를 백지화하고 있다. 보고서의 결론은 이러하다. "더웠던 1998년에 시작해 시원했던 2008년에 끝나는 '최고의' 11년의 기간 동안도 마찬가지로 10년 평균 0.11도의 고온화 경향을 보인다."

자신의 이익을 탐해서든 또는 무지해서든 기후변화 그 자체나 그 인간유래론을 부인하는 이들이 한 줌의 도난당한 이메일에서 어떤 거대한 음모는 보려 하면서도, 이미 세계 전역에서 나타나고 있는 기후변화의 여파에 대한 너무나도 명백한 증거들은 보려 하지 않는다는 것, 이는 실로 놀랄 만한 일이 아닐 수 없다. 빅토리아 대학의 기후과학자 앤드루 위버(Andrew Weaver)도 지적했지만, 수많은 세계 지도자들이 2009년 코펜하겐에서의 법적으로 유효한 합의에 도달하기를 포기했을 때 그들은 실은, 우리 아이들과 손자들에게 그 어떤 것도 자기들은 빚진 것이 없다고 생각한다고 말하고 있었던 것이다.

많은 정부 지도자들은 경제가 환경에 우선한다고 주장한다. 그러나 지구의 건강이 악화되는데도 건강한 경제가 유지될 수 있다고 생각하는 건 터무니없이 근시안적인 견해다. 더욱이, 점점 더 많은 국가들이 보다 청정한 형태의 에너지로 전환하고 있는데도 어떤 한 국가가 유한하고 더러운 화석연료의 공급에만 자국의 경제 희망을 고정시킨다는 건 어리석은 일이다.

숲은 지구고온화 퍼즐의 한 조각

온실가스 규제와 지구고온화를 문제 삼을 때 지구의 메커니즘에 대해 배워야 할 것이 아직도 많다. 녹초지, 토양, 그리고 다른 생태계들과 더불어 숲은 평형 상태 유지에 중대한 일을 담당한다. 2009년 2월 과학 저널 『네이처』에 실린 보고서 「탄소 잡는 열대우림」은 숲의 역할에 좀 더 강한 방점을 찍는다. 사실 숲이 중요한 카본 싱크(carbon sinks)라는 점을 우리가 안 건 오래되었다. 즉 숲이 대기에서 탄소를 흡수하고, 그리하여 그 탄소의 지구 기온 상승효과를 방지한다는 점 말이다.

하지만 『네이처』의 연구는 열대우림이 우리가 알고 있던 것보다도 훨씬 더 많은 탄소를 흡수한다는 사실을 밝히고 있다. 아프리카, 유럽, 북미의 대학들을 비롯한 여러 연구소들이 참여한 공동 연구진은 1968년부터 2007년까지 아프리카 지역의 처녀림 79곳, 그리고 20개의 아프리카 외 지역의 처녀림 156곳에 관한 데이터를 분석했다. 이들이 내린 결론은 이러하다. 열대우림은 매년 약 48억 톤의 탄소를 흡수하며, 이는 매년 화석연료 연소로 대기에 추가되는 이산화탄소의 약 18퍼센트에 해당한다는 것. 숲 다음으로 주된 카본 싱크는 바로 해양으로, 해양은 인간이 배출하는 탄소의 약 절반을 흡수한다.

그렇다고 우매함으로부터 우리 자신을 구원하고자 마냥 숲과 해양에 의존하기만 하면 된다는 것은 아니다. 우선 인류가 생산하는 (연간) 320억 톤의 이산화탄소 가운데 약 150억 톤은 육지나 해양에 재흡수되지 않고 대기로 방출되고 있다. 게다가 숲에 저장된 탄소는 화재나 곤충의 급증 등 자연의 소동으로, 또는 벌채 행위로 대기권에 재배출될 수 있다. 나무가 잘려나가고, 죽고 자연스럽게 부패할 때 또는 화재로 연소될 때, 그 안에 저장된 탄소의 일부가 다시 대기권으로 방출되는 탓이다. 벌채된 숲에서 나온 목재 제품에 탄소가 저장된 채로 남아 있다 하더라도, 나무의 일부 탄소는 임상 내 토양이 벌목 행위로 흔들리면서 바깥으로 방출된다. 더욱이 목재, 펄프, 종이로 된 수많은 제품들은 오래도록 생장하는 숲의 생명 사이클에 비해 훨씬 단기간에 폐기·파기된다. 이는 곧 만일 숲이 인간의 손을 타지 않은 채 남아 있을 경우의 탄소가 대기로 방출될 시기에 비해 훨씬 더 이른 시기에 탄소가 대기에 방출된다는 것을 뜻한다.

인류는 우리가 짐작하는 것보다도 훨씬 많은 방법들을 통해 자연의 균형을 깨뜨렸다. 과학자들은 아직도 왜 열대수들이 자신들이 내보내는 것보다 많은 양의 탄소를 흡수할 정도로 크게 생장하는지 밝히지 못하고 있다. 한 이론에 따르면 지구고온화 그리고 대기권 내 여분의 탄소가 그 나무들을 살찌우고 있다. 한 가지 명확한 것은, 위험천만한 기후변화를 막기 위해 열대우림에만 의존할 수는 없다는 것이다. 하지만 이들이 저장하는 탄소의 방대한 양은 숲을 보호해야 한다는 주장의 신빙성을 제공해주는데, 적어도 우리가 다른 해법들을(이를테면 에너지 소비 절감, 재생 가능 에너지원으로의 전환) 찾아내는 동안에 (숲의 보호가) 하나의 완충장치 역할을 해줄 수 있기 때문이다.

숲을 보호해야 하는 이유가 이것만은 아닐 것이다. 우리는 탄소를 흡수하는 숲의 능력을 살펴봄으로써, 숲이 이를테면 목재와 같은, 전통적으로 우리가 생각해왔던 자원 이상의 경제적 가치를 지닌다는 점을 알게 되었다. 숲은 의약품, 식품, 청정수의 원천이며, 지구 내 육지 생활을 하는 전체 동식물의 절반 이상이 그 속에서 살아가고 있는 삶의 터전이다. 숲은 또한 무수히 많은 사람들에게 영적이고 심미적인 체험을, 심신재충전의 기회를 제공한다.

숲의 감손은 오늘날의 또 다른 생태학적 위기, 즉 과거의 대량 멸종 수준의 생물다양성 위기에 영향을 미치기도 한다. 과학자들은 현재 16,000종의 동물들이 멸종 위협을 받고 있다고 추산한다. 그 부분적 원인은 서식지 파괴이고, 상태를 한층 악화시키고 있는 건 기후변화다. 더욱이 우리가 배출하는 탄소의 대부분은 화석연료 연소로 인한 것이지만, 4분의 1은 숲의 벌채로 인한 것이다.

이러한 모든 사실이 말해주는 것은 자연의 만유가 서로 연결되어 있다는 것, 그리고 우리가 사는 이 행성은 평형 상태를 되찾으려 노력한다는 것이다. 단편적인 접근으로는 우리가 만든 이 문제들을 제대로 감당할 수 없다. 반드시 전체 그림을 봐야만 한다. 세계의 숲들을 보존하는 일은 (지속 가능한 산림 관리를 포함하여) 분명 지구고온화 문제에 대응하는 하나의 출발지점일 것이다.

숲의 보호로 얻을 수 있는 혜택

1992년, 내 가슴을 희망으로 부풀게 했던 한 행사가 열렸다. 캐나다와 세계 다른 국가들이 기후변화 협약에 서명했던 리우데자네이루 UN 지구 정상회의이다. 당시 우리 자신의 생존과 지구에 대한 인류 역사상 초유의 위협에 맞서 세계가 함께 공조할 수 있으리라고 낙관했던 기억이 난다. 이와 비슷한 일을 전에 해낸 적이 있었으니까 말이다. 이를테면 유럽에서 나치즘을 패퇴시킨 일, 매년 수십만의 목숨을 앗아갔고 또 불구로 만들었던 척수성 소아마비 같은 무시무시한 질병을 물리친 일.

기후변화는 사람이 살지 않는 대부분의 열대우림 지역에서부터 우리의 아이들이 뛰노는 도시의 공원에 이르기까지, 세계 구석구석에서 사람들에게 영향을 미치고 있다. 그리고 과학자들은 북극 빙원이 녹아내리는 것 같은 일부 변화는 그 어떤 컴퓨터 모델이 예측했던 것보다도 훨씬 신속하게 진행되고 있다고 주장한다. 1992년의 UN 기후변화협약(UNFCCC)은 온실가스 배출에 대한 그 어떠한 강제 문항도 정하지 못했고 법적으로 유효한 조항도 포함하지 않았지만, 과학에 근거를 둔 야심찬 목표를 정했다. 그 목표는 위험한 기후변화의 효과를 방지할 수 있는 수준으로 대기권 내 온실가스를 안정화시키는 것이었다.

과학자들은 인류가 온실가스 배출물의 모든 주요 원천들을 철저히 감소시킬 경우에만 이 목표를 성취할 수 있다고 말한다. 이 논쟁과 행동의 많은 부분은 석유·석탄·가스와 같은 화석연료의 연소로 인한 배출물 감소에 초점이 맞추어져 있었긴 하지만, 대기권 내 모든 다른 (온실가스) 배출량의 약 4분의 1은 숲, 습지, 목초지, 이탄지(泥炭地, peatland)의 파괴로 인한 것이다. 이 양은 자동차, 트럭, 보트, 비행기로부터의 배출량 전체를 합한 것보다도 큰 분량이다.

오늘날 숲은 세계 곳곳에서 농지·석유·가스 개발용으로 급속히 소거되고 있고, 또 채광과 벌채 목적으로 파괴되고 있다. 목재, 종이 제품을 위해 나무가 잘려나가고 숲의 토양이 동요될 때, 이들의 바이오매스에 저장된 탄소 중 상당량은 대기로 재방출되어 열을 집적하는 작용을 한다. 비록 일부 탄소는 가구용 목재나 건축용 목재처럼 오래 목숨을 보존하는 숲 제품들에 저장될 수 있을 테지만 말이다. 이처럼 숲과 다른 생태계들의 파괴는 단지 북부 삼림 카리부와 같은 생물종의 멸종만이 아니라 지구고온화의 한 동력이기도 하다. 우리의 숲 그리고 그 숲으로부터 취하는 상품과 서비스들을 활용하는 방식에서 탄소 관리책임의 접근법을 채택할 필요가 있다.

어떤 과학자들에게 탄소 관리책임이란 현존하는 모든 처녀림 중 적어도 절반을, 특히 (카리부와 같은 야생생물이 먹고, 새끼를 낳고, 이동하는 곳인) 캐나다, 러시아, 유럽 북부와 알래스카 지역 내의 오래된 온대우림과 같은 탄소량이 풍부한 삼림들을 보호구역으로 설정함을 의미한다. 또한 처녀림 보호는 생물종과 생태계들이 기후변화의 결과를 감내하고 그에 적응하도록 생태학적 탄력회복성을 증진시킨다.

벌목 회사들이 나머지 절반을 마음대로 벌목해도 좋다는 말은 아니다. 목재와 종이 제품을 위해 우리가 관리하는 숲들은 생태계-본위 관리법의 가장 높은 기준에 따라 개벌(皆伐) 없이, 야생생물 서식지 그리고 습지와 같은 민감한 지역에 대한 적절한 보호 조치와 더불어 벌목되어야 한다.

과학자들은, 위험천만한 기후변화를 피하려면 각국 정부가 숲, 습지, 여타 다른 생태계들의 파괴로 인한 탄소 배출량을 비롯한 온실가스 배출량을 크게 감축하는 데 동의해야 한다고 지적한다. 손상되지 않은 삼림을 보호하겠다는 의지를 천명함으로써, 또 벌목과 다른 형태의 대지 활용에서 나오는 탄소 배출물에 완전히 책임지고, 개발도상국들이 삼림파괴를 줄이도록 도움으로써 우리는 이 일을 성취할 수 있다.

이제 정말로 지속 가능한 방식으로 숲을 활용하기로 하자. 이는 자연에게도, 기후에게도, 또 궁극적으로는 우리 자신의 건강과 웰빙에도 좋은 일이다.

나무 포옹자 vs 굴뚝 애호가

지구고온화 현상에 브레이크를 걸고 재생 불가능한 화석연료에 대한 의존도를 줄이려면 태양, 바람, 수소, 지속 가능한 바이오에너지와 같은 재생 가능 에너지를 생각해야만 한다. 지속되는 화석연료 연소가 초래하는 결과에 대한 세계 주요 기후과학자들의 이야기를 생각해본다면 우리에게 잃어도 좋은 시간이란 없다.

그러나 새로운 청정에너지원 개발을 향한 돌진은 지구고온화에 맞서 싸울 동맹군이 되어 마땅할 사람들 사이에 뜻하지 않은 분열을 초래하고 말았다. 분열의 한쪽은 야생생물과 야생 자체의 보호의 필요성에 중점을 두는 '나무 포옹자'이고 다른 한쪽은 재생 가능한 에너지 생산의 대규모의, 신속한 증가를 주장하는 '굴뚝 애호가'다. 브리티시컬럼비아의 경우, 환경주의자, 자원을 중시하는 민족주의자, 공무원 조합이 모인 한 연합 단체가 생물다양성에 미칠 파급효과와 적절한 정부 규제의 부재를 이유로 (다른 이유도 있지만) 새로운 재생 가능 에너지 생산의 일시 중지를 요청했다.

이에 관해 빅토리아 대학 과학자이자 IPCC의 노벨평화상 수상을 주도했던 앤드루 위버는 2009년 3월 『밴쿠버 선(Vancouver Sun)』에 기고한 글 「과학을 내팽개치는 환경주의자들」에서 이렇게 주장했다. "일부 환경운동 단체가 과학을 내팽개치고 청정에너지와 기후 정치에 맞선 운동을 벌이고 있다." 위버는 이어서 주장했다. "우리에게 필요한 건 지나치다 싶을 정도로 많은 양의 에너지 절감, 배출량 감축, 그리고 재생 가능 에너지이고, 게다가 이 모든 것은 전례 없이 빠른 속도로 진행되어야 한다."

풍력·수력 발전 반대자들을 비판하는 목소리에 가담한 건 그만이 아닙니다. 미국의 환경주의자이자 문필가인 빌 매키번(Bill McKibben)은 2009년 3월 『토론토 스타(Toronto Star)』에 실린 글 「몹시 다급한 지금」에서 이렇게 주장했다. "이제 환경운동은 지구고온화를 진심으로 이해하는 이들과 그렇지 않은 이들 사이를 가르는 중요한 분기점에 도달했다." 그의 말은 이렇게 이어진다. "저탄소 에너지 프로젝트를 지연 내지 정지시키려는 지역의 노력이 지구고온화에 다급히 대응해야 한다는 당위성과 충돌하는 경우, 후자가 우선시되어야 한다."

양측 모두에서 수사학이 늘어나고 있는 정황에 우려를 표하지 않을 수 없다. 그렇다, 화석연료 사용과 과다한 에너지 소비로 인한 문제를 해결할 방도를 찾아야 하는 건 다급한 사안이다. 또한 풍력 발전과 같은 테크놀로지에 대한 일부 반대파들을 움직이게 하는 건 과학이나 참된 의미의 환경적 염려가 아니라 지역 이기주의라는 것 역시 진실이다. 하지만 이것이 곧, 우리가 이러한 프로젝트와 테크놀로지가 미칠 영향에 대해 무심해야 한다는 건 아니다. 또 수력 발전 프로젝트나 풍력 발전 기구들을 적절한 정부의 감시와 계획 없이 아무 데나 설치해도 좋다는 말도 아니다. 비이성적인 정신적 공황상태가 정책을 지도해서는 안 될 것이다.

녹색 에너지원을 전력화하기 위해 모든 환경적 사안들을 희생해야 한다는 생각은 어처구니없는 것이다. 부정적인 생태적 영향을 초래한다면, 이미 녹색이 아니다. 브리티시컬럼비아로 돌아가보면, 'BC 하이드로(Hydro)'와 'BC 트랜스미션 코퍼레이션(Transmission Corporation)'은 BC 주의 291,000개에 달하는 분수령 가운데 수력 발전에 적합한 부지를 8,200개 이상 찾아냈다. 선택지는 이렇게도 많으며, 물론 이들 모두에서 에너지를 추출할 필요는 없을 것이다.

　BC 주에서든 다른 곳에서든 우리에게 필요한 건, 에너지 잠재력이 높은 지역, 그러나 환경해악을 덜 받을 지역에서 에너지 개발을 추진하는 것이다. 또한 정부들은 신속히 행동에 나서되, 재생 가능 에너지 선택지들을 개별적으로가 아니라 전체로서 고려해야 한다. 어느 개별 프로젝트는 환경에 이로울 것처럼 보일지도 모르지만, 그러한 프로젝트들 다수의 누적 효과는 해로운 것일 수도 있으니 말이다. 아울러 수자원 인허가, 왕실 소유지 인허가 시스템을 개선하여 전력 발전 프로젝트용 강에 대한, 수많은 사기업들의 권리 주장의 동력인 골드-러시 멘탈리티를 방지해야 한다. 그리고 환경 영향 최소화를 보장할 수 있는 정부로부터의 강력한 규제와 모니터링, 강제적 법집행이 필요하다.

　가능한 한 많은 재생 가능 에너지가 현실화되도록 신속하게 행동에 나서는 일이야말로 우리를 위한 최선의 길이다. 재생 가능 에너지로 화석연료 의존도를 낮추고 지구고온화에 맞서 싸울 수 있지만, 이와 더불어 이 에너지는 우리가 체험 중인 경제적 난국으로부터 우리를 해방시킬 한 가지 방도이기도 하다. 이 에너지 사업은 비즈니스 전반에 유익하다. 물론 이것이 곧 녹색 에너지라는 이름으로 환경적 안전장치가 느슨해져도 된다는 말은 아니다.

　의심할 여지없이 지구고온화는 인류가 체험 중인 가장 중대한 환경 문제일 것이다. 낭비할 시간이 없다는 건 자명하다. 하지만 경주를 위해 문을 나서기 전에 신발끈을 확실히 묶지 않는다면 도착점에 당도하기도 훨씬 전에 쓰러지고 말 것이다. 우리의 해법들이 우리가 보호하고자 하는 바로 그것을 파괴하는 길로 이어지지 않도록 주의를 기울여야 한다.

테크놀로지 해법은 심각한 결과를 야기할 수 있다

1962년 레이첼 카슨(Rachel Carson)은 『침묵의 봄(Silent Spring)』을 출간하며 전 세계적 환경운동에 불을 붙인다. 그녀가 제초제들이 초래한 의도하지 않은 결과들에 (유독성 분자들의 먹이사슬로의 생물농축을 포함하여) 대해 쓰기 전, DDT와 같은 과학 혁신은 그간 우리의 삶을 어렵게 해온 (자연의) 힘에 대한 훨씬 강력한 통제를 약속하며 우리를 현혹했다.

우리는 세계가 어떻게 작동하는지에 대한 자신의 무지는 인정하지 않은 채 테크놀로지의 해법만을 기대한다. 그러고는 그 해법으로 인해 발생된 의도하지 않았던 문제들에 봉착하고서, 그 문제들을 해결하려고 분투한다. 인류가 프레온가스를 대량으로 사용하기 시작했을 때, 과학자들은 프레온가스가 오존층에 영향을 미칠 수 있다는 사실을 알지 못했다. 연어 양식이라는 아이디어는 언뜻 훌륭해보였지만, 이 아이디어가 제출될 당시 야생 연어에게 해로운 바다 기생충을 예상한 이는 아무도 없었다.

과학자들은 이 세계에 대한 정보를 알아낼 좀 더 슬기로운 길을 찾는다. 그리고 인류의 지식이라는 것이 너무나도 원시적인 수준인 탓에, 우리는 바라보는 곳마다 새로운 도전과제를 발견한다. 대기, 물, 토양, 인체 내 오염물질의 농축, 생물종 소멸, 표토 내 양분 손실, 해양 수질 저하…… 이 모든 것은 사람의 머릿수, 소비, 활동이 우리를 살아 있게 유지시켜주는 바로 그 물질들을 침식하고 있다는 경고의 목소리를 낸다.

기후과학자들은 지구고온화의 원인으로 화석연료 활용을 지적하는 설득력 높은 모델과 관찰기록을 축적해왔다. 물론 해법은 우리가 배출하는 온실가스의 양을 감축하는 것, 그리하여 그 나머지는 생물권 자체가 흡수하도록 하는 것이다. 몇몇 상상적인 해결책들은 온실가스 배출량을 감축할 필요 없이 계속해서 화석연료를 연소할 수 있도록 해준다. 이를테면, 태양으로부터 지구를 보호해줄 우주 내 거대한 우산, 화산 배출물의 태양광 반사 기능을 모방하는 에어로졸 형태의 황화물(黃化物, sulphide) 등. 주목을 받았던 또 다른 두 가지 기술은 해양 내 철분 투입, 지하에의 탄소 포집·저장(CCS)이 있다.

이 중 첫 번째는 바다에 철을 집어넣어 철분 부족으로 인해 조류의 생장이 제한된 해양지역을 다시 활성화시키는 기술이다. 예컨대 철을 남극해에 추가하면 조류 수가 엄청나게 늘어난다는 점이 실험실에서 밝혀졌다. 조류의 증가를 유도하는, 해양 내 철분 투입은 대기로부터의 이산화탄소 흡수에 도움이 될 것이라는 믿음 아래 사람들은 결집했다. 그러나 2010년 『국립 과학학회 활동(Proceedings of the National Academy of Sciences)』에 실린 한 보고서에서 과학자들은 이 과정은 치명적인 신경독(neurotoxins)을 만드는 식물 역시 증가시킬 수 있다고 보고한 바 있다. 어이쿠, 깜짝이야.

두 번째 기술은 탄소의 포집·저장 기술이다. 캐나다 총리 스티븐 하퍼는 기후변화가 캐나다에 미치는 심각한 여파와 온실가스 감축 실패의 경제학적 함의에 대한 논의를 회피해왔다. 캐나다 정부의 정책은 온실가스 감축행위는 경제에 해로울 것이고, 따라서 이산화탄소를 지하에 되집어넣는 기술이 개발될 때까지 당분간 기다리는 편이 낫다는 두려움 어린 생각에 기초하고 있다. 이 기술은, 이산화탄소를 다 사용된 유정에 되집어넣으면, 좀 더 많은 석유가 재생될 수 있고 이산화탄소는 다시 지상으로 올라오지 않는다는 관찰에 근거해 시작된 것이다. 이 기술은 굴뚝들로부터, 석탄 발전소와 타르 샌드로부터 나오는 이산화탄소의 상당 부분을 우리가 포집할 수 있고, 그후 이를 지하로 주입할 수 있다는 희망을 만들어냈다. 눈에 안 보이기만 하면 아무 문제도 없을 것이다!

하지만 잠깐. 한때 우리는 암반(bedrock)에 도달하면 생물은 더 이상 발견되지 않는다고 생각했지만, 오늘날 우리는 지하 3킬로미터까지는 생물이 존재한다는 사실을 알고 있다. 깊은 지하에 사는 박테리아들은 지상 생물체들과는 너무나 다른 족속이어서 이들을 서술하려면 완전히 새로운 범주가 필요할 정도다. 과학자들은, 지하의 모든 유기체들을 합한 무게가 고래, 나무, 인간 할 것 없이 지상 모든 생물체의 무게보다 더 많이 나간다고 추산하고 있다! 이 유기체들이 마그마로부터의 열의 이동에, 지하 세계의 물과 양분의 흐름에 어떤 역할을 하는지 과학자들이 알고 있는 바는 거의 없는데도, 우리는 이 신비의 세계에 수백만 톤의 이산화탄소를 집어넣을 궁리를 하고 있는 것이다.

온실가스를 감축할 수 있는 길, 좀 더 높은 효율성을 통해 돈과 자원을 절약할 수 있는 길은 많건만, 그럼에도 인류는 이 길을 줄곧 회피하고 있다. 엄청난 부정적 결과로 이어질 수도 있는, 전혀 검증되지 않은 테크놀로지의 약속에 기대를 건 채 말이다. 도대체 말이 되는가?

기후변화와 홍수

물 없이 살 수 있는 사람은 없다. 캐나다 거주민이라면 자기들이 풍요로운 청정수의 천혜를 누리고 있다고 생각하고 싶겠지만, 사실 캐나다는 대부분의 다른 지역들에 비해 지속 가능한 물의 공급에서 그다지 앞서지 못하고 있다. 그런데 지속 가능한 방식으로 쓸 수 있는 물은 대지를 흐르는 물뿐이다. 우리가 환경에 (단지 물만이 아니라) 가하는 힘은 우리가 가진 물의 총량에서부터 수자원 공급의 수준까지 그 모든 것에 영향을 미치고 있다.

기후변화는 빙하를 축소시키고, 좀 더 잦은 가뭄과 홍수를 초래하며 이미 수자원 공급에 어마어마한 영향을 미치고 있다. 2005년 캐나다의 한 상원위원회에서 작성한 보고서인 「스트레스 받는 서구의 수자원」은 이 사안에 대해 이렇게 말했다. "기후변화는 곧 강수량이 점점 더 믿을 만한 것이 못 되고, 좀 더 많은 양이 눈보다는 비의 형태로 내리게 되는 사태를 의미한다. 눈으로 내린 것이 녹는 속도는 더 빨라질 것이다. 보다 강한 폭풍, 보다 심각한 가뭄이 예상된다."

또한 이 보고서는 (전문가의 증언에 기초하고 있는데) 또한 앨버타 주의 여러 강들의 여름 강물 유동량이 100년 전에 비해 약 40퍼센트 감소했다고 지적하고 있다. 이는 단지 활용 가능한 수자원의 감소만의 문제가 아니다. 캐나다 환경부(Environment Canada)의 존 카레이(John Carey)가 이 보고서에서 지적했듯, "기후 가변성이라 하면 대개 여러 지역에서 강수량이 감소될 것이라는 뜻이지만 장차 비는 집중호우의 형태로 내릴 것이다." 카레이는 또한 "앞으로 우리는 너무 많은 물과 너무 적은 물을, 즉 특정 기간엔 너무 많고 대부분의 기간엔 너무 적은 물을 체험하게 될 것이다. 초원지대의 가뭄은 더 길어질 것이고 기후변화는 더 길고 심각한 홍수를 초래할지도 모른다"고 말했다. 우리는 지난 몇 년간 이러한 예측이 옳음을 분명히 보여주는 여러 사건들을 목격해왔다.

기후변화와 더불어 강수량이 증가한다 해도, 빙하의 용해와 수분 증발량 증대로 인한 손실분을 메울 정도로 충분하지는 않을 것이다. 빙하는 춥고 축축할 시기엔 얼음과 눈을 저장하고, 우리가 그것을 가장 필요로 할 때인, 뜨겁고 건조한 여름이나 가뭄의 경우엔 물을 방출하며 마치 은행 계좌처럼 활동한다. 앨버타 대학 생태학과 교수인 데이비드 쉰들러(David Schindler)가 「캐나다의 풍요로운 수자원이라는 신화」라는 글에서 썼듯, "물 부족은 (북미) 서쪽의 초원 지방의 경우 가장 중요한 21세기의 경제적·환경적 이슈 중 하나가 될 것이다."

하지만 쉰들러가 지적했듯, "이 문제를 헤쳐나가기 위해 우리가 할 수 있는 것은 많다." 개인의 노력도, 정치 지도자의 행동도 해법일 수 있다. 우선, 정치 지도자들은 기후변화 문제에 대응해야 한다. 또한 에너지 효율성을 개선하고 청정한, 재생 가능 에너지를 도입·시행하는 데 열의와 성의를 다해야 한다. 배출권 거래제(cap and trade)와 탄소세 같은 탄소 가격화 전략을 논의해야 하며, 수자원에 대한 적절한 관리 방안과 수자원 소비량 감축 방안을 찾아내야 한다.

개인적인 차원에서 우리는 물 사용량을 크게 줄일 수 있다. 예컨대 물 사용량을 줄여주는 배관을 설치해, 좀 더 적은 물을 들여 뜰을 정리하는 일을 통해서 말이다. 정부 쪽에서는 계량법을 통해, 또 많은 물을 사용하는 경우에 적용되는 디스인센티브를 통해 물 사용량 절감을 권장할 수 있다,

사회 모든 부문에서 여러 형태의 해법이 요구된다. 또한 온실가스 배출량 감축, 탄소 배출물에 대한 비용 부과, 청정에너지원의 증대와 같은, 기후변화에 대응하려는 해법들은 수자원 공급 보호와 오염물질 감축 이상의 혜택을 만들어낼 것이다. 서구 기후 계획(Western Climate Initiative)에서 제출한 한 경제 분석 보고서에 따르면, 기후변화에 대응하고 청정에너지 해법을 강화하려는 미국과 캐나다 주정부들의 한 플랜은 2020년까지 미화 약 1억 달러의 비용 절감 효과를 가져올 수 있다

고 한다.

 기후변화라는 이슈 그리고 그것이 수자원에 미치는 영향 모두를 우리는 심각하게 생각해야 한다. 물 없이 우리는 살 수 없으므로.

진보의 가능성을 보여주는 오존층 합의

 만일 국제적 리더십이 정상적인 과학에 근거를 둔다면 훌륭한 결과물로 이어질 수 있다. 증거를 찾고자 한다면, 고개를 들어 위를 바라보기만 하면 된다. 오존층은 더는 약화되고 있지 않으니 하는 소리다.

 1970년대부터 과학자들은 우리가 사용하는 프레온가스(CFCs)와 성층권 내 오존층의 약화 간의 관계를 관찰해왔다. 지상 저 위쪽, 자외선은 프레온가스 분자에서 염소(chlorine) 분자를 분리해내는데, 이 염소는 오존을 삼키는 역할을 한다. 성층권의 오존층은 자외선 방사물질을 흡수함으로써 태양광으로부터 우리를 보호해준다. 그러니까 오존층은 거대한 선글라스 같은 역할을 하는 것이다. 한때 프레온가스는 에어로졸 스프레이 캔, 냉장고 등 여러 제품에서 사용되었다. 이 화학물질이 점점 더 많이 대기에 버려지면서 오존층은 파괴되기 시작했고, 이는 곧 피부암 발생률의 극적인 증가로, 지구 생물의 기저를 형성하는 이들인 식물성 플랑크톤에 대한 위협으로 이어졌다.

 1987년 9월, 세계 각국의 지도자들은 오존층 파괴 물질에 관한 몬트리올 의정서에 서명한다. 그리고 2010년 전 세계 300명의 과학자들이 공동으로 쓰고 검토한 한 보고서는 몬트리올 의정서 아래의, 오존층 파괴 물질의 생산·소비 근절 노력이 "훨씬 더 높은 파괴의 가능성으로부터 성층권 오존층을 보호했다"고 결론 내렸다.

완전한 방향 전환은 아니지만 분명 다행스러운 소식이다. 과학자들은 전 지구의 오존과 북극·남극 지역의 오존이 더 이상 감소되지 않는다는 사실을 발견했다. 하지만 그 오존들이 증가하고 있는 것도 아니다. 과학자들은 또한 "북극·남극 지역 밖의 오존층은 이 세기의 중엽이 오기 전 어느 시점까지는 1980년 이전 수치로 회복될 전망"이라고 적었다. UN 환경 프로그램 집행감독인 아킴 슈타이너(Achim Steiner)는 전 세계의 합의가 없었다면 대기권 내 오존 파괴 물질의 수치는 10배 증가할 수도 있었다고, 그리하여 "인체의 면역 체계, 야생세계, 농업에 대한 해는 말할 필요조차 없고, 최대 2,000만 건 이상 더 많은 피부암, 1억 3,100만 건 이상 더 많은 백내장의 발생건수"를 초래할 수도 있었다고 지적했다.

흥미로운 점은, 오존층 파괴로부터 인류를 보호하려고 애쓴 세계 지도자들과 과학자들이 오늘날 기후변화로부터 인류를 보호하려 애쓰는 이들이 직면하고 있는 여러 압박과 동일한 압박을 받았다는 사실이다. 프레온가스 제조업체들은 프레온가스의 위험에 관한 과학이 '쓰레기'이며, 프레온가스를 없애는 일에는 수조, 수십조 달러가 소요될뿐더러, 종국엔 자기들의 산업 자체를 파괴할 것이라고 주장했었다. 나오미 오레스케스와 에릭 콘웨이(Erik Conway)가 그들의 탁월한 저작 『의심의 상인』에서 썼듯, 다수의 '전문가들'이 담배, 산성비, 기후변화의 파급효과와 관련된 과학에 반대하는, 산업 측에서의 캠페인에 출현해왔다.

산업계로부터의 공격에 아랑곳없이 오존층 문제와 대결하는 데 성공할 수 있었다면, 지구의 생물들에게 훨씬 더 거대한 위협인 기후변화 문제를 해결하는 일은 왜 이토록 어려운 걸까? 오존층에 관한 업적으로 1995년 노벨 화학상을 받았던 과학자 중 한 명인 셔우드 롤런드(F.

Sherwood Rowland)는 그 이유를 이렇게 설명한다. "추진용 연료로 어떤 걸 써야 한다는 건 사실 작은 사회 문제죠. 프레온가스를 다른 걸로 대체한다고 해도 여전히 기성 테크놀로지를 사용할 수 있으니까요. 세계 전체의 제1 에너지원인 화석연료를 문제 삼는 일은 이와는 완전히 다른 문제예요."

달리 말해, 산업계에도 사회에도 사안의 무게나 가치가 훨씬 거대한 것이다. 많은 경우 프레온가스는 압축 공기만큼 간단하면서도 오염물을 배출하지 않는 무언가로 대체 가능하다. 게다가 화학물 제조업체들의 주장과는 달리 프레온가스 사용을 멈추어도 산업은 파산하지 않았는데, 프레온가스류는 이들 기업들이 생산하는 여러 제품 중 단 한 가지에 불과했기 때문이다.

청정에너지 분야에 뛰어든 에너지 기업 가운데 일부의 경우, 아직도 그 막대한 이윤의 원천은 (공급량이 계속해서 줄어들고 있는) 화석연료의 활용이다. 또한 세계의 거의 모든 이들은 어느 정도는 모두 화석연료에 의존하며 살아가고 있다. 다행인 건, 지난 2년간 재생 가능 전력 생산에 대한 전 세계 투자총액이 화석연료 기반 전력 생산에 대한 그것에 비해 컸다는 사실이다.

해법은 분명 존재하지만 전환을 이룩하는 데는 많은 노력과 정치적 의지가 필요하다. 만일 우리가 잘해낸다면 인류의 건강과 경제체제들에 거대한 혜택을 줄 것이다. 그러나 우주 역사상 가장 이윤을 많이 내고 있는 이 산업이 조만간 이러한 대열에 합류하리라고 기대해서는 안 된다.

우리 모두가 나서서 변화를 요구해야 한다. 몬트리올 의정서는 진보가 가능하다는 점을 보여주지만 우리가 경청해야 하는 건 사람보다 이윤을 중시하는 이들의 주장이 아니라 이성의 목소리다.

식물성 플랑크톤이 없다면 우리는 살 수 없다

세계가 더워지고 있고, 그 주된 원인은 우리의 화석연료 중독이며, 이러한 현상이 인류 사회의 건강과 지구 생태계의 건강에 점점 더 파괴적인 여파를 주고 있다는 증거들은 계속 늘고 있다. 반면 부인론자들의 주장은 계속해서 비판에 맥없이 무너지고 있는데, 그리하여 혹자는 실제론 두 가지 유형의 부인론자가 있다고 결론 내릴 수 있을 정도다. 한 가지 유형은 대중을 현혹시킬 의도로 거짓 정보를 유포하는 산업계의 피고용인으로, 이들의 행위는 범죄에 해당된다. 다른 유형은 자신들의 얼굴을 빤히 보고 있는 증거들을 바라보지 못한 채, 괜찮은 인터넷 검색 엔진을 통해 1분이면 그 오류가 밝혀질 주장에 목매다는 이들로, 이들의 행태는 측은하면서도 우매하다.

미국 환경보호국(EPA)은 기후변화가 지구를 위태롭게 하며 그 주된 원인은 화석연료 연소활동이고, 이는 인류와 환경 모두에 위협이라는 2009년 자체 연구 결과에 대한 10가지 진정서를 면밀히 검토한 바 있는데, 이를 통해 부인론자들에게 강타를 날렸다. 10가지 청원 모두가 자료를 잘못 해석했고, 오류를 포함하고 있으며, 그 비난은 과장되었음을 EPA가 소상히 밝혀낸 것이다.

"위험론의 연구 결과는 수년에 걸쳐 진행되어온, 미국과 전 세계의 과학에 기초한 것이랍니다." EPA의 행정관인 리사 잭슨(Lisa P. Jackson)의 말이다. "늘 그렇듯 그 청원들의 근거는 일부만이 선택되고 편집된, 맥락 없는 데이터들이고 조작된 논란이고요. 그 청원들은 우리가 내린 결론을 깎아내릴 그 어떤 증거도 제공하지 못하고 있어요. 과도한 양의 온실가스는 인류의 건강과 복지에 대한 위협입니다."

2010년 미국 해양대기청(NOAA)이 발행한 또 다른 보고서는 48개국 160개의 연구단체 소속 300명의 과학자들이 측정한 10개의 기후 지표를 살펴보고 있다. 이 보고서의 결론은 인간 활동이 원인이 된 기후변화는 부인할 수 없는 현실이며 점차 악화되고 있다는 것, 빙하와 북극의 얼음은 계속해서 녹아내리고 있고, 해양 온도와 해수면은 계속해서 상승 중이며, 생태계와 야생생물 서식지들은 계속해서 변형 내지 퇴행하고 있고, 극단적인 기후 관련 사건의 발발률은 계속해서 늘어나고 있다는 것이다.

그뿐만이 아니다. 댈하우지 대학의 해양학자인 보리스 웜(Borris Worm)과 그의 연구팀은, 해양 내 식물성 플랑크톤의 개체수가 인간 활동과 기후변화로 인해 무서운 속도로 감소하고 있다고 밝히고 있다. 하지만 왜 이런 문제에 우리가 관심을 기울여야 한단 말인가? 이 미세 식물은 먹이사슬의 토대일 뿐만 아니라 지구 내 유기물 생산의 절반을 책임지고 있기 때문이다. 이들은 또한 대기로부터 이산화탄소를 제거하며 우리가 들이마시는 산소의 절반 이상을 만들어낸다. 이 보고서의 공동 저자인 말론 루이스(Marlon Lewis)는 이렇게 지적한다. "기후변화로 인한 식물성 플랑크톤 감소는 또 다른 중대한 차원의 전 지구적 해양 변화다. 바다는 이미 어업과 환경오염물질의 여파로 스트레스를 받아왔다." 이 보고서는 2010년 7월 29일에 발행된 『네이처』에 게재된 것으로, 1950년 이래 식물성 플랑크톤의 개체수가 약 40퍼센트가량 감소했다고 지적한다.

이들 없이 우리는 생존할 수 없다.

정부들은 머뭇거리고 부인론자들은 혼돈의 씨앗을 퍼뜨리고 있는 가운데, 지구 평균기온의 돌이킬 수 없는 상승을 막는 데 요구되는 (그렇다고 과학자들이 말하는) 수준의 온실가스 감축 목표치를 달성하기란 점점 더 어려워지고 있다. 그 과제의 성취는 한때 가능했고, 여전히 가능한지도 모를 일이지만, 우리는 그것이 더는 불가능해지는 지점에 다다르는 중이다.

우리에게는 스스로 각자의 배출물을 줄이고, 기후변화를 하나의 우선 과제로 삼는 정부를 선출하고, 또 그 정부들이 실질적인 해법에 주안점을 두도록 가능한 모든 일을 다 해야 할 책무가 있다. 에너지 절감과 청정에너지원으로의 이동이 단지 기후변화 해결에 힘을 실어주는 데 그치는 것이 아니라, 여러 환경오염 관련 건강 문제를 해결하고, 심지어는 경제 활성화에도 도움을 줄 수 있다는 점을 충분히 알고 있지 않은가?

지금 이 순간에도 수십, 수백억 달러의 막대한 이윤을 창출하고 있는 화석연료 산업은, 기후변화 과학을 '정크 사이언스'라고 부르며 인류의 활동이 지구 기온 상승에 영향을 미친다는 점을 부인하는, 한 줌에 불과한 부인론자들과 우파 씽크 탱크들, 웹사이트들을 지원하는 데 수억을 지출하고 있다. 이제는 부인론자들의 비이성적인 허튼소리를 무시할 때가 되었다. 이들에게 허비한 시간이 이미 너무 많다. 우리에게는 이제 시간이 없다.

7

신비한 심층의 탐사

내가 지금 살고 있는 곳은 바닷가다. 고백하건대 내 마음속에서 바다는 늘 각별한 자리를 차지한다. 바다라는 곳이 다른 모든 생명에게 얼마나 중요한 곳인지도 알고 있다. 우리가 들이마시는 산소의 절반 이상이 나오는 곳도 바로 바다이고, 아직도 바다는 여러 민족에게 생선이나 다른 수산식품 등 단백질 섭취원을 제공하고 있다. 또 우리가 사용하는 수많은 의약품은 바다에서 채취한 것이다. 75년이 넘는 세월을 살아오는 동안 내가 사는 고장의 바다에서 또 전 세계의 바다에서 일어난 무수한 변화들을 난 목격해왔다. 브리티시컬럼비아 주의 경우 이동하는 연어떼의 양은 매년 줄어들고 있고, 이는 거꾸로 바다와 강의 생물들 그리고 강과 호수의 연안에 있는 숲의 생물들에 영향을 미치고 있다. 또한 우리는 바다를 떠도는 플라스틱 덩어리들과 다른 부류의 쓰레기들의 어마어마한 양에 관해서도 들어왔다. 사실 우리는 쓰레기를 바다에 내버리면서도 너무나도 오랫동안 이를 당연시해왔다. 이 장에서 확인하겠지만, 건강한 바다가 없다면 우리의 삶도 있을 수 없다.

경고음을 울리는 국제 연구

우리 자신과 우리의 아이들, 그 아이들의 아이들의 운명을 중시한다면, 우리가 만나는 주변 환경 너머로 시선을 확대해야 하고, 바다를 돌보기 위해 최선을 다해야 한다. 하지만 생명을 주는 일종의 기적과 같은 존재인 바다에 경념을 표시하기보다는, 거대한 쓰레기 매립지로, 영원히 비지 않을 선반을 갖춘 가게로 활용하고 있는 것이 오늘날 지구의 현실이다.

그런데 이 선반은 실제로 비어가고 '있다.' 인류는 오늘날 이전에는 가능하리라고 생각되지 않았던 규모와 속도로 해양 생태와 그 화학작용 과정을 변형하고 있다. '해양의 상태에 관한 국제 프로그램'(IPSO)이 수행한 2011년의 한 연구에 따르면 어류 남획, 화학비료 유출, 환경오염, 이산화탄소 배출로 인한 해양 산성화와 같은 행위들의 동시다발적 실행으로 인해 수많은 해양생물은 즉각적인 멸종위기 상태에 내몰리고 있다.

전 세계 연구들을 검토한 이 연구 작업에 참여한 6개국 8개 단체 27명의 과학자들은, 서서히 모습을 드러내고 있는 해양생물종 멸종이 "전례 없는 일"이라고 결론 내리며, "해양 생태계 건강의 추가적 악화를 멈추는 무조건적인 긴급 행동"을 요청한다. 주요 논점은 이 과학자들이 '죽음의 삼인조'라 지칭한 것, 즉 기후변화, 해양 산성화, 산소 희박화라는 사안을 다루어야 한다는 것이다. 추가적인 문제로는 어류 남획과 환경오염이 제시되었다.

이 연구진들은 "산호초가 지구고온화에 어떤 식으로 반응할지에 관한 현재의 과학 예측은 지나치게 보수적이어서, 이제는 반드시 수정되어야 한다"고 밝혔다. 또한 "산염 처리된 인화 억제제, 불소화된 합성물질, 개인용 화장품과 세척제에 사용된 합성 사향과 약물" 같이 내분비계 이상이나 면역체계 이상 또는 암을 유발할 수 있는 화학물질이, 그 모든 곳에서, 심지어는 캐나다 북극해에서마저도, 해양 동물의 체내에서 발견되었다고 밝혔다. 바다에 폐기되는 쓰레기와 플라스틱 역시 해양 구석구석에서 때로는 거대한 소용돌이의 형태로 발견되고 있다.

IPSO의 과학 감독인 알렉스 로저스(Alex Rogers)는 『가디언』을 통해 이러한 조사 결과에 충격을 받았다고 말하고 있다. "모든 차원에서 무조건적 행동을 요청하는 매우 심각한 상황입니다. 지금 우리는 우리가 사는 동안에, 더욱 상황이 나쁜 경우라면 아이들 세대와 그 후세대에게마저 여파를 미칠 결과들을 목격하고 있어요."

모든 차원에서의 행동이란 개인으로서의 우리가 할 수 있는 행동, 아울러 정부와 기업이 해야만 하는 행동을 뜻한다. 배출되는 쓰레기를 줄이고, 조심스럽게 물질들을 하수구에 내보내고, 우리의 입이나 애완용 동물의 입으로 들어가는 동물성 단백질의 양을 줄이며, 해양 보호 노력에 동참하는 일이 출발점이다. 하지만 우리가 할 수 있는 가장 중요한 일은 정부와 기업을 향해 더 이상 현실을 방관하기를 원치 않는다는 의사를 분명히 전달하는 것이다.

이와 같은 보고서가 제출되면 산업계가 고용한 부인론자들, 그리고 이들의 거짓 정보를 퍼뜨리는 데 한몫하는 하수인들의 목소리가 커진다. 그 보고서가 과학자들의 음모라도 되는 듯 색칠한다. 게다가 많은 경우 이러한 보고서에 대한 정부의 반응이란 산업의 이익을 그 모든 것보다 중시하는 것이다. 이러한 난센스에 종지부를 찍어야만 한다. 매년 기후변화에 대한 해결책의 시행에 머뭇거리고 있고, 이는 곧 해가 지나면 지날수록 이 문제를 해결할 수 있을 가능성은 줄어듦을 뜻한다. 나를 비롯하여 여러 과학자들은 20년이 넘도록 기후변화의 결과에 관해 경고해왔지만 정부들은 아직도 망설이고만 있다. 지구의 자연 시스템은 계속해서 조금씩 조금씩 파괴되어 가는데도 말이다.

이 연구가 보여주는 바는 생태계, 생물종, 환경 문제를 각기 분리하여 바라봐서는 안 된다는 것이다. 이 연구는, 모든 스트레스 제공자들의 종합적 파급효과가 과학자들이 개별 문제들을 보며 결론 내릴 수 있는 것들보다 훨씬 더 심각하다고 지적한다.

이 연구 보고서는 천 개의 칼자국에 의한 죽음이라는 오래된 우화를 거론한다. 사망의 원인이라 지목할 곳은 한 곳도 없고, 오직 전신을 거울에 비추어보는 것만이 해법이다. 이 연구자들은 이렇게 쓴다. "과거에 사회를 잘 지탱했던 전통적 경제 가치와 소비자의 가치는 현재의 인구 증가율과 함께라면 더는 지속 가능하지 않다." 달리 말해, 변기에 물을 내릴 때마다, 탄산음료를 마시고 차에 오르며 물을 먹을 때마다, 우리가 지구에 가하는 영향력 모두를 이제는 계산해야 한다. 해결책은 전혀 부족하지 않다. 부족한 건 정치적 의지일 따름이다. 이러한 심각한 사안을 해결하는 데 더 지체하면 비용만 증대할 것이고, 해양이 우리에게 주는 자연적 혜택을 더욱더 많이 잃고 말 것이다.

바다에 또 우리 자신에게 저지르는 일

대기권을 포함하여 우리의 지구는 바다와 공기와 육지가 서로 간에 내밀하고 절묘하게 연결되어 있는 하나의 시스템이다. 물은 이 모든 층위를 통과해 흐르며 만유를 (또 우리를) 살아 숨 쉬게 한다. 물은 태양에너지의 자극을 받아 순환 운동을 지속해간다. 공중에서, 지표면 위에서, 또 아래에서. 물은 바다에서 증발하고, 식물과 흙에서 발산되며, 빙하와 대수층으로부터 흘러나오고, 눈이나 비의 형태로 떨어져 내린다. 물은 지표면의 71퍼센트를 덮고 있다. 액체, 기체, 고체의 형태를 모두 가질 수 있고, 게다가 지구의 온도를 조절한다.

지표면의 기온을 꽤 안정적으로 유지시키는 물의 한 가지 작용은 (공중에서) 이산화탄소 분자와 결합하여 대기권 내에 열을 집적하는 일종의 담요를 만드는 것이다. 그러나 지나치게 많은 이산화탄소를, 다른 오염물질을 대기와 물에 배출하는 경우 이는 곧 균형의 파괴로 이어지기 마련이다.

해양과 대기권은 모든 생명의 유지에 없어서는 안 될 부분이건만 우리는 자주 이들을 쓰레기 매립지 정도로 취급한다. 오늘날 우리는 육지와 해양 내 식물들이 재흡수하여 처리할 수 있는 양보다 더 많은 양의 이산화탄소를 공중에 내보내고 있고, 그리하여 대기권에 쌓인 이산화탄소는 평소보다 더 많은 양의 열을 집적, 결국 지구 기온을 상승시키고 있다. 증가된 이산화탄소가 초래하는 여러 결과들은 이미 널리 보고되어왔지만, 지구고온화가 바다에 미치는 여파는 그에 합당한 주목을 받지 못했다. 증가되고 누적된 이산화탄소는 해양 기온을 상승시킬 뿐만 아니라 해양 산성화도 초래한다. 해양은 탄소를 흡수하고 저장하는 데, 이로써 기후변화를 막는 하나의 훌륭한 방어벽 역할을 한다. 그러나 지나치게 많은 탄소가 해양에 누적될 때, 해양의 pH 수치는 내려가고 그리하여 물은 점점 더 산성화되고 만다.

과학자들은 이러한 점이 산호초에 심각한 악영향을 미칠 수 있고, 어쩌면 산호초를 완전히 멸종시킬 수 있다고 경고한다. 만일 산호초가 사라진다면 바다 생물의 절반이 이들과 함께 사라지고 말 것이다. 산호에 영향을 끼치는 과정, 즉 산호가 자기의 신체 조직을 딱딱하게 만드는 일을 방해하는 낮은 pH 수치는, 식물성 플랑크톤이 껍질과 조직 내에 탄산칼슘을 만들어내는 능력 또한 저해한다. 이 과정은 거꾸로 해양의 탄소 흡수 저장 능력을 낮추고, 이는 결국 지구 기온 상승으로 이어진다.

과학자들의 경고에도 아랑곳없이 해양 산성화는 기후변화 협상에서 중요한 논점이 되지 못했다. 바다가 어떤 상태에 있는지 계속 외면하고 있는 것이다. 물론 산성화는 (주로는 우리가 대기 중에 배출하는 것 때문에 생겨난) 바다에 관련해서 우리가 만들어낸 문제 중 하나일 뿐이고, 우리는 계속해서 바다에 엄청난 양의 똥덩어리들을 (때로는 말 그대로) 내다버리고 있다.

역겹지 그지없는 한 가지 이미지는 바다에서 다섯 개의 소용돌이로 이동하는 거대한 플라스틱 섬들의 이미지다. 북태평양에 있는 한 소용돌이는 텍사스 주보다도 크다고 추산된다. UN 환경 프로그램에 따르면, 바다의 1평방킬로미터에 떠다니는 플라스틱의 개수는 각각 13,000개이고, 이들 중 많은 부분은 다섯 개의 거대 해양 소용돌이에 와서 쌓인다. 바다 동물들은 분해된 플라스틱을 먹는데, 이렇게 하여 그 동물의 체내 오염물질은 먹이사슬을 타고 올라간다. 물론 인간에게

까지.

과학자들은 해법을 모색 중이다. 또 이제 국가들도 해양 산성화 문제에 대한 공동 대응을 시도하고 있고, 이는 분명 바람직한 현상이긴 하다. 하지만 우리는 쓰레기와 배출물의 양을 줄임으로써, 정부들이 지구를 보호하고, 지구 표면의 대부분을 차지하고 있는 바다를 보호하는 데 한층 더 강력한 리더십을 보이도록 촉구함으로써 이런 류의 문제들이 처음부터 발생하지 않도록 더 많은 노력을 기울여야 한다.

바다는, 우리의 혈관 속 염분이 넌지시 일러주듯, 생물이 기원한 곳이다. 바다는 우리의 혈관 속을 타고 흐르며 우리에게 생명을 주는 일을 지속하고 있다. 우리가 숨 쉬는 산소의 절반은 바다로부터 온다. 우리가 바다에게 가하는 행동이란 사실상 우리 자신에게 가하는 행동이나 마찬가지인 것이다.

해저를 탐사하는 블루 카본 보고서

많은 사람에게 바다는 푸른 물이 방대하게 펼쳐진 곳, 그 이상도 이하도 아닐 것이다. 어떤 사람에게 바다는 아름다움과 즐거움의 한 원천일 것이다. 또 전 세계 수백 수천만의 사람에게 바다는 먹을거리와 일자리의(어업과 양식업) 원천일 것이다. 그러나 바다는 이 지구 내 생명체에게는 닻과 같은 존재다. 지구고온화가 문제가 될 때 바다는 어쩌면 우리의 구원자일지도 모른다.

바다는 우리에게 먹을거리와 일자리와 즐거움 이상의 것을 준다. 바다는 인류가 산업화를 진행하는 동안 대기권에 내버린 과다한 탄소의 많은 부분을 흡수하고 있다. UN 환경 프로그램과 UN 세계식량기구와 유네스코의 정부 간 해양학 위원회가 함께 만든 보고서 「블루 카본: 탄소를 결박하는 데 건강한 해양이 미치는 역할」에 따르면, 세계의 대양들은 대기권에 배출되었더라면 지구고온화에 기여했을 막대한 양의 탄소를 흡수해왔다.

'The 100'의 패트리시오 베르날(Patricio Bernal)의 주장에 따르면 "바다는 이미 위험한 기후변화에서 우리를 구원해주었다." 하지만 그는 이렇게 덧붙인다. "매일같이 우리는 2,500만 톤의 탄소를 바다에 내버리고 있다. 그 결과 해양 산성화는 점점 가속화되고 이는 석회질 구조로 된 유기체들에게 거대한 위협이 되고 있다."(이 유기체에는 산호, 대합조개, 작은 새우, 여러 종류의 플랑크톤이 포함된다.)

위의 보고서에 따르면, 하구와 맨그로브(Mangrove) 같은 해양 생태계를 보호, 복원하는 일로 현재의 화석연료 배출물은 7퍼센트까지 상쇄가 가능하다. 그것도 발전소의 탄소의 포집·저장 테크놀로지에 비해 훨씬 낮은 비용으로 말이다. 지구고온화의 관점에서 볼 때, 이것은 곧 이러한 생태계를 그저 보호하고 복원하는 일만으로도 2도의 기온 상승을 막는 데 필요한 감축량의 10퍼센트를 감축할 수 있음을 뜻한다. 해양 생태계의 보호와 복원은 또한 해양 야생생물과 수산업에 다른 무수한 혜택도 제공해줄 수 있을 것이다.

인류가 해양 생태계에 가하고 있는 해악으로 인해 숱한 부정적 결과들이 나타나고 있고, 이는 또 지구고온화로 귀결되고 있다. 북극과 남극의 빙원은 수천 년 동안 해양 온도를 상대적으로 안정화시켜왔다. 오늘날 그 해양은 추가적인 에너지를 과다 흡수하고 있고, 그리하여 빙원이 녹으면서 해양 온도는 점점 더 높아지고 있다. 만일 북극의 얼음이 사라져버린다면 고온화 경향은 고속으로 진행될 것이다. 이는 알베도

효과(albedo effects) 탓인데, 즉 구름과 얼음과 같은 밝은 표면에 부딪혀 반사되는 태양광선의 양이 줄어들 것이기 때문이다. 이렇게 될 경우 해양 생태계, 또 지구의 모든 생명체들이 어떤 영향을 받을지 우리는 오직 추측만 할 수 있을 따름이다. 그러나 우리는 이미 전 세계 바다에서 생물종의 분포와 양이 변화되고 있음을 지켜보고 있다.

보고서 「블루 카본」은 탄소 흡수 능력이 있는 모든 살아 있는 유기체들 가운데 바다에 사는 이들이 흡수하는 총량이 55퍼센트를 넘어선다고 지적한다. 연안의 습지, 늪, 맨그로브, 하구는 대기로부터 탄소를 흡수하는 데 중대한 역할을 수행한다. 해양 내 다른 생물들은 제 먹이들을 통해 탄소를 체내에 흡수한다. 그리고 이 탄소는 그 생물들이 숙어 해저에 가라앉을 때 심해의 침전물 형태로 저장된다. 그리고 이 탄소는 수천 수만 년 동안 저장될 것이다.

이처럼 소중하기 이를 데 없는 존재이기에, 해양 생태계를 더 많이 보호하면 할수록 (대기권 내 탄소 과잉으로 인해 발생되는) 기후변화의 통제에 더욱더 많은 도움이 된다. 또한 이러한 생태계의 해양 생명(특히 물고기) 부양능력을 복구하는 데도 도움이 된다. 단백질 공급원으로 바다 물고기에 의존하는 사람들이 30억 이상임을 생각해볼 때, 우리는 미래의 풍요로운 수산업을 위해서 할 수 있는 일을 다해야 한다.

바다는 더 많이 보호되어야 한다. 그러한 보호로 인한 혜택은 매일매일 더욱 또렷해지고 있고, 기회는 우리 앞에 놓여 있다. 오늘날 필요한 건 정부들이 「블루 카본」에서 제시된 바와 같은 선구적인 과학을 인정하는 것, 좀 더 지속 가능한 길로 우리를 이끌 전략에 투자하려는 진지한 생각을 하는 것이다.

바다를 돌볼 새로운 길을 찾아내야

바다에 관해서라면, 화성과 달에 관해 아는 정도만큼 알고 있다는 말을 우리는 종종 듣곤 한다. 지표면의 71퍼센트가 바다임을 생각해볼 때 심히 우려스러운 안일한 생각이 아닐 수 없다. 설혹 바다 아래서 어떤 일이 일어나고 있는지 완전히 이해하지 못한다 하더라도, 최소한 우리가 끼치는 부정적인 영향으로부터 바다를 보호하려는 노력을 더욱 많이 기울여야 한다.

우리가 아는 한 가지는, 바다는 지금 바뀌고 있으며, 그 변화는 긍정적인 변화가 아니라는 사실이다. 수십 세기 동안 우리는 바다를 안정적인 무언가로 여겨왔지만 오늘날 해양 기류에서, 심해수의 상승에서, 산소의 양에서, 산성도에서, 온도에서 전에 본 적 없는 변화를 목격 중이다. 이전에 바다에 대해 가졌던 가정은 더는 유효하지 않다. 예컨대, 언제나 바다가 무한한 먹을거리의 풍요를 제공해줄 거라고 가정해왔지만 이는 사실이 아님을 우리는 배우고 있다. 캐나다 대서양 대구 어장의 붕괴는 우리가 주의를 기울였어야 하는 수많은 경보 중 하나에 불과하다. 수많은 서부 연안 연어 어장 역시 사라졌고 연어는 훨씬 줄어든 숫자로 귀환하고 있다. 심지어는 해양 먹이사슬의 기초 중 기초인 플랑크톤의 생존 역시 위협되고 있는 형편이다.

바다가 겪는 피해 중 일부는 상대적으로 쉽게 눈에 띈다. 바다에 떠다니는 쓰레기 소용돌이들은 분명 내버리기만 하는 인류 사회집단들이 만든 인공물이다. 농업 폐수로부터의 질소 과다로 인해 산소가 질식되어버린 해양 구역을 일컫는 이른바 '죽음의 구역'은 지구 곳곳에서 출현 중이다. 수많은 어족이 줄어들고 있는데, 인류의 수산식품 탐식이 그 부분적 원인으로 지적된다. 그럼에도 양식업으로 인해 바다와 야생 물고기들은 한층 더한 스트레스를 받고 있는 실정이다.

바다의 안녕을 위협하는 직접적인 여러 요소들도 문제지만 가장 큰 문제는 우리가 맞서 씨름해야 하는 기후변화다. 지구 기온 상승 탓에 바다가 점점 더 산성화되어가고 있는데, 실로 우려스러운 사태가 아닐 수 없다. 대기에서와 마찬가지로, 과다한 양의 탄소가 위험천만한 사태를 초래하고 있는 것이다. 이산화탄소는 식물의 성장발달을 위한 광합성 작용에 꼭 필요한 원소이지만, 화석연료를 연소하거나 숲을 개벌하며 우리가 배출하는 과다한 이산화탄소는 자연의 균형을 깨뜨리고 있다.

오늘날 과학은 우리의 오래된 가정들이 너는 유효하지 않음을 확인시켜주고 있고, 우리가 여러 위험이 급증하는 상황 속에 있다는 점 또한 이미 자명하다. 그렇다면 이제까지와는 판연히 다른 방식으로 바다를 바라볼 필요가 있다. 그릇된 가정에 근거해 해양 자원 착취를 계속할 수만은 없다. 나아가 무슨 일이 일어나고 있는지 더욱 자세히 알 필요가 있고, 이는 곧 바다의 변이와 바다에 의존하고 있는 생물종 간의 상호작용을 설명할 수 있는 과학에 투자할 필요가 있음을 의미한다.

불확실성 속에 놓인 바다를, 그리고 바다 생물들이 겪고 있는 급증한 위험을 이제는 새로운 방식으로 취급하고 생각해야 한다. 해양 생태계에 실제로 무슨 일이 일어나고 있는지를 연구하는, 새로이 진화하는 과학을 염두에 두는 총괄적 해양 계획안은 좋은 출발지점일 것이다. 이 과정은 해양의 커져가는 불확실성을, 그리고 지구고온화와 다른 인간이 초래한 요소들의 영향으로 해양 생태계가 지속적으로 변이될 것이라는 사실을 인정하는 사전예방의 접근법에 기반해야 한다.

바다를 건강한 상태로 보호하는 일을 정부에게만 떠넘길 수는 없다.

산업, 비정부기구, 원주민 공동체, 해안지역 공동체, 그리고 정부와 지자체 들은 상호 협조하여 지역공동체의 지식과 과학에 근거한 보호운동을 계획하고 모니터링해야 한다. 우리가 화성과 달에 관해 배운 한 가지는, 이 아름답고 관대한 행성 위의 우리의 고향을 스스로 파괴한다면 그곳들로 거처를 옮길 수는 없다는 것이었다. 그리고 그 부분적 이유는 거기에 바다가 없다는 것이다. 모든 생명체의 시발점인 바다의 건강을 돌보지 않는다는 것은 곧 감당하기 어려운 위험을 감수하는 것이나 마찬가지다.

생태계 관리 노력에 힘을 모으자

내가 가장 좋아하는 지역 중 한 곳은 BC 주 북쪽 해안지역이다. 이 장려한, 생태적 풍요를 자랑하는 곳을 방문하게 된다면 여러분은 분명 낚시하고, 벌목하고, 보트와 배로 움직이고, 또 그러면서 가정을 꾸려가는 사람들을 만나게 될 것이다. 아울러 산과 삼림을, 바다와 바다사자를, 퍼핀(puffin)과 고래도. 바닷속으로 다이빙할 수 있는 행운이 있다면, 연어와 청어를, 암초와 물고기들을, 말미잘과 자이언트 가리비를, 갈조류의 숲을, 그리고 저 심해에서라면 9,000년 된 유리 해면 산호초(glass-sponge reefs)를 보게 될 것이다. 이 외에도 볼거리는 숱하게 많지만, 이 해양 생태계가 어떻게 작동하는지에 대해서도 배울거리가 많다.

이처럼 거대하고 복잡다기한 공간 내에서 인간 활동을, 그 개별 행동들을 각기 감독하는 여러 정부 부처들로 관리할 수 있다는 생각 자체가 불합리한 것이다. 하지만 바로 이것이 우리가 바다와 관련하여 지금껏 행동해온 방식이다. 다행히 사람들은 이제 새로운 해양 관리법에 관해 이야기하고 있다. 이 새로운 관리법은 캐나다 내 다섯 개의 거대 해양 구역에서 검사되고 있고, 뉴질랜드와 미국에서도 검사되고 있다. 이 중 한 곳은 밴쿠버 섬 북부에서 BC 주와 알래스카의 경계에 이르는 BC 주의 북부 해안지역으로, 캐나다 수산해양부(DFO)는 이곳을 '북태평양 연안 통합관리지역', 즉 PNCIMA로 정해놓고 있다.

DFO는 이 지역에서 통합관리계획의 실행을 시도하고 있는데, 인류를 비롯한 자연 만유는 서로 내밀히 연결되어 있다는 인식이 이 계획을 실행하는 이유 중 하나다. 통합관리계획이라는 개념은 1992년 브라질에서의 UN 지구 정상회의에서 처음 등장하여 발전된 것으로, 현재 유럽, 뉴질랜드, 미국 그리고 다른 곳의 해안지역에서 그 실행이 검토되고 있다. 다년간 많은 과학자와 자원 관리자, 그리고 환경주의자 들은 정부로 하여금 모든 가치와 이해관계를 고려하는 접근법인 생태계 기반 관리법(ecosystem-based management), 즉 EBM을 채택하도록 촉구해왔다. 온라인 리소스인 〈지구 백과사전(Encyclopedia of Earth)〉은 EBM을 이렇게 정의한다. "생태계의 건강, 탄력회복성, 다양성을 지탱하는 동시에 이 생태계들이 제공하는 필요물자와 서비스의 활용을 지속 가능하게 한다는 목표를 지닌, 자연자원 관리에 대한 과학에 기반한 통합적 접근법."

보퍼트 해(Beaufort Sea), 세인트 로렌스 만(Gulf of St. Lawrence), 동부 스코시안 셸프(eastern Scotian Shelf), 플라센티아 베이(Placentia Bay)/그랜드 뱅크(Grand Banks), 북태평양 연안지역에서의 (캐나다) 연방정부의 계획과정들은 캐나다 전역과 세계 여러 대양에서의 EBM 접근법을 위한 좋은 사례다. 하지만 최근까지 실제적 행동보다는 담론이 더 많았다.

그럼에도 PNCIMA 통합관리 계획과정은 부분적인 진척을 보여왔다. 2008년 12월 DFO는 해양 계획과정의 실행과 관련하여, 이 지역 원주민 공동체와의 공식적인 거버넌스 협약에 서명했다. 2009년 3월엔 이 지역의 관리보호 방안을 토론하는 이틀 간의 포럼에 380명이 넘는 사람들이(정부, 원주민, 해안지역 마을, 해양 산업, 비정부기구를 대표하는 이들) 참여했다. 그토록 많은 분야와 많은 공동체의 많은 사람들이 이 지역 문제를 논의하고자 모일 수 있었다는 점은, 협동이 가능할 뿐만 아니라 해양 건강 보호를 위한 긴급한 행동의 필요성을 모든 이가 이해하고 있음을 시사한다.

다양한 자원과 이익과 생태학적 가치가 관련되어 있는 대부분의 프로젝트처럼, 정부들은 지속적으로 주도적인 역할을 수행해야 한다. 더욱 중요하게는, 최고의 과학 지식과 지역 지식에 근거해 결정이 내려지도록 정부는 과학 연구에 대한 충분한 재정 지원을 해야 한다. 하지만 슬프게도, 충분한 재정 투자가 이루어지지 않는 현실은 무시한 채 캐나다 정부는, 2011년 후반기 보호운동에 관심을 둔 자선단체로부터의 800만 달러와 더불어 이 프로젝트에 투입될 수도 있었을 재원 지원으로부터 발을 빼고 만다.

우리에겐 허비해도 좋을 시간이 그리 많지 않다. 물고기, 포유류, 다른 해양생물종의 감소를 만들어내는 환경오염, 자원 추출과 다른 산업 활동의 여파 탓에, 현재 수많은 해양 생태계들이 임계점에 도달해 있다. 여기에 기후변화가 이러한 생태계들에 초래할 불확실한 결과를 더한다면 보호 계획안의 필요성은 더욱더 긴급하다. 신뢰할 만한, 장기적 해양지역 보호 계획안에는 특정 유형의 산업 활동이 제한되는 부호구역의 증대가 포함되어야만 한다. 캐나다는 지구상 그 어느 국가보다도 긴 해안선을 지닌 국가이고 또 국토의 40퍼센트가 바다지만, 그럼에도 캐나다 정부는 전체 바다의 1퍼센트 이하만을 해양 보호구역으로 지정해놓고 있다.

정부, 원주민 공동체, 그리고 관계자 들이 바다에 대한 지성적인 관리 보호를 수행하는 데 요구되는 공식 대화와 과학 연구와 관계 형성을 지속하기를 희망한다. 많은 사람들이 우리의 건강이 해양 생태계 건강에 좌우된다는 점을 인지하고 있고, 해양이 제공하는 생태학적·경제적 웰빙을 가능한 한 최고 수준으로 지속하는 일에 자발적으로 협력하리라고 믿는다.

해저 구글링하기

내셔널 지오그래픽, BBC 방송, 그리고 전 세계 과학자들과 다른 관계자들과의 공조 아래 구글이 시작한 프로젝트 덕에 최근 우리는 심해의 상태에 대해 더 많은 것을 알게 되었다. 구글은 자체 지구 지도에 해양들을 추가하고 있는데, 데이비드 스즈키 재단 직원과의 유선 대화에서 구글 어스와 구글 맵스(Google Maps)의 감독인 존 행크(John Hanke)는 "이제까지 실제로 지구의 3분의 2를 살펴봤다"고 인정했다. 부분적으로는 해양학자 실비아 얼(Sylvia Earle)의 조언과 격려 덕분에 이 회사는 구글 어스의 한 부분으로서 수중음파탐지기 이미징, 고해상도 3D 사진, 비디오, 그리고 다양한 다른 테크닉과 콘텐츠를 활용하여 바다의 지도를 그리는 거대한 프로젝트를 감행했다.

프로젝트가 진행되면서 공개된 사진들은 때로 음울한 것이지만, 밝은 측면도 있다. "만일 충분히 빠른 시일 내에 지역에 가하고 있는 악영향을 충분히 멈추어 이 지역들을 복구할 수 있다면, 그것이야말로 제가 가장 바라는 바죠." 얼은 말한다.

행크와 얼은(얼은 내셔널 지오그래픽 상임연구자(explorer-in-residence)이자 딥 서치 재단(Deep Search Foundation)의 창립자이다) 이 프로젝트 덕에 인류가 바다에 가한 영향력에 대해 더 잘 알 수 있을 것이라 한다. 얼은, 이제 겨우 심해의 5퍼센트만을 탐사했을 뿐이며 1퍼센트 미만의 구역이 보호되고 있지만 바다가 지구에서 차지하는 면적은 70퍼센트가 넘는다고 지적한다. 더 많이 탐사하면 할수록 더욱더 황홀한 것들이 발견되고 있다. 기이하고 멋진 생물들, 복잡한 형태의 산호들, 그리고 고대의 유리 해면 산호초들을.

"이 보물들 중 일부는 우리가 그것들이 거기에 있다는 걸 알기도 전에 파괴되고 있답니다." 얼은 말한다. 해양 자원에 관해 알아내자마자 사람들은 곧바로 그걸 채취한다는 것이다. 오션 인 구글 어스(Ocean in Google Earth) 프로젝트의 한 가지 대의는 현재 심해의 상태가 어떠한지, 만일 우리가 슬기롭게 대응하지 못할 경우 어떤 걸 잃게 될 것인지 사람들에게 그대로 보여주는 것이다. "거기에 어떤 게 있는지만이 아니라 어떤 게 사라졌는지도 사람들은 알게 될 거예요." 얼의 지적이다. "우리를 살 수 있게 해주는 그 생태계들을 보호하는 일이 얼마나 중대한 일인지 많은 사람들은 이해하지 못하는 듯해요."

우리가 할 수 있는 일은 이러한 노력으로 바다의 상태 그리고 바다를 보호할 필요에 대한 대중의 관심이 높아지리라고 희망하는 것뿐이다. 예컨대 유리 해면 산호초에 대한 공식적인 보호가 고려되고 있는 상태고, 대중들의 후원과 지지가 있다면 사태는 바뀔 수 있다. 얼이 지적하듯 "알지 못하면 상관없다고 생각하고 마는 것이 인지상정이고, 이것은 새로운 종류의 앎"이니까.

이 프로젝트의 한 가지 매력은 이것이 과학자와 학자 들만의 프로젝트가 아니라는 것이다. "바다에 대해 배우고 싶어 하는 어른과 어린이들에게도 엄청난 재미거리가 될 거예요." 행크의 말이다. 그는 또한, 과학자들, 탐사자들 등으로부터 좀 더 많은 데이터가 축적됨에 따라 각양각종의 컨텐츠와 정보를 포함한 무료 프로그램이 확대될 전망이라고 말한다.

바다의 상태에 대해 눈을 감아도 좋은 상황은 이제 끝났다. 이 프로젝트가 우리의 눈을 열어주기를 희망하기로 하자. 파멸 이외에 남은 것이라곤 하나도 없는 상황이 오기 전에.

유람선 산업의 쓰레기 처리 기준은 향상되어야

길을 걸어가고 있는데 머리 위를 지나가는 비행기의 한 승무원이 기내 화장실의 폐수를 쏟아붓는다고 상상해보라. 유쾌한 상상은 아닐 것이다. 천행인지, 항공사가 이러한 행동을 하지 못하도록 정해놓은 규정이 있다. 유람선은 어떨까? 유람선 승무원에게 이러한 행동은 일상사에 불과하다. 하지만 바다에 폐기되는 것은 폐수만이 아니다. 음식물 쓰레기, 오일이 범벅된 선체에 고인 오수, 고형 쓰레기들 역시 바다에 버려진다. 비영리 뉴스 웹사이트인 'DC 뷰로(Bureau)'에 실린 글인「더러운 물들: 대양을 오염시키며 돈 벌기」가 지적하듯, "티끌 한 점 없이 순수한 대양, 아름다운 산호초와 해양생물"에 의존하며 "인간의 손을 타지 않은 바다로의 여행을 광고하는" 유람선 회사들은 "폐수, 음식물 쓰레기 등의 유독성 물질을 배출하며 자신들이 광고하는 바로 그 자연자원을 위협하고 있다."

일부 유람선 회사들은 폐수 처리 관행을 개선하기는 했다. 하지만 산업 전체로 본다면 갈 길이 멀다. 또한 폐수의 경우 부분적으로 규제를 받고 있지만, 음식물 쓰레기 배출은 전혀 규제되고 있지 못한 실정이다. 유람선 한 척당 매일 10,000~25,000끼니의 식사가 제공된다는 사실을 생각해보라. 엄청난 양의 잔반과 쓰레기가 쌓여 대개 속절없이 당해야만 하는 해양 생태계들로 폐기처분되고 있다. 이 쓰레기들은 분해되면서 점점 산성화되는데, 그리하여 해양 내 산소의 희박화를 가속화시키며, 죽음의 구역을 만들어내는 데 기여한다.

유람선으로부터 나오는 폐수는 음식물 쓰레기와 똑같은 문제를 초래할 수 있다. 나아가 바다 생물, 새, 그리고 인간은 직접 접촉이나 갑각류 섭취를 통해 대장균에 감염될 수도 있다. 캐나다 연구자 로스 클레인(Ross Klein)이 '미국 지구의 친구들(Friends of Earth U. S.)'을 위해 작성한 보고서「유람선 오염 실태 파악하기」에 따르면, "2,200명의 승객과 800명의 승무원을 태우고, 1주일간 여행하는 중간 크기의 유람선의 경우" 최대 21만 갤런의 (인체가 만든) 폐수, (싱크대, 욕실, 샤워실, 세탁실, 주방으로부터의) 100만 갤런의 오폐수, 8톤의 고형 쓰레기, 130갤런이 넘는 위험 쓰레기, 그리고 25,000갤런의 선체에 고인 오수를 양산할 수 있다.

바다에 폐기되는 것은 이것뿐만이 아니다. 유람선은 자체 소각 시설과 고(高)황산 벙커 연료(bunker fuel)로부터 나오는 엄청난 대기오염 역시 생산한다. '지구의 친구들'은 "유람선 한 척이 배출하는 탄소 배출량은 비행기, 기차, 여객용 페리에 비해 평균 세 배 많다"고 지적한다. 더욱이 유람선은 정해진 루트를 따라 이동하기 때문에 이 오염물은 반복해서 같은 지역에만 폐기된다.

해양 쓰레기를 처리하고 또 적절히 폐기하는 기술은 생각만큼 복잡하지 않지만, 비용이 든다. '지구의 친구들'의 마시에 키버(Marcie Keever)가 DC 뷰로에 이야기한 바에 따르면, 괜찮은 수준의 처리 시스템의 비용은 100만~1,000만 달러 정도. 언뜻 많은 양 같지만 유람선 한 척의 건설에 드는 비용이 10억 달러 이상임을 생각해보라. 게다가 다른 수많은 해양 선박과 마찬가지로 유람선은 대개 엄격하지 않은 세법의 적용을 받기 때문에 유람선 회사는 막대한 이윤에 비해 거의 세금을 내지도 않는다.

유람선이 배출하는 오염물질에 대한 규제에 관해서라면, 캐나다는 미국에 비해 미약한 법규제를 적용하고 있고, 정작 그 법의 집행마저도 그다지 잘하지 못하고 있다. 미국의 경우 규제는 주마다 다르다. 국내법이든 국제법이든 법을 강화할 필요가 있다. 그리고 유람선 산업이 해양 생태계에 해를 가하지 않도록 모니터링하고 그 법들을 집행해야 한다.

유람선은 진귀한 여행 경험을 제공해주며 경제에도 기여하지만, 그 과정에서 환경을 희생양으로 삼아선 안 된다. 유람선이 적은 규제와 세법의 적용을 받는다는 것이 곧, 그 산업이 육지 내 관광 산업과 같은 기준을 따를 필요가 없다는 것을 뜻하지는 않는다.

유람선 휴가 여행을 떠나려는 이들이라면 그 배와 회사가 환경 보호를 위해 어떤 기준을 적용하는지 살펴봐야 한다. ('지구의 친구들'은 유람선 회사들이 환경과 인간 건강에 미치는 영향력을 평가한 평가서를 내놓았다.) 만일 그 기준이 충분하지 않다면, 소비자들은 회사들이 행동을 개선할 때에만 그 서비스를 이용할 의사가 있다는 점을 그들에게 알려야 한다.

또한 해양 활용 계획, 해양 보호구역 그리고 증가한 유람선 교통량이 해양 환경에 미치는 영향을 제한하는 더욱 강력한 규제가 필요하다는 점을 중앙 정치인들에게 알려야 한다.

흰돌고래가 가르쳐주는 것

2010년 고래 어장에 던져진 동전들이 밴쿠버 수족관 내 어느 흰돌고래의 사망 원인 중 하나라는 뉴스 기사가 있었다. 당시 이 소식에 수많은 이들은 분노를 표출했다. 한 살배기 날라(Nala)의 죽음이 무엇이든, 또는 수족관에 갇힌 고래의 신세에 대해 사람들이 어떤 생각을 가지든, 그토록 많은 이들이 이 소식에 관심을 표명했다는 점은 실로 가슴 벅찬 일이 아닐 수 없다.

하지만 흰돌고래의 자연 서식지인 북극해 지역에 인간들이 내다버리는 것들에 대해 사람들이 더 많은 관심을 기울인다면, 그편이 훨씬 윗길이리라. 우리의 무책임한 행동은 흰돌고래 한 마리만이 아니라 그 이상을 살해하고 있다. 캐나다에 있는 일곱 종의 흰돌고래 가운데 셋은 '캐나다 멸종위험 야생생물 상태 위원회(COSEWIC)'에 의해 멸종위험종으로, 하나는 위기에 있는 종으로, 다른 하나는 특별 관심 대상으로 지정되어 있다. 다른 둘은 위험 상태에 있지 않다. 알래스카 연안의 쿡 인렛 흰돌고래(Cook Inlet beluga)의 경우 미국 정부에 의해 멸종위험종으로 지정되어 있고, 흰돌고래들은 국제적으로 '거의 위협받는 종'으로 지정되어 있다. 이 고래들을 위협하는 것은 사냥이기도 하지만, 동시에 "해안가 개발로 인한 서식지 유실 그리고 무역 운송, 쇄빙, 고래 관람으로 인한 유독성 물질 오염과 교란"이기도 하다. 더욱이 북극지역의 석유 추출 활동은 위험을 가중시킬 수 있는 또 다른 요소다.

바다를 대하는 인간의 태도 탓에 생기는 희생양은 비단 흰돌고래만이 아니다. 물고기, 고래, 산호초, 다른 바다 생물들에게 상처를 가하는 만큼이나 우리 자신도, 또 아이들과 손자들도 상처를 입는다. 또한 어느 수족관에 동전 던지기를 그만둘 수 있듯이 바다에 쓰레기를 내버리는 일 또한 그만둘 수 있고, 해양생물과 우리 자신의 삶을 위태롭게 하는 다른 활동들 또한 근절할 수 있다.

태평양과 다른 대양들을 휘젓고 있는 거대한 쓰레기 소용돌이들을 생각해보라. 그 모든 플라스틱과 파편은 스스로의 힘으로 거기까지 이동한 것이 아니다. 그중 일부는 선박들이 버린 그물과 쓰레기 들에서 온 것들이지만, 많은 부분은 바다로 이동된 육지 쓰레기들에서 온 것들이다. 이 플라스틱과 유독성 물질들은 최종적으로 해양 동물의 위장에서 그 운명을 다하는데, 이러한 물질들을 입에 넣은 동물은 질병을 앓거나 죽는다. 이 중 일부는 바닷물고기나 다른 해양생물 섭취를 통해 인체에도 해를 가한다. 사실 우리 모두는 우리가 먹는 음식, 마시는 물, 들이쉬는 공기, 그리고 매일매일 만나는 물질과 제품들을 통해 우리 몸속으로 인공적인 오염물질을 이동시키고 있다.

우리는 또한 2010년 멕시코 만의 석유 유출 사고와 같은 재난을 통해 수백 수천만 리터의 석유를 바다에 들이붓고 있다. 이러한 재난은 모든 것이, 심지어는 우리가 만든 문제들조차 연결되어 있다는 사실을 일러준다. 멕시코 만의 재난은 우리의 석유 과소비, 그리고 점점 줄어들고 있는 화석연료 에너지에 대한 우리의 의존이 빚어낸 직접적인 결과물이다. 그리고 이러한 현실이 불러일으키는 문제는 해양오염의 차원을 넘어선다. 화석연료 사용은 대기를 오염시키는 동시에 인류가 직면하고 있는 최대의 위협인 기후변화에도 기여하고 있기 때문이다.

이 모든 것이 일러주는 바는 무엇일까? 사태 전환을 위해 각자의 몫을 다해야 할 의무가 있다는 것이다. 더 적게 운전대를 잡고, 더 적게 소비하고, 더 적은 플라스틱 제품을 쓰며, 더 적게 버리고, 더 많이 재순환해야 한다. 또 가능한 한 환경적으로 지속 가능한 제품을 사용하도록 해야 한다. 이러한 개별 행동들은 실제로 큰 변화를 일으킬 수 있는데, 더 많은 사람들이 이러한 일들을 실행하면 할수록, 이러한 행태는 사회적으로 '평범한' 삶의 양식이 될 수 있기 때문이다. 상대적으로 짧은 기간 동안 우리가 채택했던 다음과 같은 몇몇 변화들을 생각해보라. 규제와 정보가 비흡연을 사회적으로 수용 가능한 것으로 만들었기에 가능했던 흡연율 감소, 비닐봉지 사용을 거부하는 사람들과 가게의 증가, 재순환과 퇴비 만들기 프로그램을 도입하는 도시의 증가, 자전거 이용자의 증가……. 목록은 여기에서 그치지 않는다.

하지만 사태 전환에는 우리의 삶을 바꾸는 것 이상의 무언가가 필요하다. 정치와 기업의 영역에서도 행동이 필요하다. 그러나 이러한 조직에서 권력을 행사하는 건 결국 개인으로서의 사람들임을, 그들은 사회적 압력에 반드시 반응해야 하는 이들임을 기억하라. 이는 시민 전체의 이익을 대변하기 위해 선출된 정치인들의 경우에 더욱 그러하다. 우리는 민주주의를 진지하게 받아들이고 정치적으로 깨어나 정치인의 환경적 대응 행동을 투표 선택의 주요 기준으로 삼아야 한다. 우리가 원치 않는 것은 규제하고 원하는 것은 독려하는 규제와 세법이 필요하다.

일상생활에서 무얼 하느냐는 우리가 사는 이 세계 전체에, 토양에, 강물에, 호수에, 바다에, 또 대기에 영향을 미친다. 흰돌고래 또는 회색곰 또는 점박이 올빼미에게 해를 가하는 어떤 행동을 한다면 우리 자신에게도 해를 가하는 것임을 알아야만 한다.

수치스러운 시간

돌묵상어(basking shark)의 몸집은 거대해서 버스보다도 큰 경우도 많다. 어류 가운데에서는 고래상어 다음으로 큰 녀석이 바로 돌묵상어인데, 이들은 최소 300만 년 전부터 전 세계 대양을 어슬렁거리고 있다. 뱃사람들은 이 상어를 신화에 나오는 바다뱀 또는 전설의 캐드보로사우루스(Cadborosaurus)로 착각해왔다. 몸집은 거대해도 이 녀석들의 주식은 자그마한 동물성 플랑크톤이다.

이러한 것들이 이 유순한 거인에 대해 우리가 알고 있는 파편적 지식이다. 오늘날 돌묵상어에 대해 아는 것은 19세기 초반에 이 동물에 대해 인류가 알던 것에 비해 그다지 나아지지 않았다. 현재 우리가 아는 한 가지는 이전에는 전 세계의 대양에 돌묵상어의 수가 많았다는 것이다. 특히 이들은 BC 주 연안, 퀸 샬롯 사운드(Queen Charlotte Sound), 클레이오쿼트 사운드(Clayoquot Sound), 바클리 사운드(Barkley Sound), 그리고 조지아 해협에서 많이 나타났었다. 50년 전만 해도 밴쿠버에서 밴쿠버 아일랜드로 가는 선박의 선상에서 사람들은 느릿느릿 헤엄쳐가는 대여섯 마리의 돌묵상어를 볼 수 있었다. 그러나 오늘날 BC 주 연안에서 목격되는 돌묵상어는 1년에 채 한 마리도 되지 않는다. 그 모든 지표들은 이 장려한 동물이 멸종 직전에 있다고 말해주고 있고, 이는 내 마음을 격분케 한다!

지난 2세기 동안 인간은 스포츠, 음식, 오일(0.5톤이나 나가는 이들의 간에서 나오는) 용도로, 또 어업 활동에 지장이 되지 않게 하려고 돌묵상어를 살상해왔다. 또한 많은 돌묵상어는 어획용 장비에 의해 사고로 죽임을 당했다. 오늘날 이들은 세계 여러 지역에서 보호받고는 있지만, 그럼에도 아시아 시장에서 이 상어의 인기는 여전히 대단하다. 돌묵상어의 지느러미는 수프에, 이들의 간과 간에서 추출한 오일은 의약제품과 미용제품에 사용되고 있다.

2006년 출간된 공동저작인 『돌묵상어: BC 주 유순한 거인들의 피살』에서 해양생물학자 스콧 월러스(Scott Wallace)와 해양역사학자 브라이언 기스본(Brian Gisborne)은 1950년대와 1960년대 사용된 '병충해 방지법'이 특히 무시무시한 것이었다고 지적한다. 돌묵상어(basking sharks)는 수면의 플랑크톤을 섭취할 때 햇볕을 쬐는 것(bask)처럼 보인다는 이유로 그와 같은 이름으로 불리게 되었다. 이들은 연어나 다른 물고기를 먹지 않는데, 그럼에도 때론 자망(刺網)에 걸려 어업 활동을 방해하기도 한다. 그리하여 만곡 부위에 칼을 장착한 어업용 정찰 보트들은 해면에서 '햇볕을 쬐고 있는' 돌묵상어의 몸을 둘로 가르고 지나간다.

당시 어업 활동의 희생양이 되었던 건 돌묵상어만은 아니다. 바다표범, 바다사자, 흑곰, 바다비오리, 물총새 역시 연어 어장 보존이라는 명목으로 살해되었다. 현재 태평양 돌묵상어는 (캐나다) 2010 연방 멸종위기종 보호법(SARA)에 의해 멸종위기종으로 분류되고 있고, 이들을 보호해야 한다는 건 말할 나위조차 없다. 이 돌묵상어는 캐나다에서 가장 위태로운 해양 물고기라고 과학은 분명히 일러주고 있는데, 이미 태평양에서 이들은 거의 살지 않는다.

결국 돌묵상어를 멸종위험종으로 정하긴 했지만 이러한 결정으로 인한 경제적 효과는 거의 또는 아예 없을 것이다. 이미 남아 있는 돌묵상어가 거의 없으니 말이다. 하지만 복구 노력은 너무나도 중대하다. 또 돌묵상어 멸종에 책임이 있는 것은 연방정부이므로, 의당 연방정부가 그 복구 노력에 나서야 마땅하다. 하지만 슬프게도, 약하기 이를 데 없는 동물들의 처지에 관한 문제에서 과학이 늘 중시되는 것 같지는 않다. 예컨대 악상어는 COSEWIC에 의해 멸종위험종으로 지정되어 있지만, 캐나다 정부는 SARA를 통해 이 생물종을 법적으로 보호하고 있지 않고, 여전히 악상어 어업 활동은 지속되고 있는 실정이니 하는 소리다.

캐나다 수산해양부는 이 생물종을 멸종위험종으로 명시하면 그 사회경제적 여파가 너무나 크고, 이 생물종에 대한 보호와 복구는 어업법과 같은 다른 수단으로도 가능하다는 이유를 내세우며, 악상어에 대한 충분치 못한 보호를 정당화하고 있다. 하지만 돌묵상어의 예에서 보듯, 보호를 위한 다른 수단들은 충분치 못하다. 돌묵상어에 관해서 캐나다는 특히나 불량한 행태를 보인 국가이지만, 이러한 동물들은 전 세계적으로 강력한 위험종 관리법으로 보호되어야 한다. 어느 한 생물종이 멸종될 때 그 파문은 환경 전체에 퍼지게 되며, 우리는 더 이상 어느 생물종을 잃어도 괜찮은 상황에 있지 않다.

8

70억을 위한 식탁?

　수렵채취인에서 농부로의 전환은 아마도 인류의 진화사에서 가장 큰 도약일 것이다. 처음 시작은 상대적으로 단순했다. 먹을거리를 재배하고 수확하고 먹고, 때로 남는 건 이웃과 교역하면 그만이었다. 그러나 인구는 점차 증가했고, 점점 늘어나는 이들을(이들 중 다수는 농장에서 자급하지 않고 있다) 어떻게 먹일 것인가가 하나의 과제로 등장했다. 오늘날 세계 인구의 절반 이상이 도시나 도시 근교에서 살고 있다. 북쪽 저온 지대에 사는 사람들도 1년 내내 딸기를 먹을 수 있게 되었고, 유전자 조작은 질병과 해충에 내성을 갖춘 작물들을 만들어냈다. 그러나 우리의 삶에 나타나는 다른 모든 문제처럼, 우리는 이러한 진보들이 만들어낸 의도하지 않은 결과들에도 대처해야만 한다. 농가에서 나온 농산물이든, 야생 동식물로부터 얻은 식품이든 우리가 해결하는 것보다 많은 문제들을 만들어내지 않도록 주의해야만 한다. 이 장에서 보겠지만,

산업농은 자연이란 부적절·불충분하고 따라서 인간이 만든 시스템이 이를 대체할 필요가 있다는 그릇된 전제에 기반하고 있고, 그리하여 산업농이 만들어내는 문제에 대한 새로운 해결책을 계속해서 추구해야 한다는 주장도 제기됐다.

당신의 채소는 충분히 녹색인가?

"내가 먹는 사과에 벌레 먹은 자국 좀 있어도 좋으니, 새들과 벌들을 제발 좀 그냥 내버려둬." – 조니 미첼(Joni Mitchell)

부모라면 누구라도 공감하리라. 아이에게 채소와 특정 과일을 먹이는 일이 쉽지 않다는 것을. 브로콜리 위에 치즈 소스를 끼얹고, 샐러리에 땅콩버터와 건포도를 올려놓고 이를 '통나무 위 개미'라고 부르고, 시금치를 먹으면 뽀빠이 아저씨처럼 근육이 생긴다고 아이들을 설득하고……. 우리는 이미 이런 변칙적 방법들을 속속들이 알고 있다. 단순히 특정 과일과 채소의 맛 자체를 좋아하지 않는 아이들도 있고, 생긴 모양 자체를 싫어하는 아이들도 있다. 성인이라면 보통은 맛에 덜 까탈스럽겠지만, 과일과 채소의 외양에 관해선 까다롭게 굴 수도 있을 것이다. 우리는 아무런 흠도 없는 농산물에 너무나 익숙해져버린 것이다. 하지만 사과에 얼룩점이 몇 개 있다 해서 대체 그게 뭐가 문제란 말인가?

세계 최대 농업 기업인 몬산토(Monsanto)와 돌(Dole)에 따르면, 우리 아이들의 주장이 옳을지도 모른다. 얼룩점에도, 채소의 모양과 질감, 맛에도 무언가 문제가 있다는 주장 말이다. 설령 그렇지 않다 하더라도 적어도 이 기업의 간부들은 그렇게 생각하고 싶어 할 것이다. 이 두 기업은 향상된 영양, 맛, 색감, 질감, 향기를 지닌 새로운 다양한 시금치, 브로콜리, 컬리플라워, 상추를 생산하는 5년 계획안을 짜놓고 있다.

고백하건대 나는 이러한 채소들의 외양이나 느낌 또는 맛에 대해 문제를 느껴본 일은 단 한 번도 없었다. 하지만 오늘날 우리는 정사각형의 씨 없는 수박을 바람직하다고 생각하는 세계에, 몬산토 같은 기업이 동일한 품질의 식품을 키울 수 있는 유전자 조작 씨앗 특허권을 쥐고 있는 세계에 살고 있다. 이 특허권으로 인해 바이오테크 거물들은 해당 식물들이 허가 없이 어느 농가에서 자라는 게 발견되면, '특허권 침해'라는 이유로 그 농가의 농민을 고소할 수도 있다. 설혹 그 식물의 씨앗이 계획에서가 아니라, 바람에 날려 그 농가에 옮겨와 발아된 것이라 할지라도 말이다.

또한 몬산토는 DDT를 상업적으로 거래한 최초의 기업들 중 하나일 뿐만 아니라 에이전트 오렌지(Agent Orange), 라운드업(Roundup), 여타 다른 독성 화학 살충제, 나아가 젖소의 우유 생산량 향상을 위해 사용되는 성장호르몬을 생산해온 주요 생산업체이기도 하다. 돌은 물론 다른 것도 있지만, 살충제 사용 행태 탓에 구설수에 올랐던 기업이다.

그러나 이 문제는 단순히 농업 거물, 살충제, 유전자 변형 식품에 관한 것만은 아니다(실제로 몬산토와 돌은 새로운 다양한 채소를 생산하려 하는 자신들의 공동 프로젝트가 유전자 조작이 아니라 육종(育種)을 통해 진행될 것이라고 말한다). 좀 더 정확히 말하자면 이는 우리가 우리의 먹을거리와 어떤 관계를 맺느냐에 관한 문제다. 이윤 극대화를 위해 노력하는 동시에, 이 농산업체는 식품이 전 세계에 수송되고, 좀 더 장시간 동안 부패 없이 유지되도록 했다. 이러한 방법들은 식품 부족을 겪는 지역 또는 재배 기간이 짧은 지역에 도움을 줄 수는 있을 것이다.

그러나 이러한 방법들이 의미하는 바는, 우리의 이익을 염두에 두지 않을 수 있는 대기업들에게 삶의 기초 중 하나에 대한 우리의 통제권한의 큰 부분을 넘겨준다는 것이기도 하다. 마이클 폴란(Michael Pollan)이 그의 베스트셀러『행복한 밥상(In Defense of Food)』에서 지적한 것처럼, 무언가를 먹는다는 건 생물학적 필요 이상의 의미를 지닌다. "먹을거리는 또한 즐거움, 공동체, 가족 그리고 정신성에 관계된 것이며, 자연 세계와 우리가 맺는 관계, 우리의 정체성 표현에 관한 것이기도 하다."

식품 산업은 우리의 식품 생산·유통 시스템에서 앞으로도 일정한 역할을 담당하겠지만, 이것이 곧 우리 자신이 다른 방식의 새로운 식품 공급 트렌드를 수용할 수 없다는 걸 의미하지는 않을 것이다. 마이클 폴란은 이렇게 주장한다. "내가 보기에 지금 필요한 것은 먹을거리에 대한 좀 더 넓은, 좀 더 생태학적인 (그리고 좀 더 문화적인) 관점을 창조해내는 일이다." 이 말이 뜻하는 것은 지역산, 유기농 먹을거리를 좀 더 많이 먹고, 육류는 좀 더 적게 먹으며, 가공 식품으로부터는 멀어지고, 뜻밖에 보인 사과의 얼룩점에 대한 걱정을 접는 것이다. 또는 폴란이 이 책의 앞머리에서 말하듯, "다른 것이 아닌 '진짜' 음식이라는 걸 먹되, 너무 많이는 말고, 대부분은 식물을 먹는" 것이다.

이러한 소박한 방법들은 우리가 더 건강해지도록 도움을 준다. 또한 식품 생산·유통 과정에서 발생된 탄소 배출량을 줄이고, 토지 취급 방식을 개선함으로써 지구 또한 한층 더 건강하게 만든다. 그뿐만이 아니다. 이러한 방법들은 심지어 당신 자녀들이 채소를 더 많이 섭취하도록 도울 수도 있다. 아이들이 손수 텃밭에서 기르고 따는 경우라면, 당근과 완두콩 먹는 일은 훨씬 더 신나는 일일 것이다. 그러고 보니, 아닌 게 아니라 우리 모두는 농민 장터나 우리 자신의 텃밭 또는 공동 텃밭을 통해 식료품점 선반에서 볼 수 있는 공장식 농법의 농산물보다 더 나은 영양, 맛, 색감, 질감, 향을 지닌 시금치, 브로콜리, 컬리플라워, 상추를 얻을 수 있다.

농업에 관해서라면 작은 것이 더 나을지도

폭증하는 세계 인구를 먹여 살리는 유일한 방법은 대규모 산업농이라고 가정하기 쉽다. 또한 많은 이들은 더 줄어든 경작지에 더 많은 충분한 양의 작물을 생산하려면, 유전자 조작 농작물도 필요하다고 주장한다. 그러나 과학은 이러한 가정들을 뒤엎는다. 농업에 대한 전 지구적 그림을 살펴보는 일이 특히 중요하다. 우선, 10억에 가까운 사람들이 영양 불균형 상태에 있고, 식품 가격 상승으로 인해 이보다도 많은 사람들이 가족을 먹여 살리는 일에 고충을 겪고 있는 것이 오늘의 현실이다. 과연 대규모 산업농이 이러한 현실에 대한 해법일까?

대규모 산업 농장들은 에너지 집약적이다. 즉 기계 사용과 가공과 수송에 막대한 양의 화석연료를 사용한다. 화석연료 연소는 기후변화를, 유가 상승은 식품 가격 상승을 야기한다. 삼림을 벌채하고 땅을 일구는 활동 또한 엄청난 이산화탄소를 대기에 배출하며 기후변화를 더욱 부추긴다. 게다가 산업 농장들에서는 살충제와 비료와 같은 화학물이 더 많이 투입된다.

농업은 또한 전 세계 다양한 종류의 동식물종에게 영향을 끼친다. 2009년 11월『농업과 인간 가치(Agriculture and Human Values)』에 실린 마이클 자히 차펠(Michael Jahi Chappell)과 릴리아나 라발레(Liliana Lavalle)의 과학 논문 리뷰에 따르면, 농업 활동의 증대는 지구 생물다양성의 급격한 감손의 주요 원인 중 하나다. 「식량 안보와 생물다양성: 우리는 둘 다 가질 수 있나?」라는 연구에서, 이들은 농업은 지구 대지 면적의 40퍼센트를 점유하며 "아마도 생물다양성에 가장 큰 위협"이라고 지적한다. 그 이유로 이들이 제시하는 것은 자연 서식지의 변형 또는 파괴, 살충제와 비료의 환경 영향 그리고 화석연료 사용으로 인한 온실가스 발생이다.

더욱이 대규모 농업은 다량의 물을 사용하고, 토양 침식과 토질 악화에 기여하며, 질소가 다량 함유된 부산물들을 배출해, 하천을 따라 바다로 흘러가게 함으로써 해양 내 산소 희박 지대인 '죽음의 구역'을 만든다. 게다가 믿기 힘들 정도의 산업농 확장과는 무관하게, 굶주림에 시달리는 사람들은 계속해서 늘어나고 있다.

세계의 기아를 퇴치할 해결책으로 산업농에 관심을 두는 태도는 새로운 것이 아니다. 저술가이자 유기농업 실천가인 엘리엇 콜맨(Eliot Coleman)이 2011년 4월 그리스트(grist.org)에 게재한 글 「유기농업: 과학과 생태학에 깊이 뿌리내린 농법」에 따르면, 소규모에서 대규모로 농업이 전환된 시기인 19세기에 일부 농학자들은 "산업농을 뒷받침하는 사고방식은, 자연은 부적절하고 불충분하므로 인간이 고안한 시스템에 의해 대체될 필요가 있다는 그릇된 전제에 기초하고 있다"고 주장한 바 있다. "이들은 또한 이러한 (근본적) 잘못 때문에 산업농은 결국 스스로 만들어내는 문제들을 해결하기 위해 새로운 목발들을 끊임없이 고안해내야만 할 것이라고 주장했다. 이를테면 투입하는 화학물질의 증대, 더욱 강력한 살충제, 살균제, 진드기 살충제, 살선충제

(nematicides), 그리고 토양 불모화(soil sterilization) 등의 목발들을."

많은 연구들은 환경과 생물다양성 영향의 측면에서 소농이, 특히 유기농법의 소농이 훨씬 윗길의 방법이라고 분명히 밝히고 있다. 그러나 과연 소농이 70억 인구를 먹여 살리는 데 실용적인 방법일까? 차펠과 라발레는 "대안적 농업 기술을 활용하는 소규모 농가가 통례적 방식의 대규모 농가에 비해 2~4배 더 에너지 효율적이라는 점"을 보여주는 연구를 거론한다. 아마 가장 흥미로운 것은 "소규모 농가는 거의 언제나 대규모 농가보다 단위 면적당 더 높은 생산량을 생산한다는 점"을 밝히는 연구들 역시 이 저자들이 지적한다는 것이다. 이들이 살핀 연구 중 하나인 「유기농업과 세계 식품 공급」의 결론은 이러하다. "대안 농법은 농지 규모를 늘리지 않고서도 현재 전 세계 인구를 먹여 살리기에 충분한 양의 먹을거리를 생산할 수 있고, 잠재적으로는 현재보다 많은 인구를 먹여 살릴 수 있다."

이것이 가능한 부분적 이유는 전 세계 식품 부족 현상이란 하나의 신화이기 때문이다. 우리가 기아와 비만이 동시에 만연된 세계에 살고 있다는 사실은 식품 부족이 아니라 공평과 분배가 문제라는 점을 일러준다. 세계화된 식품 시장과 대규모 농업으로 인해, 돈의 대부분을 거머쥔 이들이 식품의 대부분도 거머쥐고 있는 것이다.

이 문제는 더 많은 연구를 요하는 중차대한 사안이고, 거대한 산업 세력에 대항하는 길을 걷는 데에는 숱한 난관이 있을 것이다. 그러나 차펠과 라발레의 다음과 같은 결론에 동의하지 않기란 어렵다. "만일 대안적 농법이 충분한 생산량을 공급하고, 더 높은 수준의 생물다양성을 유지하며, 농지 확대의 외압을 피할 수 있다면, 이는 곧 식량 안보와 생물다양성 양자 모두를 위한 최고의 해법은 대안 농법으로의 대대적 전환임을 말해주는 것이다."

거대한 농산업체를 위한 이윤 창출이 아니라 사람들을 먹여 살리는 일을 더 중요한 우선가치로 삼으며 식품을 생산해야 한다.

채취하는 이들과 곰들을 위한 베리

여름날 내가 가장 즐기는 활동 중 하나는 브리티시컬럼비아 주 북부에 있는 오두막집에서 가족과 함께 야생 블루베리를 따는 일이다. 여름의 기세가 수그러질 무렵의 몇 주 동안이 베리 따기엔 최적의 시기인데, 이때 베리는 무르익어, 식품점에서 판매되는 베리의 뻔한 맛과는 극명히 대조되는 최상의 맛을 낸다.

야생 베리 채취는 늦은 8월이 되면 뉴파운드랜드에서 유콘 지역에 이르는 북부지역에 사는 캐나다인 누구라도 참여하는 일종의 전통적 연례행사다. 야생 베리는 세대를 거듭해 캐나다 원주민과 메티스 족의 전통적 음식 가운데 중요한 일부로 자리 잡았다. 이는 특히 북부 삼림지대의 주민들의 경우에 그러한데, 이 지역에선 양분이 부족한 산성 토양에서도 저지대 블루베리, 벨벳 잎 블루베리 등 몇몇 종들이 잘 자라기 때문이다. 빅토리아 대학의 민족식물학자 낸시 터너(Nancy Turner)에 따르면, 베리 채취 활동은 원주민 공동체의 일상적 사회 활동이었다. 가족과 친구들이 베리 채취용 캠프를 설치하는 일도 잦은데, 캠프에서 이들은 최적의 베리를 따려고 며칠 또는 몇 주간 머무르기도 한다. 과일로서 베리의 신선도도 일품이지만, 잼, 젤리, 과일(육)포(fruit leathers), 파이 형태의 베리 또한 맛이 훌륭하다. 상업적 판매도 가능한데, 이는 북부 시골지역 공동체의 중요한 계절 수입원이다.

하지만 북부 삼림지대와 같은 야생 베리 서식지의 관리 방법에는 유감스러운 구석이 있다. 주류 경제학의 사고방식에 따르면, 이러한 지역에서 유일한 수익가치는 자원을 추출 내지 수확하는 데서 창출되는 돈에만 있는데, 그 자원이란 대개는 수지 맞는 목재, 석유와 가스, 또는 미네랄들이다. 그리하여 어느 한 숲이 벌채될 때, 우리는 이곳에 단일 품종의 나무나 동일한 나이와 유전자를 지닌, 경제적으로 바람직한 몇몇 수종만을 심고, 또 그 후엔 이들 수종의 성장 극대화를 위해, 성장 속도를 늦추는 그 어떤 곤충이나 '경쟁' 식물도 독성 화학물을 이용하여 살상하는 등의 노력을 기울인다. 이와 같은 관행은 세계 많은 지역에서 발견된다.

이제 우리는 야생 블루베리와 다른 자생 식물들, 즉 지역 경제학자들이 '비목재 산림 생산물'이라 부르는 것들의 경제적 중요성을 인식하게 되었다. 예컨대 경제학자들은 캐나다 북부 삼림지대가 생계용 먹을거리 원천으로서 원주민들에게 지니는 가치만 연간 2억 6,140만~5억 7,510만 달러라고 추산한다. 또한 이 먹을거리들은 외지인들에게도 점점 더 매력적인 것들로 인정받고 있는 추세다. 온타리오 북부산 야생베리 1파인트는 토론토의 인기 높은 건강식품점에서 약 8달러에 판매되는데, 이 과일이 많은 소비자를 사로잡는 것은 환상적인 맛뿐만 아니라, 건강상의 효능에 대한 수많은 과학적 증거 덕이다.

야생 베리를 채취, 가공, 판매하는 일은 캐나다 북부지역의 수많은 공동체에게 수입과 기쁨의 원천이다. 벌목 회사의 제초제 살포와 같은 산업 활동으로 야생 블루베리와 다른 식물들이 살생될 수 있다는 건 가슴 아픈 일이다. 이들은 빛, 양분, 물과 같은 자원을 대상으로 나무와 경쟁하는 이들로 간주되기에 살생되는 것이다. 캐나다에서 이러한 목적으로 가장 널리 쓰이는 제초제는 화학품의 대가인 몬산토가 만든 '비전(Vision)'이라는 제품이다. 데이비드 스즈키 재단의 과학국장 파이살 물라(Faisal Moola)는 비전이 야생 블루베리에 미치는 영향을 연구한 바 있다.

그는 화학품 살포가 실제로 이 식물들에 해를 가하고 곰, 새 등의 야생동물과 사람이 먹을 수 있는 식물의 개체수를 감소시킨다는 연구를 발표했다. 벌목 회사들은 보통 베리가 무르익는 시기인 한여름에서 늦여름에 제초제를 살포하는데, 그리하여 야생생물과 베리를 따는 사람들 또한 오염된 과일을 먹음으로써 (비록 살포된 지역에 위험을 알리는 표시가 있어야 하지만) 그 잔여물에 노출될 가능성이 있다.

과학자들은 아직까지 비전이 인간과 야생생물의 건강을 심각한 수준으로 위협하는지의 여부에 대한 논쟁을 진행하고 있다. 지금도 일부 원주민과 지역민은 화학품 살포가 베리의 상태를 악화시킬 수 있다는 우려를 표명해오고 있고, 오염된 베리를 식탁에 올리길 꺼린다. 관리되는 숲 내에서의 제초제 살포가 초래한 이러한 간접적인 결과는 그야말로 골칫거리다. 야생 베리는 북부지역민들에게는 무상으로 얻을 수 있는 전통적인 영양원으로, 만일 오염에 대한 공포로 (그것이 사실이든 그렇게 생각된 것이든) 지역민들이 베리나 베리를 먹고 자란 동물들을 계속 먹지 않게 된다면, 설탕, 소금, 지방 과다인 서양 음식에 의해 이미 피해를 보고 있는 이들은 더욱 심각한 타격을 입을 것이다.

야생 베리와 같은 안전하고 영양 풍부한 '전통적 먹을거리', (물고기나 사냥감 등의) 숲이 주는 먹을거리를 섭취할 수 있도록 우리는 할 수 있는 최선의 노력을 다해야 한다. 또한 그 땅에 살고 있는 원주민과 다른 지역민들의 전통 음식을 산업 활동이 초래할 수 있는 해악으로부터 보호해야 한다.

유전자 조작 식품 작물에는 더 많은 과학이 요구된다

2010년에 스마트스택스(Smart Stax)라는 이름의 슈퍼-GM 옥수수의 출시를 준비하며 농업 바이오테크 거물인 몬산토가 썼던 광고용 슬로건은 "이게 더 낫지 않은가?"였다. 그러나 우리가 식품으로 먹는 식물들을 수십만 년에 걸쳐 만들어낸 자연보다 우리가 더 잘할 수 있을까? 이에 대해 우리는 확실히 알지 못한다. 그리고 모른다는 것, 이것 자체가 하나의 문제다. 다우 애그로사이언스(Dow AgroSciences)와 몬산토의 합작품인 이 옥수수는 8개의 변형된 유전 형질을 '농축'하고 있는데, 이 가운데 6개는 곤충의 공격을 막고 2개는 제초용 화학물질에 내성을 갖추게 하는 것으로, 이 화학물질 중 다수 또한 몬산토 제품이다. 3개 이상의 유전 형질을 갖춘 유전자 조작 제품이 시장에 출시된 것은 스마트스택스가 처음이다.

캐나다와 미국 정부 모두 이 옥수수를 승인했는데, 캐나다 정부는 이 승인 과정에서 인간 건강에 미치는 영향이나 환경적 위험요소를 평가하지 않았다는 비판을 받아왔다. 캐나다 정부는 이 8개의 유전 형질이 다른 작물 종자들에서 이미 안전하다고 판명되었다고 주장한다. 하지만 캐나다 정부도 작성에 참여한 바 있는 국제 식품안전 기준은 축적된 형질들은 의도하지 않은 결과로 이어질 수 있으므로 최고 수준의 안전 평가를 받아야 한다고 명시하고 있다.

문제는 우리가 유전자 조작 내지 변형 식품의 의도하지 않은 결과들을 알지 못한다는 것이다. 과학자들은 지구고온화 인간유래설 같은 사안에 합의할 수도 있을 것이다. 하지만 그들은 GMO가 환경과 인체에 어떤 영향을 미칠지에 대해 확신하는 정도가 각기 다르다! 2008년 '발전을 위한 농업적 지식, 과학, 기술의 국제적 평가'에서 수행된 한 과학 리뷰는 "인체에 미치는 효과에 관한 제대로 계획된, 독립적이고 동료 과학자의 검증을 받은 연구들은 얼마 되지 않으며" 이 관찰과 다른 관찰들은 "상업용 GM 식물에 대한 검사 방법의 부적절성에 관한 우려가 생겨난다"고 결론 내리고 있다.

우리는 수년간 GM 식품을 먹어왔고, 그동안 확인가능한 부정적 결과는 거의 없었다고 주장하는 이들도 있다. 그러나 트랜스 지방(trans fats) 같은 것에서 우리가 확인한 것처럼, GM 식품이 건강에 미치는 파급력을 인식하기까지는 많은 시간이 걸릴 수 있다. 위장 내 박테리아에 미칠 수 있는 효과, 항생제에 대한 저항, 또한 알레르기 반응에서의 역할에 대한 우려도 있다. 또한 이 식품이 다른 동식물에 미치는 파급효과에 대해서도 더 많이 공부할 필요가 있다.

물론 GM 작물과 관련된 이슈는 이뿐만이 아니다. 거의 무제한적으로 농화학 기업들이 GM 씨앗을 만들도록 허용한다는 건 곧 이 기업들이 머지않아 농업 생산을 독점할 수 있다는 걸 뜻한다. 게다가 스마트 스택스의 시장 출시를 허용함으로써 우리는 농화학 기업들로 하여금 그 '슈퍼 작물'을 판매하고, 그 활용을 확대하는 것만이 아니라 이 작물들이 저항하게끔 디자인되어 있는 살충제들 역시 판매하고, 그 활용을 확대하도록 허가하는 셈이 된다. 이 작물에 계속 의존한다면, 이는 곧 다른 먹을거리의 선택지와 영양 가치의 축소로 귀결될 수도 있다. 자연이 여러 다양다종한 식물종을 길러내는 데는 이유가 있다. 질병이나 곤충이 어느 한 식물종을 공격할 때, 다른 식물종이 생존해 그 자리에서 진화할 수 있도록 보장하는 것이 바로 식물의 다양성이다. 그리고 이것이 바로 생물다양성이라는 것이다.

우리는 유전자 변형 유기체들(GMOs)이 어떤 결과를 가져올지 확실히 알지 못한다. 그렇다면 당연히 과학의 가이드 원칙을 생각해봐야만 한다. 바로 '사전예방 원칙(precautionary principle)'이다. 이 원칙대로라면, 어떤 행동이나 정책이 인간의 건강과 환경에 해를 가할 가능성이 있을 때에는 그 여파를 확실히 알아내기 이전까지 그 시행은 유보해야 마땅하다. 그리고 그 행동이나 정책이 무해함을 입증할 책임이 있는 쪽은 그것을 제안한 이들이다.

그렇다고 이 말이 곧 식용 식물의 유전자 변형에 관한 연구가 금지되어야 한다거나 GM 식품이 식품 수요에 대한 해법의 일부가 되지 못한다는 의미는 아니다. 하지만 우리는 오늘날, 테크놀로지가 자연이 수천 년간에 걸쳐 작물을 만들어온 그 숱한 단계를 '건너뛰도록' 허용하고 있는 시대에, 그리하여 이제는 한순간도 쉬지 않고 변화되는 인간 중심의 환경에 발맞출 '슈퍼 작물'을 생산하도록 허용하고 있는 시대에 살고 있다.

오늘날 식물·농업·식품 과학상의 펀딩 목표와 과제를 좌우하는 건 급속한 인구 증가, 기후변화로 인한 지구 건강의 악화, 자연재해의 증가와 같은 위협들이고 (다른 위협들도 있지만) 그리하여 이러한 사태는 새로운 GM 식품이라는 결과로 이어지기 십상이다. 하지만 우리에겐 이러한 작물이 환경과 건강에 미치는 영향에 관한, 좀 더 철저하고 적절한 동료의 검토를 받은, 불편부당한 과정을 통한 과학이 필요하다. 우리는 또한 정부에게, 결국에는 식품 체인을 통해 어떤 식으로든 우리의 배 속으로 들어오고 말 새로운 GM 작물들을 모니터링하는 데 더욱

투명한 방법을 취하라고 요구해야 한다.

로카보어(locavore)로 사는 삶

늘 그러하지만 가을이 찾아오면 농가와 대지와 어장으로부터 온 풍요로운 먹을거리들이 지역 시장을 채운다. 전 세계적으로 사람들은 이제 집에서 가까운 곳에서 만들어진 먹을거리를 섭취하려는 바람을 수용하고 있다. '로카보리즘(locavorism, 지역산 식사주의)'이라 불리는 일종의 지속 가능성 혁명이다. 지역산 식사의 주창자들은, 식량 안보를 증대하고, (우유, 육류, 채소, 과일, 식용유, 곡식, 그리고 다른 주식 등) 식품과 (상품 와인, 치즈 등의) 고급 취향 상품의 공급상의 타 지역, 타국 의존도를 줄여야 한다고 주장한다. 이들에 따르면, 앞으로 물, 땅, 비료, 석유, 안정적인 기후 등 작물 고생산성 유지에 필요한 거의 모든 것들이 희박해질 전망이다. 흉작 또는 천정부지로 솟구치는 유가가 초래할 전 세계 교역상의 소란은 세계 여러 지역에서, 특히 식품 대다수를 수입에 의존하는 멀리 떨어진 지역에서 심각한 결과로 이어질 수 있다.

지역산 식사의 사회적·환경적 혜택 역시 우리의 시선을 끈다. 식품 공급의 세계화는, 농지에서 식탁까지 식품 대부분이 이동하는 거리가 평균 약 2,400킬로미터라는 것, 이로 인해 전 세계적 식품 수송에 필요한 수백 수천만 대의 트럭, 컨테이너 선박, 기차 등 다른 차량들로부터 어마어마한 온실가스와 다른 대기 오염물질이 나온다는 것을 의미한다.

지역산 먹을거리를 먹고자 하는 많은 이들의 욕구를 자극하는 건, 자신들이 먹는 것들이 어떻게 생산되고 준비되는지에 관해 더 많이 알고자 하는 마음이다. 오늘날 우리는 우리가 먹는 것들로부터 너무나도 절연되어 있다. 가공·포장된 식품, 진공포장된 닭가슴살, 중국산 수입 마늘, 뉴질랜드 산 사과, 다른 무수한 값싼 수입 식품들은 (전통적 의미의 식품이라기보다는) 영양분, 칼로리, 설탕, 소금, 지방 따위의 공급 시스템들이 되고 만 것이다. 하지만 육류나 과일, 채소를 농민 장터에서 구입한다면 우리는 농민이나 생산자와 이야기할 수 있고 그 닭이 무엇을 먹었는지 또는 그 감자가 어떤 식으로 재배되었는지를, 저녁 밥상에 올리기 전에 알아낼 수 있다. 또한 많은 사람들은 지역산 먹을거리가 보통 더 신선하므로 맛도 더 좋다고 주장한다.

더욱 많은 사람들이 지역산 먹을거리 구매를 선택함으로써 먹을거리에 대해 더 많이 책임지는 건 기운 나게 하는 모습이긴 하다. 하지만 그렇다고 해서 정부들이 자신들의 의무로부터 해방될 수 있는 건 아니다. 정치인들은 농지·농가를 보호하는 법·정책을 시행하여 지역농을 지원해야 하고, 농민들이 농산물에 대해 공정한 값을 받도록 보장해야 하며, 농산물 직거래를 가로막는 법규상의 장애물들을 제거해야 마땅하다.

도시의 확장, 도로, 산업 개발과 다른 형태의 토지 활용으로부터 비옥한 농토를 보호하는 일은 정부가 채택하는 모든 지역 식품 전략에서 중심 사안이어야 한다. 누적되는 연구들에 의하면, 전 세계적으로 소중한 농지들이 빈약하고 조잡한 도시계획으로 인해 포장되고 망가지고 있다. 현재와 미래의 농민 세대가 (우리 모두를 위해) 수호해야 할 귀중한 양토보다는 주차장을, 새로운 고속도로를, 대형 쇼핑몰들을 우선시하는 도시계획 말이다.

데이비드 스즈키 재단의 보고서 「온타리오의 부(富), 캐나다의 미래」에 따르면 토론토 광역지대(Greater Toronto Area) 내 농지의 16퍼센트가 1996년과 2001년 사이에 도시 확장으로 인해 손실되었다. 이는 곧 북미 전체 가운데 가장 비옥한 토양의 일부인 수천 헥타르가 손실되었음을 의미한다. 이와 똑같은 일들이 그 모든 지역에서, 그 모든 도시 확장의 현장에서 일어나고 있다. 지역산 식품의 안보를 유지하고 식품이 초래하는 환경 비용을 최소화하고자 한다면 이러한 사안들에 관심을 기울여야 마땅하다.

훌륭한 커피를 만드는 음지의 관행

커피는 석유 다음으로 전 세계 교역량 2위를 차지하는 상품이다. 석유와 마찬가지로 커피에 대한 우리의 수요는 사실 만족을 모르며, 그리하여 이 수요를 충족하는 데 요청되는 대규모 생산은 막대한 양의 생태 발자국으로 귀결된다. UN 세계식량기구(FAO)에 의하면, 2012년 전 세계 커피 생산량은 700만 톤이 넘는다.

커피 수요는 개발도상국가에서 급증하고 있다. 커피콩의 생산국이자 수출국인 인도네시아도 그중 하나다. 좀 더 잘사는 국가에서는 커피 수요가 줄어들고 있는 반면, 아프리카와 남미 사람들은 과거에 비해 더 많은 양의 커피를 마시고 있다. 개인 소득의 증가, 인구 증가, 새로운 취향, 성공적인 마케팅 등이 이유다. 미국에 본사를 둔 스타벅스 커피는 심지어 아프리카까지 진출해 있는 상황이다.

막대한 양의 수요를 충족하려고 커피 생산자들은 생산 과정을 산업화했다. 좀 더 많은 소출량을 내는 단작 플랜테이션 시스템을 만들고, 불필요한 곤충과 식물 병원체를 방지하고 퇴치하는 독극성 살충제를 살포했다. 심지어는 유전자 변형 품종도 개발하여 아라비카(arabica) 같은, 전통적으로 그늘에서 자라는 커피나무를 좀 더 많은 소출을 위해

부분적이거나 전체적인 태양광 아래서 재배하고 있다. 이러한 산업적 관행으로 세계 시장에의 커피콩 공급은 안정적으로 보장되었다. 문제는 커피 산업과 그 영향력을 연구하는 여러 과학자들이 지적하듯, 전 세계적으로 소비되는 커피의 많은 부분이 초래하는 환경 비용이 지나치게 높다는 것이다.

미국과 캐나다에서 판매되는 커피의 대부분은 한때 열대우림 또는 아열대우림이었던 플랜테이션 농장에서 재배된다. 1970년대 초반부터 거대한 양의 자연 우림이 멕시코를 비롯한 여러 커피 생산국들에서 벌채되고 있다. 커피 산업이 전통적인 그늘 재배 방식에서 '태양광 재배' 방식으로 이동하면서 벌어진 일이다. 태양광 재배법으로 자라는 품종들, 이를테면 로부스타(robusta) 같은 품종은 그늘에서 자라는 아라비카 품종에 비해 세 배 이상의 밀도로 심을 수 있다. 우리가 슈퍼마켓에서 볼 수 있는 인스턴트커피와 대량 생산된 커피의 대부분은 태양광 재배법으로 길러진 것들이다.

세계적으로 유명한 조류 전문가이자, 커피 생산이 신열대구 조류에 미치는 영향을 연구한 브리짓 스터츠베리(Bridget Stutchbury)는 훗날 '버즈 앤 빈스 커피(Birds & Beans Coffee)'에 의해 재인쇄되고 배포된 한 강연에서 이렇게 말했다. "태양광 재배 커피는 스스로 작동할 수 있는 생태 시스템이 아니다. 그 커피는 오직 다량의 비료, 살균제, 제초제, 살충제와 함께일 때만 자랄 수 있다. 커피나무에 그늘을 제공할, 또 열대지방의 폭우로부터 흙을 보호해줄 나무들 역시 (농장에) 없다. 태양광 재배 커피 농장에서 토양 침식과 이동은 큰 골칫거리다." 그뿐만이 아니라 태양광 재배 커피 농장은 두건 깃털 와블러(hooded warbler)와 같은 신열대구 철새와 같은 민감한 생물종에게는 거의 서식지가 되어주지 못한다.

이 새는 우림지역의 서식지 손실로 인해 멸종위험종으로 분류되고 있다.

자신들이 가장 선호하는 음료가 환경적·사회적으로 나쁜 발자국을 남긴다는 사실에 눈뜬 많은 소비자들은 유기농이나 공정무역 또는 지속 가능한 재배법을 인증하는 인증마크를 획득한 커피를 선호하고 있다. 하지만 커피 종류는 너무나도 많고 혼란스러우며, 또 기업이 선전하는 환경 관련 주장을 일일이 검증하기란 지난하다. 그래서 전문가들은 세 가지 인증마크가 있는 커피를 선택하라고 권고한다. 그 인증마크는 바로 유기농, 공정무역, 그리고 그늘 재배(shade grown)다.

비록 자연림을 대체할 수는 없겠지만, 농업-생태 시스템 기법을 이용한 그늘 재배법은 다양다종한 열대우림수로 된 거대한 하층(understorey)과 닫집을 제공하는데, 이것들은 나비와 새, 다른 야생생물에게 쉼터 역할을 해준다. 그늘 재배 커피 농장은 자연 조건과 거의 유사한 서식지를 제공한다고 한다. 예컨대 멕시코 남부의 엘 트리운포 생물권 보호지구의 한 연구는, 그늘이 넓고 큰 커피 농장에서 사는 철새 종의 수가(30~35종) 자연림들의 그것에(35~40종) 육박한다고 밝히고 있다. 반면 태양광 재배 커피 농장의 경우 서식하는 철새 종수는 5종 이하였다.

유기농 또는 공정무역 인증마크가 있는 식품과 마찬가지로, 우리들이 마시는 한 잔의 커피가 새들과 다른 야생생물들의 서식지에 해를 가하지 않고 생산되었음을 증명하는, 신뢰할 만한 인증 시스템이 필요하다. 그늘 재배 커피에 관한 신뢰할 만한 인증마크는 '버드 프렌들리(Bird Friendly)'라는 것으로, '스미스소니언 철새 센터(Smithsonian Migratory Bird Center)'에 의한 엄밀한 감사와 검증 절차를 따르는 생산자에게 부여되는 마크다. 그늘 재배 인증마크가 있는 커피로 모닝커피를 마신다고 해서 지구를 구할 수는 없겠지만, 좀 더 단순한 방법으로 지구 환경에 가하고 있는 악영향을 줄일 수는 있을 것이다.

소비자의 수요가 기업의 현저한 변화를 이끈다

지구를 보호하는 활동을 비주류의 활동으로 보는 시각은 더 이상 유효하지 않다. 대다수 사람들은 이제 자신들을 환경적으로 눈뜬, 무언가 행동에 나서기 시작한 이들로 여기고 있다. 환경을 돌보는 활동은 이제 주류가 되고 있다. 즉 그것은 '새로운 평범함(new normal)'이다. 그리고 이는 분명 기운 솟게 하는 일이다!

오늘날 환경 문제는 너무나도 심각하기에 이를 해결하려 한다면 사회 전 부문이 공조하고 협력해야만 한다. 점점 더 많은 기업들이 자연과 지구 생태계 보호운동에 결합하고 있는 모습을 보는 일이 그토록 가슴 벅찬 건 바로 이 때문이다. 레스토랑에서부터 식료품점, 또 의류 소매점에 이르기까지, 사업자들은 자신들의 활동을 좀 더 지속 가능하고 환경적으로 책임 있게 하는 길을 모색하고 있다. 이들은 소비자에게 보다 나은 선택지를 제공하며 구체적인 진보를 이룩하고 있다.

환경적 책임을 짊어지겠다는 (사업자들의) 계획안은 점차 증가하고 있는데, 이것이 멋진 건 개별 시민들의 힘이 얼마나 강한지가 세상에 증명되고 있기 때문이다. 사업자들은 본디 소비자 수요에 반응하는 법이며, 옳은 수요(right demands)는 환경을 이롭게 하는 법이다. 소비자들의 힘으로 인해 나타난 변화 가운데에는 (식품점용) 재활용 가방, 하이브리드 차량, 지역산 및 유기농 식품, 재순환된 물질로 제조된 의류와 상품, 녹색 건축물, 그리고 레스토랑과 식품점에서 볼 수 있는 지속 가능한 수산식품 등이 있다.

우리가 힘을 합한다면 너무나도 많은 것을 성취할 수 있다. 대학과 환경단체의 연구자들은 연구를 수행하여 정보를 제공하고 있고, 시민들은 이 정보를 활용하여 일상 습관을 바꿀 수도 있고, 또 때론 행동에 나서도록 사업자들을 촉구할 수도 있다. 이에 대해 사업자들은 관행의 변경 또는 좀 더 지속 가능한 선택지의 제공으로 응답하고 있다. 이러한 변경은 또한 공급자들로 하여금 제품 생산 방식을 개선하도록 이끈다.

내 관심을 끌어온 한 가지 소비자 트렌드는 지속 가능한 수산식품류에 대한 수요의 증가이다. 내 조부모님은 일본에서 캐나다로 이민하셨는데, 이민 사유는 캐나다 연안의 풍부한 물고기였다. 또한 내게 가장 소중한 유년시절의 추억은 브리티시컬럼비아 주에서 경험한 낚시와 캠핑의 기억이다. 그러나 세월은 변했고 그간 나는 실로 많은 변화를 목격해왔다. 한때 그토록 풍부하던 어종 중 다수는 감소했고 일부는 이제 멸종위기종이 되었다.

데이비드 스즈키 재단은 시초이스(Sea Choice) 프로그램에 다른 단체들과 함께 합류하여, 어류 남획과 서식지 손실로 어떤 어종이 위협받고 있는지, 또 여전히 풍부한 어종은 무엇인지를 살피는 과학적 평가 작업을 수년간 진행해오고 있다. 또한 어떤 양식업 관행이 환경에 해를 가하지 않고 먹을거리를 제공하는지, 또 어떤 관행이 (야생 물고기에 대한 기생충과 질병을 퍼뜨리는 것과 같은) 수용 불가능한 환경 악영향을 초래하는지 확인하고자 양식업 관행 역시 살펴보고 있다. 그리고 수산회사, 양식업자, 정부들과 공조하여 지속 가능한 수산식품 수요가 바다에서의 실질적인 변화로 이어질 수 있도록 힘쓰고 있다. 최종적 목표는 생물종과 해양 생태계의 보호다. 우리는 취합된 정보들을 활용하여 수산식품과 관련된 최선의, 또 최악의 선택지가 무엇인지 알리는 작업을 해오고 있다. 개인들 역시, 지속 가능한 선택지들을 제공하고, 멸종위기 어종이나 환경이나 타 어종에게 해를 가하며 길러지는 어종의 공급을 거부하라고, 가게와 레스토랑 들에게 요청하고 있다.

다행히 유럽, 미국, 캐나다, 그리고 세계의 일부 지역에서 변화의 물결은 일기 시작했다. 수많은 요리사와 레스토랑 그리고 수산식품 유통업자들은 좀 더 나은 선택지를 소비자에게 제시하고자 시초이스를 비롯한 지속 가능한 수산식품 프로그램과 공조하고 있다. 사업체들에게 지속 가능한 선택지를 제공할 것을 요청함으로써 또 사업체들이 그렇게 하도록 지원함으로써 우리는 사업체들이 옳은 일을 하도록 도울 수 있을 것이다.

연어의 경우 야생어업이 해답

식물이든 동물이든 우리가 먹는 식품의 대다수는 농장에서 온다. 눈에 띄는 예외는 물고기와 다른 수산식품들인데, 이들 중 대다수는 바다에서 포획된다. 하지만 이마저도 바뀌고 있는 것이 현실이다. 전 세계 식품 공급에서 양식업이 차지하는 비중이 증가하고 있는 탓이다.

어떤 면에서 이는 다행한 소식일지도 모른다. 특히 야생 어종들이 지속 가능한 한계치 또는 그 이상으로 포획되고 있고, 환경오염과 지구고온화가 야생 어류들의 개체수를 줄이고 있는 정황에서라면 말이다. 하지만 만일 양식업 자체가 야생 어류에게 가해하기 시작한다면 어떨까? 그럴 경우 우리는 양식업의 비용이 그로 인한 이익을 넘어서는지 아닌지를 질문해봐야 마땅하다.

많은 양식장들은 환경적으로 건전하다. 특히 틸라피아(tilapia)나 가자미 같은 양식 어종에 활용되는 연못 시스템·수조처럼, 야생 어류와 양식 어류를 분리하는 양식장들이라면 더욱더 그러할 것이다. 또 많은 종류의 갑각류 역시 환경에 해를 가하지 않으면서 양식되고 있다. 그렇다, 지금 제대로 들은 거다. 일부 양식업은 아무런 하자가 없다. 게다가 나는 일부 양식 어류도 먹는다. 그러나 현재의 연어 양식 관행에 관해서라면, 이야기는 조금 달라진다. 우리는 세계 곳곳에서 연어 양식이 초래하는 해악에 대한 뉴스 헤드라인을 수도 없이 만나고 있다. 예컨대 브리티시컬럼비아 주 내 연어 양식장에서 생긴 바다 기생충이 야생 연어들에게 심각한 해를 가하고 있다는 과학적 증거는 늘어나고 있다.

바다 기생충은 연어를 숙주로 삼는 자연적인 기생충으로 특히 성장 중에 있는 어린 연어에게 해를 가한다. 문제는 이 어린 연어들을 보호할 기준이 아직 없다는 것, 또 이들이 밀집되어 있는 경우엔 바다 기생충들로부터 안전하다는 것이다. 바다 기생충은 양식장 내 연어에서 증식하여 어린 연어들로 거처를 옮긴다. 그리고 그 어린 연어들은 양식장을 벗어나 바다로 향한다. 약을 통한 기생충 퇴치법은 해법이 아닌데, 약 자체에 환경 위험이 있기 때문이다. 기껏해야 이 방법은 단기적 해법일 따름이다. 바다 기생충은 이미 그러한 주요 약에 내성을 기르고 있기 때문이다.

다른 양식업 지역들, 스코틀랜드, 아일랜드, 노르웨이, 칠레 같은 지역에서도 비슷한 상황이 나타나고 있다. 북미의 경우, 『사이언스』나 『국립 과학학회 활동』과 같은 저명한 저널에 출판된, 동료 연구자 검증을 받은 일련의 과학 연구들은 일부 곱사연어(pink salmon)와 첨연어

(chum salmon)를 멸종위기 상태로 몰아넣는 등, 바다 기생충이 야생 연어에게 심각한 악영향을 미칠 수 있다고 밝히고 있다.

야생 연어는 이미 충분히 생존 위협을 받아온 생물종이다. 한때 밴쿠버 아일랜드의 서해안에는 1,200곳의 야생 연어 어장이 있었지만 지금은 718곳이 (즉 절반 이상이) 멸종되었거나 멸종될 위험이 있거나 또는 특별 관심 대상으로 분류되고 있다. 적어도 142곳의 태평양 연어 어장은 영원히 사라지고 말았다.

과학적 증거들 그리고 연어의 사회적·경제적·생물학적 가치를 생각해볼 때 사태는 개선되어야 마땅하다. 그러나 불행히도 어떤 이들은 증거가 100퍼센트에 이르지 못하는 한 어떤 것도 바꾸어서는 안 된다고 주장한다. 그러나 과학 연구가 그 정도로 확실한 증거를 제공하는 경우란 극히 드물다. 보다 단순하게는, 자연은 그러한 결과를 기대하기엔 너무나도 복잡하다. 과학은 증거의 중요성을 공적으로 증명하는 하나의 과정이다. 과학 연구들은 서로 의존하며 진척되고, 다른 식의 설명을 차례차례 제거해나가며, 가장 그럼직한 답변에 도달하는 데 도움이 되는 유사한 아이디어들을 검사한다. 이 과정에서 과학자들은 서로에게 도전하고 경쟁하는 아이디어들을 검사·검토할 기회를 갖는다. 어떤 특정 지점에 도달하면, 어느 한 설명이 가치 있다고 믿을 만한 확실한 이유가 나타난다. 야생 연어만큼 중요한 사안이라면 증거의 강한 중량이 곧 개선을 위한 행동을 정당화한다.

그렇다면 우리는 무엇을 할 수 있을까? 임시방편의 하나지만, 어린 연어가 이동하는 동안 연어 양식업은 중단되어야 한다. (일정 기간 동안 양식된 물고기는 제거되어야 한다.) 하지만 최고의 해결책은 양식 연어를 (야생 어류와 그 환경과는 분리시키는) 밀폐된 탱크에서 양식하는 방법일 것이다. 소비자들은 환경적으로 하자가 없는 수산식품만 판매하라고 촉구하고, 그렇지 않은 제품의 구매는 거부해야 한다.

어떤 이들은 밀폐된 시스템의 양식업으로 이동하는 데 또는 심지어 어린 연어가 이동하는 동안 양식장을 폐쇄하는 데는 너무 많은 비용이 든다고 주장한다. 하지만 연어는 단순히 인간을 위한 먹을거리로만 인식되어서는 안 된다. 또한 그 어떤 경우든 양식업 설비 운영비에는 그 설비의 건축비와 운영비 외에도 환경 안전을 보장하는 데 소요되는 비용이 포함되어야 한다. 야생 연어는 해양, 강, 호수, 숲 생태계의 중차대한 일부다. 이들은 고래부터 독수리, 곰에 이르기까지 수많은 이들에게 먹이가 되어주며, 심지어는 자신들이 살고 산란하는 곳인 호수와 강과 해안가의 숲까지도 비옥하게 해준다.

그렇다. 자연 만유는 서로 내밀히 연결되어 있다. 만일 야생 연어가 줄어들고 멸종된다면, 그다음 차례는 고래, 곰, 그리고 숲일 것이다. 만일 그렇게 된다면 우리는 어떤 곳에서 살아가게 될까?

막대한 가치를 제공해주는 조그만 정어리들

데이비드 스즈키 재단의 지속 가능한 어업 분석가인 스콧 월러스 (Scott Wallace)에게는 여섯 살짜리 딸아이가 있다. 생일파티에서 돌아와 선물 받은 하키 카드에 신이 나 있는 아이를 보고 아이 아빠가 물었다. "어떤 하키 선수들을 받은 거야?" 아이는 밴쿠버 카눅스(Vancouver Canucks) 팀의 '정어리(sardine) 쌍둥이'를 받았다고 대답한다. 대부분의 하키 팬은 카눅스 팀에 세딘(Sedin)(정어리(sardine)가 아니라) 형제들이 얼마나 중요한 이들인지 알지만, 우리는 정어리와 다른 작은 물고기들을 먹는 일이 얼마나 중요한지에 대해선 무지하다.

2010년 브리티시컬럼비아 대학의 저명한 어업 과학자인 다니엘 폴리(Daniel Pauly)와 그의 동료들은 『내셔널 지오그래픽(National Geogrphic)』에 전 지구적 '수산식품발자국(seafoodprint)'을 조사한 연구를 발표했다. 수산식품의 지속적 생산에 필요한 모든 식물류를 측정, 조사한 것이다. 어느 한 수산식품이 먹이사슬의 윗부분에 있을수록, 그 제품의 생산에는 더 많은 광합성 에너지가 소요되는데, 이는 곧 그 제품의 수산식품발자국이 더 크다는 것을 의미한다. 예컨대 폴리에 따르면, 1파운드의 참치를 먹는 일은 1파운드의 정어리를 먹는 일에 비해 수산식품발자국이 약 100배가량 높다.

살아 있는 유기체의 전체 집단 중 극히 일부만 희생되도록 어획 과정 자체가 확실히 통제되는 한, 먹이사슬의 아랫부분에 있는 생물종을 섭취하는 일이 윗부분에 있는 생물을 섭취하는 일보다 더 적은 세계 생태계 에너지를 필요로 하는 법이고, 그렇기에 더 지속 가능한 행동양식일 것이다. 오늘날 정어리, 멸치, 청어, 고등어와 같은 어종은(이들은 집합적으로 작은 원양 물고기로 분류된다) 바다에서 잡혀 육지로 들어오는 전체 어종의 약 37퍼센트를 차지한다. 자료마다 차이는 있지만, 이렇게 포획된 작은 원양 물고기들 가운데 10~25퍼센트만을 인간이 직접 섭취하는 듯하다. 나머지 75~90퍼센트는 분쇄되어 돼지, 소, 양식 연어, 닭의 사료로 쓰이거나 더 큰 물고기를 잡는 미끼로 쓰인다. 즉 섭취 가능한 완벽한 단백질을 우리는 비효율적으로 활용하고 있다.

지속 가능한 식품원으로서도 매력 있지만, 작은 물고기들은 값도 싸며, 보통은 그 포획에 다량의 화석연료도 소요되지 않고, 또 우리가 먹을 수 있는 음식 가운데 가장 건강한 음식에 속한다. 건강 전문가들은 임산부에게 정어리와 작은 물고기를 섭취하라고 권고한다. 이들은 오메가3 지방산, 각종 비타민, 칼슘, 단백질원이라는 것이다. 이 작은 물고기들은 떼로 몰려다니는 까닭에 이들을 포획하려고 많이 돌아다닐 필요가 없을 뿐만 아니라 라인을 설치하거나 그물을 끄는 일도 거의 필요치 않다. 즉 이들에 대한 탄소발자국은 낮다. 일부 연구는, 작은 원양 물고기들이 아마도 포획에 소요되는 에너지의 측면에서 가장 효율적인 단백질 공급원일 것이라고 지적한다.

2009년 브리티시컬럼비아의 정어리 가격은 낱개당 3센트였다. 당시 난 정어리 철에 포트 하디(Port Hardy)에 가서 트럭 한 대 분의 정어리를 보통의 카눅스 티켓 가격에(150달러) 구입할 수 있었다. 같은 양의 할러벗(halibut)을 사려면 약 15,000달러가 드니까, 100배는 더 비싼 것이다. 아마도 맛 좋고, 건강하고, 지속 가능하고, 값싼 식품이라면 그 어느 것이라도 소비자들이 선호하리라 생각하겠지만, 북미에서 이런 종류의 물고기의 1인당 소비량은 약 1985년 이래로 지속적으로 감소하고 있다. 게다가 2008년 미국에 남아 있던 유일한 정어리·청어 공장은 문을 닫고 말았다. 영국과 유럽의 트렌드는 이와는 정반대여서 그 지역에서 작은 원양 물고기의 인기는 지속적으로 증가하고 있다. 영국의 경우 코니시 정어리(Cornish sardine)의 수요는 15년도 안 되는 기간에 연간 7톤에서 1,800톤으로 급증했다. 지역산이면서도 영양 만점인 지속 가능한 식품 선택지를 소비자들이 원했기 때문이다.

정어리는 캐나다 연안의 태평양 어업 중 두 번째로 포획량이 큰 어종이다. 하지만 브리티시컬럼비아에서 잡히는 정어리의 절반 가량은 긴 라인과 높은 파도를 이용한 참치 어업에 미끼로 팔린다. 아이러니하게도 매우 지속 불가능한 형태의 사업행위가 아닐 수 없다. 이들 가운데 실제로 캐나다인들이 먹는 양은 채 1퍼센트가 되지 않는다. 대서양 연안에서도 포획되는 정어리의 아주 적은 양만이 사람에 의해 섭취된다. 나머지는 로브스터 어업에 미끼로 사용된다.

정어리는 죄책감 없이 먹을 수 있다는 점에서 실로 진귀한 식품이다. 우리가 정어리를 섭취할 때마다 미끼로 사용되거나 돼지, 닭, 소, 양식 연어의 먹이로 사용되는 정어리는 그만큼 줄어든다. 정어리와 다른 작은 물고기들의 영양학적 가치를 생각해볼 때, 이들을 섭취하는 일이 세딘 형제가 이룩한 성공의 한 가지 비밀일 가능성은 분명히 있다. 어쨌든 세딘 형제는 작은 물고기들이 언제나 인기 있는 곳인 스웨덴 출신이다.

블루핀 블루스에 대한 치유법은 무얼까?

블루핀 참치(Bluefin tuna)는 엄청나게 비싸다. 약 340킬로그램의 무게를 지닌 한 물고기는 2011년 1월 도쿄 쓰키지(築地) 수산시장에서 약 40만 달러에 팔리기도 했다. 하지만 이건 기껏해야 시장 가치일 뿐이다. 슬픈 일이지만, 우리가 블루핀이나 다른 '자원'을 고려할 때 계산에 넣는 유일한 가치 말이다.

블루핀은 여러 가지 이유로 경제 가치를 지닌다. 특히 그 절묘한 맛 덕에 일본 스시 애호가들은 세계 최고 수준의 수산식품으로 상찬한다. 스포츠로 낚시하는 이들은 블루핀을 좋아하는데, 재빠르고 힘이 세서 좋은 싸움 상대가 되기 때문이다. 불행하게도 블루핀의 가격이 그토록 오른 주요 이유는 그 수가 위태할 정도로 감소했기 때문이다.

블루핀 참치는 독특한 어종이다. 대다수의 어류와는 달리 이들은 온혈 동물인데, 그리하여 아이슬란드의 찬 바다에서부터 멕시코 만과 지중해의 따뜻한 바다까지 장거리를 이동할 수 있다. 독특한 색채변이를 통해(머리 쪽은 강철의 푸른빛, 아래는 은의 흰빛) 위와 아래에서 오는 포식자들로부터 스스로를 보호하기도 한다. 이들은 시간당 최대 70킬로미터 속도로 이동할 수도 있는데, 몸매가 미끈한 데다 등지느러미와 가슴지느러미를 수축할 수 있기 때문이다. 이들은 먹는 것도 다양하여 자신보다 몸집이 작은 물고기들, 갑각류, 뱀장어류, 오징어, 그리고 때로는 갈조류까지 다채롭게 먹는다.

1970년대 수요와 가격이 상승하자 어업 회사들은 어떻게 하면 블루핀을 더 효율적으로 잡을 수 있을지 그 방안을 모색한다. 지난 40년 동안 이 어종의 양은(특히 산란기의 물고기들) 80퍼센드 이상 급감했나. 국제자연보호연맹(International Union of Conservation of Nature)은 블루핀을 '심각한 멸종위기 상태(critically endangered)'에 처한 종으로 분류했다. 이 덕분에 부분적으로 보호 노력이 진행되고는 있지만, 지속되는 합법적·불법적 블루핀 어업은 이 어종을 벼랑 끝까지 몰아넣고 있다. 2010년, 일본은 '멸종위기종의 국제 교역에 관한 UN 회의'에서 블루핀 어업 금지안에 반대하도록 다른 국가들의 표를 이끌었다.

그리하여 세계 최대의 수산시장인 쓰키지 수산시장에서 블루핀 참치는 아직까지도 입찰자들을 끌어 모으고 있다. 내가 이 시장을 처음 방문한 건 20년도 더 전의 일로, 방문할 때마다 블루핀 같은 어종의 평균 사이즈와 양이 감소하고 있음에, 일본의 수산물이 지구 전역의 시장에 공급된다는 사실에 늘 놀라곤 한다.

블루핀 참치의 멸종이 임박했고 이 세기의 중엽에 이르면 바다에서 완전히 사라질지도 모른다는 과학자들의 발표를 접하며, 난 몇몇 일본인에게 물고기 없는 일본을 상상해보라고 주문했다. "물고기는 당신들의 역사이자 문화이고, 또 당신들의 물리적 삶의 뼈대 아닌가요?" 하지만 그렇다면 왜 일본은 세계 해양 보호를 위한 싸움을 이끌지 않느냐는 질문을 던졌을 때, 내게 되돌아온 것은 멍한 눈길뿐이었다. 게다가 그 눈길의 주인공은 이른바 환경적으로 깨어 있다는 사람들이었다. 세계화 덕에 일본인들은 오늘날 전 세계에서 약탈되는 물고기로 살아갈 수 있게 되었지만 100년 전만 해도 그들은 지역의 해안에서 잡을 수 있는 것에만 의존해 살던 사람들이었다.

문제는 경제학에 대한 우리의 사고방식이다. 생물다양성 보호를 위해 경쟁하는 시장이란 존재하지 않는다. 즉 그 누구도 어부들이 블루핀 참치 한 마리를 포기하게 하려고 40만 달러를 지불하려 하지 않는 것이다. 블루핀 참치의 현 수요를 (그리고 가격을) 생각해볼 때, 이 어종을 잡지 않는 것이야말로 경제적으로 이윤을 창출하는 길이다. 한편 다른 시장 대체물이 있는, 더욱 인기가 적은 어종의 포획량은 정반대로 낮은데, 이는 시장 가격에 비해 포획에 소요되는 비용이 너무 높기 때문이다.

전 세계 정부들은 그간 블루핀과 다른 많은 어종들의 남획에 기여해왔다. 연간 수십억 달러의 국고 보조금을 수산 산업에 지급하며 말이다. 이 보조금 중 많은 부분은 어업 선박들을 건축하고 현대화하는 데 쓰이고 있다.

블루핀과 다른 멸종위기종에 대한 어업의 금지를 요청하는 일을 지속해야만 한다. 또한 세계 어업상의 좀 더 나은 규제와 법 강제화를 계속 촉구해야만 한다. 또한 우리는 소비자로서 수산식품에 대해 더 잘 알아야 하고 멸종위기 어종의 섭취를 피해야 한다. 일본이나 중국 같은 국가의 시민들이 지속 가능한 수산식품에 대해 진지하게 생각하는 일도 중요하다. 나아가 경제를 생각할 때 생태계와 동식물들이 우리에게 제공하는 서비스의 가치와 그것들을 보호하는 가치를 포함한다면, 그 또한 훌륭한 일이리라.

9

건강한 인간, 건강한 지구

우리가 살고 있는 이 세계와 우리 자신은 분리 할 수 없다. 어떤 점에서 환경은 우리 자신이 확장된 형태라고 볼 수도 있다. 우리가 들이쉬는 모든 숨은 몸 바깥에서 와서 몸속으로 흡수되어 우리를 기름지게 하고, 또 그 후엔 다시금 밖으로 배출된다. 물 또한 우리의 몸을 따라 이동한다. 인체의 약 60퍼센트는 물이다. 우리는 식품을 섭취하여 에너지를 추출하고 그 과정에서 나온 잔여물을 배출한다. 인체는 수십 조가 넘는, 살아 있는 박테리아들에게는 생태계이기도 하다. 우리 자신의 건강을 지키는 일이 곧 지구의 건강을 지키는 일의 필수적인 부분임은 말할 나위조차 없는 것이다. 이 장에서는 우리의 몸에 집어넣고 바르는 것들이 우리의 건강에 어떤 영향을 미치는지, 우리 자신의 건강과 환경의 건강이 어떻게 연결되어 있는지 살펴보기로 한다. 또한 '본성(Nature) vs 양육(Nurture)' 논쟁을 통해 우리가 최근 알아낸 바도 아울러 탐구해본다.

우리를 돌보는 일, 지구를 돌보는 일

생태계는 모든 형태, 모든 크기로 존재하며 안팎의 분명한 경계가 없는 경우도 많다. 또한 하나의 생태계에서 일어난 일은 다른 생태계에 영향을 미친다. 심지어 우리는 인체를 하나의 생태계로, 좀 더 정확하게는 서로 연결된 여러 개의 생태계들로 생각할 수도 있다. 2010년 1월 『네이처』의 특집기사 「2020 비전」에 따르면, "인체는 앞으로 10년간 가장 중요한 생태학적 연구 대상 중 하나가 될 것이다."

이 특집기사에 실린 글에서 캘리포니아 '베테랑 어페어 팔로 알토 의료 시스템(Veterans Affairs Palo Alto Health Care System)'의 전염병 부서 책임자인 데이비드 렐만(David A. Relman)은 이렇게 적고 있다. "인간은 자신을 점령하고 있는 미생물 공동체에 의존하고 있고, 그로부터 얻는 일련의 혜택은 경이롭다. 식품으로부터의 에너지 추출, 면역체계의 발달, 병원균으로부터의 보호 등이 그 혜택이다. 그러나 이러한 토착 미생물상(相, microbiota)에 대한 최근의 주목에도 불구하고, 우리는 상대적으로 우리의 '확장된 자아'가 무엇으로 구성되어 있는지, 그것이 어떻게 작동하는지에 대해 무지하다."

만일 이 미생물이(대부분은 우리 안이나 피부 위에 사는 박테리아) 없다면, 우리는 식품을 소화시키지도, 제대로 숨 쉬지도 못할 것이고, 무수한 유형의 질병과 감염에 훨씬 더 취약해지고 말 것이다. 과학자들의 추산에 의하면, 인체는 세포 수보다 10배 많은, 즉 약 100조에 이르는 박테리아를 거느리고 있다. 또 내장에만 500~1,000종의 박테리아가 살고 있다. 우리의 몸이 제대로 기능하는 데 기여하는 미생물들은 '보통 식물상(normal flora)' 또는 '미생물상'이라 지칭된다. 하지만 다른 모든 생태계들처럼 우리 몸의 생태계들도 장애를 일으킬 수 있다. 우리 몸이 오염된다면 의도적이었든 의도가 없었든, 보통 식물상은 평소에 비해 잘 기능하지 못할 만큼 곤란한 상태에 빠질 수 있다. 때로 이러한 사태는 단순히 위의 동요나 소화불량의 경우로 이어질 수도 있지만, 특히 그 오염이 지속되는 경우라면 심각한 질병이나 사망으로까지 이어지기 십상이다.

또 우리의 신체와 신체 내 미생물이 어디에 접하게 되느냐에 따라 의도하지 않은 결과가 나올 수도 있다. 항생제는 인간 건강에 많은 혜택을 제공해왔지만, 우리는 오늘날 수십 년간의 항생제 사용이(많은 경우 닭, 돼지, 소에게 주입되는 '성장촉진제'로 사용된다) 새로운 질병과 감염으로 이어지고 있음을 목격하고 있다. 일부 박테리아가 항생제와 우리 자신의 미생물 방어벽에 내성을 갖춘 종으로 진화되면서 일어난 일이다.

인체 내 미생물 공동체에 대해 배우면 배울수록, 우리의 몸을 위해서도, 인류 공동체를 위해서도 일정한 균형이 유지되어야 한다는 점에 더욱더 눈뜨고 있다. 뉴욕 대학 미생물학 교수 마틴 블레이저(Martin J. Blaser)에 따르면, "진화는 개별 인체 숙주의 건강과 전체 집단의 건강을 유지하고 향상시키는 미생물군을 선택해왔다."

건강한 신체를 갖고자 한다면 건강에 이로운 식품, 청정수, 좋은 공기를 접해야만 한다. 또한 우리의 세포 또는 그 세포를 건강하게 유지해주는 미생물의 건강에 부정적인 영향을 끼치는 그 어떤 것에도 우리를 노출시키지 말아야 한다.

그런데 이러한 원칙은 생태계에서 벌어지는 다른 모든 일에도 고스

란히 적용된다. 너무 많은 쓰레기와 오염물을 공기, 물, 대지에 내버린다면, 우리는 자연환경 내 자연의 순환운동과 모든 유기체들이 만들어 낸 균형을 깨뜨리게 되는 것이다. 지구는 인체와 많은 점에서 유사하다. 마치 혈액이 인체를 순환하듯, 물은 복잡한 수리학적 사이클로 지구를 관통하며 순환하고, 그러면서 기온을 조절하며 동식물을 산 생명체로 유지시킨다. 인체 안의 미생물들처럼, 지구 내 생태계들의 유기체들은 또한 그 덕분에 우리가 생존하고 건강할 수 있는 무수한 서비스를 제공한다.

그런가하 면 인체에도 지구에도 탄소는 필수 성분이다. 탄소는 인체에 산소 다음으로 풍부한 원소이면서 동시에 지구, 지구의 거주자들 그리고 대기를 순환한다. 보통 탄소는 광합성을 통해 대기로부터 흡수되며, (식물의) 호흡과 부패를 통해 다시 대기로 돌아간다. 탄소를 흡수하는 식물이나 나무를 너무 많이 베고, 연료 연소를 통해 너무 많은 탄소를 대기권에 돌려보냄으로써 (지구의 탄소) 균형을 깨트릴 때, 우리는 사실 지구의 건강, 그리하여 우리 모두의 건강을 위태롭게 하고 있는 셈이다.

우리 자신을 대하듯 지구를 대하는 법을 배워야만 한다. 결국 우리는 자연의 일부이고, 자연의 건강을 돌보지 않는다면, 그건 곧 자신의 건강을 돌보지 않는 일이므로.

지금 몸에 무얼 바르시나요?

매일 우리는 샴푸와 비누에서부터 탈취제, 화장품에 이르기까지 각종 액체와 로션 따위를 듬뿍 바르며 살아간다. 남에게 깨끗하게 보이고 좋은 향기를 내고 싶으니 말이다. 한 개인이 매일 10개 혹은 그 이상의 미용 제품을 사용하는 일은 그리 드물지 않다. 그리고 대개는 이러한 미용 제품들을 환경오염의 한 원인으로 생각하지는 않는다. 그러나 미국 연구자들에 따르면, 개인 미용 제품들에 들어 있는 82,000개 성분들 중 8분의 1은 발암물질, 제초제, 불임을 유발하는 유독물, 가소제(plasticizer), 탈지제(degreaser) 등 산업용 화학물질들이다.

샴푸나 핸드 로션의 병에서 성분 목록을 살펴보라. 보통은 길기 마련인 그 목록에서 어떤 특정 화학물질이 건강이나 환경에 해를 가할 수 있는지 알아내기란 쉽지 않을 것이다. 그 미용 제품이 '방향제'나 '향수'를 (이 항목은 대체로 성분 목록 마지막에 적혀 있다) 포함하고 있을 가능성은 높다. 방향제 제조법은 기업 기밀로 간주되고, 그리하여 제조업체들은 자신들이 포함시킨 화학물질의 내용을 공개하지 않아도 된다. 보통 복합 혼합물들인 '방향제'들을 제조하는 데 사용되는 화학물질은 3,000종 이상이다. 경악스러운 사실은 이들 중 80퍼센트 가까이가 인체에 해로운지 여부의 확인을 위해 단 한 번도 검사된 적 없는 물질이라는 점이다.

이러한 방향제는 단지 향수나 탈취제만이 아니라 거의 모든 개인용 미용 제품에, 나아가 세탁 세제와 청소 제품에 들어간다. 심지어는 '방향제-무첨가' 또는 '무취'라는 표시가 있는 제품조차 방향제를 함유할 수 있는데, 대개는 뇌가 냄새를 맡지 못하게 막는 물질과 방향제가 동시에 포함된다. 일부 방향 물질의 부정적 효과는 단번에 드러나는데, 이는 특히 화학품에 민감한 이들의 (이들의 숫자는 증가 중) 경우에 그러하다. 예컨대 방향제의 화학물질은 알레르기 반응, 천식, 편두통을 유발할 수 있다. 연구자들은 심지어 이러한 물질들 중 일부에 노출되면 아동 천식을 악화·유발할 수 있다는 증거를 찾아내기까지 했다.

악효과가 바로 나타나지 않는 다른 화학물질도 있다. 예컨대 디에틸

프탈레이트(DEP)는 향기를 오래 지속시키려는 목적으로 향수에 널리 쓰이는 값싼 다용도 화학물질이다. 이 물질은 여러 문제의 원인으로 지목된다. 내분비 교란 물질에 관한 유럽위원회(the European Commission) 보고서는 DEP를 호르몬 기능을 저해한다는 증거를 기준 삼아 '범주 1 우선 물질(Category 1 priority substance)'로 규정하고 있다. DEP는 여자아이의 이른 임신가능 시기, 남성 정자수 감소, 모체 내에서 발육 중인 남자 태아의 성기능 결함과 (모체가 임신 중 이 물질에 노출되었을 때) 관련된 것으로 지목되고 있다.

또한 일부 연구들은 프탈레이트 대사산물(代謝産物, metabolites)이 남성의 비만과 인슐린 내성에 기여될 수 있다고 지적한다. 캐나다 보건부는 이 물질에 오랫동안 노출되면 간 기능 장애, 신장 기능 장애로 이어질 수 있다는 증거가 나온 이후, 아동 인형 제조에 6개의 프탈레이트가 사용되지 못하는 금지 정책을 시행하고 있지만, 화장품에 사용되는 이 화학물질에 대해서는 아직 규제 계획을 가지고 있지 않다. 또한 DEP가 유독물질로서 야생생물과 환경에 해를 가할 수 있다는 증거를 기준 삼아, 미국 청정수 법(US Clean Water Act)은 DEP를 우선적 독극오염물 중 하나로 명시하고 있다.

방향제 화학물질이 환경에 해를 미치는 일은 다반사다. 합성 '사향(麝香)' 내의 일부 혼합물질은 인체를 거쳐 자연으로 돌아가는데, 이런 식으로 자연환경 안에서 장기간 잔존하며 수중 생물의 조직에 농축되어 과다 지방을 만들어낸다. 연구자들은 그레이트 레이크(Great Lake)에 사는 물고기의 체내에서 합성 사향의 수치를 측정했고, 그 침전 수치가 증가한다는 점을 알아냈다.

공중에 떠 있는 화학물질에 대해 많은 사람들이 민감해지자, 점점 더 많은 사무실과 공공장소가 '방향제 없는' 장소로 바뀌고 있다. 이것은 분명 훌륭한 시작이긴 하다. 하지만 도대체 이러한 화학물질, 또 다른 유해성 화학물질은 화장품에서 어떤 일을 벌이는 걸까?

EU는 방향제의 원료가 되는 여러 원료를 규제하고 있고, 만일 어떤 제품이 보통 향수로 널리 사용되는 26개의 알레르겐(allergen) 중 어느 하나라도 함유한다면 경고 표시를 하도록 규정하고 있다. 유럽은 또한 발암물질, 돌연변이 유도물, 또는 생식기능장애 유독물로 분류되는 화학물질이 화장품에 사용되지 못하도록 규제·금지하고 있다. 사용하는 제품에 무엇이 들어 있는지 더욱 많이 알고, 또 지금 쓰고 있는 제품을 유해성 원료를 함유하지 않은 제품으로 바꾸는 것, 이것이 바람직하다.

향과 감수성

어떤 향으로 인해 다른 시공으로 차원이동하는, 실로 마법적인 체험을 누구라도 해보았을 것이다. 어떤 향은 기억할 만한 무언가를 환기시키기도 한다. 유년시절 꽃밭을 뛰어다니던 기억, 또는 사랑스러운 누군가의 피부에서 향기를 느꼈던 기억. 어떤 향은 이와는 완연히 다른 감각을 불러일으킨다. 이를테면 갑작스러운 두통 같은 것 말이다.

언젠가 어느 가게의 화장품 코너를 걷다가 분분한 향기들에 잠시 머리가 아찔해지며, "당신의 코는 기억하고 있다(your nose knows)"는 오래된 격언을 떠올린 일이 있었다. 비록 이 격언은 어느 아침식사용 시리얼 제품에 있는 토우칸(toucan) 만화그림을 통해 사람들에게 알려진 것이지만, 어느 정도는 진실을 담고 있다. 인간의 후각은 무언가 사물이 부적당한 경우를 알아낼 수 있는 것이다. 향수, 콜로그네(colognes), 인체에 뿌리는 방향제품들의 향이 구름처럼 가득 찬 그 코너를 걸어가는 동안, 머리가 어질어질해졌고 재채기까지 시작하고 말았다. 이처럼 내 코는 무언가 잘못된 사태를 내게 일러준다.

수백 년 전만 해도 기본적인 위생설비의 부족, 문제 많은 개인 목욕 시스템으로 인해 끈적끈적하니 지저분하고 악취 풍기는 사람들이 있었다. 그리하여 근사한 라벤더 오일이나 꽃 에센스를 몸에 뿌려 몸의 악취를 가리는 관행은 일가친척 사이에서 애호되었을 것이다. 오늘날 대부분의 향은 지역의 들판이나 정원에서가 아니라 훨씬 더 먼 곳의 실험실과 해외의 공장으로부터 우리 곁으로 온다. 그리고 집과 일터마다 위생설비와 수도설비기 있는 마당에 신체의 악취 제거가 내난히 어려운 일일 리 없다. 그럼에도 사회집단으로서의 우리는 인공향으로 우리의 몸을 씻어내는 데 수십억 달러를 쓰고 있다. 화장품 산업은 자체 제품들에 로맨틱한 조명을 비추는 데 성공했다. 화장품 기업들은 전면광고와 2층 광고판에 상품을 광고해왔다. 합성 향기를 섹시하게 보이게 하려고 몸에 거의 아무것도 입지 않은 슈퍼모델들이 그 상품을 들고 있고 말이다.

화장품 코너에서 방향감각을 잃었던 일은 개인적으로 화가 치밀어 오르는 체험이었다. 하지만 개인용 화장품에 사용되는 화학물질에 대한 혐오감은 많은 이들에게 그보다 훨씬 더 심각한 수준이다. 어떤 이들의 경우 이러한 인공향과 방향제에 노출되는 것은, 방향감각 상실에서부터 호흡곤란과 천식에 이르기까지 여러 심각한 건강 문제를 촉발할 수 있다. 더욱이 향 관련 제품의 원료로 사용되는 일부 화학물질은 불임과 암 등 만성적 건강 문제들의 원인으로 지목되어왔다.

행복하게도 내가 일하는 사무실은 수년 전부터 이미 방향제 없는 사무실 정책을 시행하는 선견지명을 갖췄다. 캐나다 허파연합(Canadian

Lung Association)과 같은 단체들은, 직장인과 방문자 들이 사무실로 향하기 전에 향수 관련 제품을 사용하지 못하도록 금지하는 정책을 시행해야 한다고 오랫동안 주장해왔다. 이는 그러한 화학물질에 민감한 동료 또는 (그 향수가 섹시 심볼인 유명인사의 이름이나 최신 패션 레이블을 달고 있다 해도) 유행 중인 향수에 그다지 매혹되지 않을 수도 있는 동료에 대한 예의의 차원에서 시행되어야 할 것이다.

광고판의 광고에서 또는 심지어는 개인용 화장품 제품의 원료 목록에서 당신이 찾지 못할 한 가지가 있다. 그것은 바로 방향 혼합물에 사용된 화학물질의 종류다. 제조업체들은 법적으로 제품의 향을 내는 데 또는 때로는 '안 내는 데' 사용된 원료를 공개하지 않아도 된다. 데이비드 스즈키 재단을 비롯한 여러 단체들은 이러한 법률상 허점이 메워지도록, 그 제품에 어떤 원료가 함유되어 있는지 소비자에게 공개하도록 요구하고 있다. 캐나다 저술가이자 방송인인 길리언 디콘(Gillian Deacon)의 책 『당신의 립스틱에는 납이 있다』 그리고 '안전한 화장품을 위한 아메리칸 캠페인(American Campaign for Safe Cosmetics)'의 웹사이트는 화장품 내 유해물질과 피해야 할 제품에 관한 좋은 정보를 제공한다. 하지만 불행하게도 일상생활에서 향기와 관련하여 문제 있는 물건은 개인용 미용품에 한정되지 않는다. 신형 차량의 냄새는 유해 화학물질의 대표 주자다. 일부 방향제에는 중금속이 함유되어 있다. 신형 비닐 샤워 커튼에서 나는 냄새에는 인체에 해로운 다수의 휘발성 화학물질이 포함되어 있다. 또한 물론 포장을 뜯었을 때 화학 정제물 같은 냄새가 나는 그 어떤 아동용 장난감도 피해야 한다.

문제는 이러한 위험물질들이 지나치게 널리 사용되고 있다는 점이다. 하지만 냄새 검사법의 시행은 사태 개선을 위한 한 가지 출발점일 뿐이다. 가정과 직장으로 우리가 가져오는 향 관련 제품과 화학물질의 양을 얼마든지 조절할 수 있다. 무향 정책을 채택하라. 슬기로운 쇼핑을 하라. 원료의 목록을 읽어라. 그리고 유해한 향기를 피하는 데 상식을 활용하라.

의도하지 않은 결과를 초래하는 게놈 연구

많은 경우 과학은 자연의 한 부분을 분리하여 그 부분에만 초점을 맞추고 그 부분을 서술하고 조사한다. 우리는 이것을 환원주의(reductionism)라 부른다. 이러한 접근법은 커다란 통찰력을 제공해줄 수도 있겠지만, 또한 과학자로 하여금 연구 대상이 되는 부분과 내밀하게 연결되어 있는 맥락이나 정황에 눈을 멀게 할 수도 있다. 실험용 유리병이나 실험실 속의 식물이나 동물은 낮과 밤에 따른 빛과 온도의 변화, 계절, 비와 바람, 포식 행위, 또는 질병의 구속을 더 이상 받지 않는다.

나는 과학 분야 중에서도 가장 환원주의적인 분야인 유전학 분야에 거의 40년 동안 종사하고 있다. 생물학의 한 분과 학문인 유전학은 유전자와 염색체의 행동을 결정하는 유전 형질의 법칙이 발견되는 1900년에 인기를 얻기 시작했다. 이 학문에 논쟁이 없었던 것은 아니다. 이 과학은 '본성(Nature) vs 양육(Nurture)' 논쟁에서 '본성' 편에 손을 들어주는 데 활용되어왔다. 또 동성애, 사회 계급, IQ에서부터 범죄 행위, 정신질환, 다른 여러 질병에 이르는, 그 모든 것의 기초로서의 유전적 기초를 주장하는 일부 과학자들을 양산하기도 했다. 질병의 유전학적 원인에 중점을 둔 채 유전학은 또한, 환경적·사회적 질병에 기여하는 요소들을 줄여야 할 정부·산업·의료 전문가들의 책임을 얼마간

면제시켜주기도 했다.

아직도 유전학은 흥미진진하고 전도유망한 분야로 인정된다. 유전형질이나 DNA를 추출, 분석, 합성하는 어마어마한 권능을 획득하게 되면서 과학자들은 하나의 휴먼 게놈 안 30억 개의 유전자 코드의 정확한 서열을 정하는 놀라운 과업에 착수하기에 이른다. 1961년 유전학 박사 학위를 얻고 졸업했을 때, 나는 내 생애에 인류가 그러한 능력을 얻으리라고는 상상조차 하지 못했지만, 2001년에 휴먼 게놈 프로젝트는 완성되었다. 과학자들은 암, 심장병, 뇌졸중 같은 질병을 유발하는 유전자를 찾고자 희망했고, 그리하여 인간 게놈의 지도를 그리는 데 수십억 달러가 투여된다. 이들의 생각으로, 이 지식 덕에 자신들은 특정 의약품을 설계할 수 있고, 심지어는 결함 있는 유전자를 대체할 방안을 찾아낼지도 모를 일이었다. 수십 년 동안 우리는 휴먼 게놈 프로젝트가 대다수 질병의 유전적 기초를 밝혀줄 수 있으리라 가정했다. 페닐케톤뇨증, 헌팅턴 무도병, 뒤센형 근위축증, 겸상 적혈구성 빈혈, 낭포성 섬유증에 관한 유전적인 기초를 밝혀냈던 것처럼 말이다.

이 프로젝트가 찾아낸 첫 번째의 경이는 인체 내에서 발견된 유전자 수가 상대적으로 적다는 것이었다. 어찌 되었든 인간은 복잡한 동물이고 그리하여 과학자들은 진화의 사다리에서 우리가 차지하는 최고의 지위는 그 '아래에' 있는 동물들보다 더 많은 유전자 수에 반영되어 있으리라 가정했다. 하지만 과학자들은, 인류가 다른 여러 동식물 종들보다 더 적은 수의 유전자를 지녔음을, 우리와 가장 가까운 인척인 침팬지와 최소 95퍼센트의 동일한 유전자를 공유하고 있음을 밝혀냈다. 이제 우리는 고등 생물체를 특징짓는 건 유전자 수가 아니라 유전자의 활동과 교섭활동의 시기라고 추정하고 있다.

유전자 전체 서열의 파악에 힘입은 과학자들은 또한, 특정 병리 증세와 관련되어 있을지 모르는 DNA의 경로를 찾는 과정에서, 상이한 질병을 옮기는 게놈들을 비교하는 방법을 개발해낸다. 이를 지칭하는 용어가 바로 게놈-와이드 어소시에이션(Genome-wide association) 또는 GWA다. 생명과학 자원 프로젝트의 조너선 래덤(Jonathan Latham)과 앨리슨 윌슨(Allison Wilson)에 의하면, 80개 이상의 상이한 질병들을 검사한 700개 이상의 연구들은 모두 한결같이 비슷한 결과를 도출했다. 심장병, 암, 뇌졸증, 자기면역 질환, 비만, 자폐증, 파킨슨 병, 우울증, 편집증 그리고 다른 일반 질병들의 비교 연구는, 다수의 유전자가 미미한 영향을 미쳤을 수도 있지만 그 어떤 유전자도 그 증세와 관련된 주요 원인으로 생각될 수 없다는 점을 밝혀낸 것이다.

이것은 일부 유전학자들이 수용하기 힘들어하는 경이로운 결과인데, 이 결과가 뜻하는 것은 어떤 유전적 결함을 문제 삼거나 대체하려는 유전자 조작법과 약품 설계가 해법이 될 수 없다는 것이기 때문이다. GWAS에, 질병의 주요 유전적 결정인자의 연구에 이미 수십억 달러가 투입되었고 또 투입되고 있다. 이제 그 결정인자들은 발견되지 않을 것이라는 현실을 인정할 때가 되었다. 그 대신 우리는 인간 질병에 더욱 중요한 원인제공자들, 즉 영양실조, 운동 부족, 오염된 공기와 물과 흙에 대처하는 과제로 돌아서야 한다.

또한 래덤과 윌슨의 주장대로, "유전자 결정주의 이외의 부분에 총력을 기울인다면, 이는 곧 정책입안자들을 전에는 결코 만나지 못했던 사실로 인도할 것이다. 즉, 식품 라벨링의 장려, 정크 푸드에 대한 과세, 편견 없는 연구의 지원, 유권자들의 라이프스타일 대혁신에 힘을 실어 주는 일 등 그들에게 기회는 널려 있다는 사실로."

청정수가 풍부하다고? 당연시하지 말자

만일 이 글을 읽는 여러분이 캐나다, 미국, 유럽 또는 오스트레일리아의 독자라면, 지금이라도 당장 부엌으로 가서 차갑고 깨끗한 식수를 수도꼭지에서 바로 받아 마실 수 있는 가능성이 높을 것이다. 스트레스를 제법 많이 받은 날이라면 기분 좋은 온수욕을 할 수도 있다. 하지만 이러한 이야기는 세계 다른 곳, 즉 아이들 손을 붙잡고 몇 킬로미터를 걸어 한 양동이의 흐릿한 물을 받아야만 하고, 또 그런 다음에는 바싹 마른 대지를 넘어 그 양동이를 들고 집으로 돌아와야 하는 어느 여성이 사는 곳의 이야기는 아니다. 바로 옆 나라인 멕시코의 여행자용 리조트 바깥을 여행해본 캐나다인과 미국인이라면 그곳에서 풍부하고 깨끗한 물이란 결코 당연시되지 않다는 사실을 알고 있을 것이다.

미국의 경우, 기후변화로 인해 리오그란데와 콜로라도를 비롯한 주요 강들의 유동량이 이번 세기 동안에 20퍼센트까지 줄어들 것으로 예측된다고 미국 내무부의 한 문서는 지적한다. 지난 수십 년간 증가한 가뭄으로 인해 미 서부지역과 다른 지역 내 하천유역은 이미 식수, 관개용수, 전력발전용수, 오락용수의 공급에 차질을 빚고 있다.

풍부하고 깨끗한 물을 당연시하는 경우가 많지만, 이제 그렇게 해서는 안 되는 시대에 우리는 와 있다. 우선, 기후변화는 강우 패턴을 바꾸고 있고, 그리하여 어떤 지역에선 가뭄이 증가한 반면 다른 지역에선 홍수가 늘어나고 있다. 또한 기후변화는 빙하, 눈 덮인 들판, 호수, 습지, 지하수 내에 저장된 물의 양을 감소시키고 있다. 이와 동시에, 인구의 증가, 그리고 산업체로부터의 (특히 에너지 산업부문) 물 수요가 청정수 공급에 대한 위협과 함께 증가하고 있다. 기술의 진보에도 불구하고,

타르 샌드는 상당량의 물을 삼키며 강물과 지하수를 오염시키고 있다. 수압파쇄 과정(fracturing)에는 어마어마한 양의 물이 요구되는데, 혈암 저장지대로부터 천연가스를 추출하기 위함이다. 또한 이 과정은 물을 오염시키는 것으로 알려져 있다. 핵발전소 역시 엄청난 양의 물을 요구한다.

물 부족과 물 오염의 결과는 심각하고 또 무수히 많다. 많은 이들이 2000년 발생한 캐나다 온타리오 주 워커톤(Walkerton)의 비극을 기억하고 있으리라. 높은 수치의 대장균 박테리아를 함유한 물을 마시고는 7명이 사망하고 2,300명이 병으로 고생한 사건 말이다. 그러나 이 문제는 북미에 사는 많은 원주민 부족들이 매일같이 씨워야 하는 문제다. 실제로 전 세계적으로, 특히 주로 개발도상국에서, 물 관련 질병은 주요 사망 원인 가운데 하나다. 보건 관련 당국은 청정하지 않은 물이 매년 300만 건의 사망의 원인이며, 이 가운데에는 질 나쁜 물로 인한 설사로 죽는 200만에 가까운 아동들이 포함되어 있다고 추산하고 있다. 또 연구자들은 전 세계적으로 병원에 입원한 환자 가운데 약 절반이 수인성 질환(waterborne diseases)으로 입원하고 있다고 추산한다.

물 부족으로 인한 또 다른 문제는 활용 가능한 관개용수의 부족이다. 물론 이 문제는 식품 생산량에 심대한 타격을 입힐 것이다. 앨버타 대학의 생태학과 교수 데이비드 쉰들러(David Schindler)가 주장했듯 "물 부족 문제는 (북미) 서쪽 초원 지방에서 21세기의 가장 중요한 한 가지 경제적·환경적 이슈가 될 것이다." 2005년 캐나다 상원 보고서는 앨버타 주 강의 다수에서 여름철 물 유동량이 100년 전에 비해 이미 약 40퍼센트 감소했다고 결론 내리고 있다. 우리는 또한 물이 희박해지고 오염되면서 이러한 사태가 사람들의 삶에 미칠 영향을 생각해봐야 한다. 기후변화와 관련된 다른 문제들과 더불어, 이 문제는 거대한 난민 집단을 만들어낼 수도 있다.

다행히도 해법은 존재한다. 개인으로서 우리는 물 사용량을 줄일 수 있다. 캐나다인과 미국인의 1인당 물 사용량은 유럽인에 비해 약 2배, 세계의 다른 지역에 비해서는 몇 배 더 높다. 물 소비량에 대한 경각심을 일으키고, 저압의 급배수 설비를 설치하고, 물 사용량이 적은 정원용 기계를 사용하는 것도 변화를 만들 수 있는 방법들이다.

정부가 해야 할 일 역시 막대하다. 우선, 과도한 물 사용에 대한 측정과 디스인센티브(disincentive)를 시행한다면 물 절약과 관련하여 도움이 될 것이다. 하지만 가장 중요한 것은 정부들이 기후변화의 위기에 대응하는 것이다. 청정수 공급 보호, 개인 건강 보호와 더불어 기후변화 대응 행동은 경제를 강화시킬 것이다. 서구 기후 계획(Western Climate Initiative)이 2010년 내놓은 분석에 따르면, 기후변화에 대응하고 청정에너지 해법을 강화한다면, 이 조직에 가입된 국가와 지방의 경우 2020년까지 미화 약 1,000억 달러의 비용 절감 효과를 창출할 수 있다.

청정수 없이 우리는 살아갈 수 없다. 우리 모두가 생각해봐야만 하는 건 바로 이것이다.

숲이 건강에 중요함을 이야기한 UN

뉴욕에서 개최된 UN 일반 총회는 2011년을 '세계 숲의 해'로 선포했다. 지구의 건강 유지에 숲이 기여하는, 값을 매길 수 없는 역할, 그리고 모든 유형의 숲을 지속 가능한 방식으로 관리하고 보호할 필요에 대한 인식을 높이기 위해서였다. '세계 숲의 해'는 사회정의와 환경적 지속 가능성을 위한 노력들에 힘을 북돋아주고자 UN이 선포한 다른 원대한 선언들, 이를테면 2010년의 '세계 생물다양성의 해', 1993년의 '세계 원주민의 해', 그리고 2008년의 약간 이례적인 이름인 '세계 감자의 해'와 맥락을 같이한다.

세계 지도자들이 해마다 이러한 선언을 하는 데 대해, 특히나 그에 대한 반응 행동이 미미한 경우가 많은 정황이니, 냉소적인 반응을 보이기란 쉬울 것이다. 그렇기는 하나, 세계 숲의 해는 우리가 사는 이 지구 위의 어떤 중대한 순간을 상징하고 있다. 숲 생태계는 기후변화와 산업 활동을 비롯한 인간 활동의 결과물로 가장 위험한 수준에까지 이르렀다. 하지만 캐나다 북부 삼림 조약의 시행을 비롯한 몇몇 사건들은 2011년이 진정한 의미에서 숲의 해가 되리라는 희망을 주었다.

러시아와 캐나다의 북부 삼림지대와 같은 진짜배기 야생지대에서부터 중남미의 열대우림, 또 밴쿠버 외곽에 있는 비탈진 숲 같은 도시의 녹지 공간에 이르기까지, 남아 있는 세계의 숲들은 자연이 만든 풍요의 포트 녹스(Fort Knox)다. 숲은 아직도 종이와 건축재의 제1원천이다. 또 전 세계의 자원으로 먹고사는 지역들 내 수많은 일자리를 지탱할 바이오에너지원으로서 점점 더 많은 각광을 받고 있다.

숲은 먹을거리를, 청정식수를, 우림에서 만들어지는 암치료제인 빙크리스틴(vincristine)과 같은 귀하디귀한 의약품을 제공한다. 숲은 또한 수백, 수천만 원주민의 집이자 지금까지 알려진 지구상 육상 생물종의 절반이 넘는 생물종의 서식지이기도 하다. 게다가 숲은 수십억 톤의 탄소를 초목과 이탄(泥炭)과 토양에 포집해 저장하는 까닭에, 지구 기온 상승을 막는 중차대한 방패막이기도 하다. 캐나다 북부 삼림지대 하나만 해도 2,080억 톤의 탄소를 저장한다고 추산되는데, 이는 곧 화석연료 연소로 인해 발생되는 전 지구적 온실가스의 26년간 배출량에 해당하는 양이다.

생물다양성에, 우리 자신의 건강과 웰빙에 숲은 긴요하기 이를 데 없건만, 우리는 여전히 숲을 쉼 없이, 그것도 위험천만한 속도로 파괴하고 있다. 전 세계적으로 숲과 식림지(植林地)는 석유·가스 개발의 목적으로 찢기고 개발되고 침식되고 있고, 또 맹렬한 속도로 채광·벌목되고 있다. 오늘날 잔존하는 숲은, 인간의 손을 타지 않았던 세계의 숲 중채 20퍼센트가 되지 않는 소량의 숲뿐이다. 그리고 잔존하는 숲 중 많은 최고의 숲이 캐나다 영토에 있는데도, 이 나라는 제 자연 유산을 돌보는 문제에 관해서 책무를 다하지 않고 있다. 캐나다 정부는 엄연히 대체 벌목법이 존재하고 있는데도 쉼 없이 야생생물의 서식지를 소거하고 있는 것이다. 이 정부는 고대에서 지금까지 이어져온 온대우림의 보호를 위해 국가 차원의 그 어떤 전략도 내놓고 있지 않다. 또한 BC 주와 같은 지방에서는 셀 수 없이 많은, 무가공 원목이 나라 밖으로 수출되어 가공될 운명을 맞고 있다.

하지만 '세계 숲의 해'의 야심찬 목표를 제대로 달성하지 못했다는 점에서는 다른 국가들 역시 캐나다와 하등 다를 바가 없다. 캐나다 북부 삼림 조약의 체결로 21개의 산림업체와 9개의 환경단체는 캐나다 북부 삼림의 보호와 지속 가능한 관리를 위한 공동 비전을 연방정부와 지방정부, 그리고 캐나다 원주민 부족들에게 제시했다. 이 비전에는 보호구역의 새로운 지정, 세계 최고 수준의 산림 관리, 환경적으로 지속 가능한 캐나다 산림 제품의 홍보가 포함되어 있다.

캐나다 북부 삼림 조약의 성공 여부는 원주민들과 그들의 자치정부들이 참여하느냐, 또 결정권자로서의 그들의 권리가 존중되느냐에 달려 있다. 언제라도 원주민들이 환경단체들, 또 다른 관계자들과 공조한 경우 놀라운 성취가 보장되었기에 하는 소리다.

캐나다 서해안 하이다 과이 지역의 고대 우림의 절반 이상은 지금도 잘 보호되고 있는데, 이는 모두 하이다 족의 리더십 덕택이다. 캐나다 중부지역의 경우, 매니토바 동부와 온타리오 북부 내 5개의 아니쉬나버그(Anishinaabeg) 원주민 공동체들이 손상되지 않은, 거대한 북부 삼림지대의 유네스코 세계유산 지정을 위해 분투하고 있다. 최소 43,000평방킬로미터를 덮고 있는 이 지역은 오지브와(Ojibwa) 어로는 '피마치오윈 아키(Pimachiowin Aki)'라 불리는데, 이는 '생명을 주는 땅'이라는 뜻이다.

숲은 지구의 생명 부양 시스템을 아래에서부터 떠받치는 존재다. 청정한 그 공기로, 무잡순수한 그 식용수로, 생산성 높은 그 양토로, 또 건강한 야생생물종들로. 이제 우리와 숲 사이의 상호의존성을 인식할 때가, 그리하여 숲을 생물학적 보물로 취급할 때가 되었다.

활동의 혜택 납득하기

헬스클럽에서 늘 하던 운동을 낑낑대고 하고 있을 때의 일이다. 헬스클럽 운영자가 다가와 이렇게 말하는 것이었다. "지구의 날에 관해 트위터에서 공유할 만한 무언가를 일러주실 수 없을까요?" 30년이 넘는 세월 동안 이 분야 일을 해왔건만, 난 여전히 이 일이 재미난 일이 되기를, 적어도 쉬운 일이 되기를 기다리고 있다. 그러니 그에게 어떻게 답해야 할지 모르겠는 것도 당연했다. 숨을 골랐다. "이건 어때요? 밖으로 나와서 운동하라. 당신의 몸에도 이롭고, 환경에도 이롭다." 그는 충분히 만족한 듯 보였고 곧 다른 곳으로 가버렸지만, 그의 질문은 내게 사색거리를 던져주었다.

나는 생물학자다. 이 말은 곧 인류가 자연 세계로부터 진화하며 나왔다는 것, 그리고 오랜 세월 동안 기계 없이 살았다는 걸 내가 아는 사람이라는 말이다. 고대 선조들이 행한 그 모든 것은 특정한 노력을 기울여, 특히 한 장소에서 다른 장소로 이동함으로써 가능한 것이었다. 우리의 몸은 이러한 요구된 노력에 발맞추어 진화했다. 사실 우리의 신체가 스스로를 회복하려면 일할 필요가 있다. 못 믿겠다고? 심장병, 당뇨병, 알츠하이머, 뇌졸중, 암 등의 위험을 줄이는 데 가장 효과적인 방법 중 하나, 즉 운동을 생각해보라!

자동차가 경이로운 테크놀로지의 일부라는 것 또한 잘 알고 있다. 하지만 자동차는 A라는 지점에서 B라는 지점으로 우리를 이동시키는 데 필요한 한 가지 수단일 뿐이다. 5개나 10개의 블록 정도를 이동하려고 걷거나 자전거를 타는 대신 자동차를 선택한다면, 왜 그러한 선택이 필요했는지 자기합리화하려고 온갖 이유를 생각해내기 쉬울 것이다. 하지만 이 간단한 행위가 우리의 몸이 필요로 하는 것과는 상치된다는 사실을 잠깐이라도 생각해본 일이 있는가? 학교 근방을 걷다가 길가에 늘어선 대형 자동차에서 튀어나오는 오동통하게 살이 오른 아이들을 볼 때가 있다. 아마도 그렇게 하는 것이 아이들을 위하는 길이라고 부모들은 생각할 것이다. 하지만 그러한 행위는 아이들이 건강하기 위해 필요한 무언가를 포기하는 행위이기도 하다. 만일 아이들이 학교에까지 걸어가게 내버려둘 수 없을 정도로 동네가 위험하다면, 동네 자체를 더 안전한 곳으로 만들거나 집단 보행안을 만드는 노력을 기울여야 마땅하다.

기껏해야 90킬로그램 나가는 사람이 2,000킬로그램 나가는 차량에 올라탈 때, 차량 내 가솔린의 95퍼센트는 차 안의 사람이 아니라 차 자체를 이동시키느라 연소된다! 이건 분명 '루즈-루즈(lose-lose)'의 상황이다. 돈을 허비하고, 에너지를 낭비하며, 환경오염을 악화시키는 것이다. 자동차 업계는 멋지고 화려한 상품들로 우리를 현혹해왔다. 하지만 이것은 에너지 가격이 낮았고, 최초 계획 단계에서는 자동차가 환경에 미치는 영향이 충분히 알려져 있지 않았기 때문이다. 세계 경제 상황이 갑자기 악화되면서 3개의 자동차 대기업이 거의 도산 상태까지 이르렀고, 유가가 점차 상승하자 자동차 기업들은 좀 더 작고 효율성 높은 상품들을 홍보하며 '녹색 자동차'라는 새로운 종교를 발견하고 있다. 제발 이것이, 이 기업들을 움직이게 한 가치관상의 한 전환점이기를 바랄 뿐이다.

그러나 우리 역시 자동차에 관한 통례적 사고방식 일체를 전환해야 한다. 자동차를 자신들의 연장(extension)으로 생각하고 있지 않은가? 좀 더 멋지고 섹시한, 시끌벅적한, 좀 더 빠르고 강력한 자기 자신의 대체물. 이러한 심리를 이해 못할 바 없지만, 그래 봤자 자동차는 하나의 기계일 뿐이다. 자동차는 인간을 목적지까지 데려다주는 무엇에 불과하지만, 우리 문화의 심층부와 지나치게 하나가 되어 우리는 자동차 없는 삶을 상상조차 하지 못한다. 적어도 자가용의 필요를 없애줄 도시를 만들어내기 전까지는 말이다. 서구인의 자동차 사랑은 세계의 다른 국가들에도 부정적인 본보기를 만들어내고 있다. 경제성장으로 인해 어마어마한 수의 사람들이 자동차를 구입할 수 있는 경제적 여력과 구매욕을 갖게 된 인도와 중국이 특히 더 그러하다.

이즈음 '지구를 구하는' 10가지 방법 또는 100가지 쉬운 방법을 이야기하는 온갖 종류의 책들을 우리는 쉽게 접할 수 있다. 그러나 곤경에 처한 건 지구가 아니다. 우리가 무슨 짓을 저지르든, 지구는 계속해서 스스로 돌며 태양 주위를 돌 것이다. 곤경에 처해 있는 건 아마도 우리 자신이다. 오늘날 우리는 생물권의 화학적·물리적·생물학적 특징들을 변형하고 있고, 그리하여 우리 자신을 포함한 수십수백만 종의 생존과 번영을 더욱더 어려운 일로 만들고 있다.

과정을 바꾸는 일, 수요 욕구와 경제를 통제하는 일은 쉽지 않은 일이리라. 모든 사람들이 전기 차량 또는 하이브리드 차량을 구매하고, 백열전구를 바꾸고, 천으로 만든 가방을 들고 쇼핑을 한다 해도, 지속가능한 삶의 양식으로 이동하는 데에는 태부족할 것이다. 하지만 만일 우리 자신의 개인적 건강에 대해, 건강과 기계들과의 관계에 대해 생각해볼 기회를 갖는다면, 적어도 새로운 길에 들어설 수는 있지 않을까?

오늘날 우리 아이들은 역사상 전례가 없을 정도로 적은 야외 생활을 하고 있다. 그런데 컴퓨터나 TV 스크린 앞에 그토록 장시간 앉아 있는 행태는 아이들에게 (우리에게는 말할 필요조차 없고) 대체 어떤 영향을 미치고 있는 걸까? 우선, 자연과 야외와의 교감을 잃어버린 사람은 자연을 보호하겠다는 마음을 잃어버릴 수 있다. 또한 사람들은 우리의 삶과 건강의 토대인 생물학적 시스템들에 내밀하게 연결되어 있기보다는, 자연과 그 경이로부터 절연되어 있는 스스로를 발견하고 있다. 예컨대 이러한 사람들은 성인이 되어 생명으로부터 절연된 공간, 즉 생존의 버팀목이 무너진 공간으로 도시를 설계할지도 모르겠다. 하지만 우리의 부모들 모두가 알고 있었던 진리도 있다. 야외에 나가 맑은 공기를 마시는 것이 건강에 좋다는 것, 정신적으로도 육체적으로도 좋다는 것 말이다. 그간 우리는 너무나 많은 문제들을 양산했다. 우리의 아이들에게 알려주자. 너희가 자연의 일부이고, 자신을 존중하는 것처럼 자연을 존중해야만 한다는 것을. 이제부터라도 아이들을 위한 보다 나은 본보기를 만들어내야 하지 않겠는가?

야외 놀이는 어린이들과 지구에 이롭다

1950년대 초반, 온타리오 주 런던에서 자랄 때의 일이다. 오후 5시 반이나 6시 사이에 뒷문은 열려 있고, 부모님들은 조니나 메리를 부르신다. 이제 그만 집에 돌아와 저녁 먹으라고 부르는 소리다. 우리는 공원이나 공지, 근처의 도랑이나 시냇가에서 놀고 있었다. 당시만 해도 런던에 텔레비전 방송국은 없었고, 텔레비전을 가지고 있던 몇 안 되는 이웃들은 클리브랜드나 디트로이트로부터 신호를 잡아와야 텔레비전을 시청할 수 있었다. 또 그 화면은 칙칙한, 안 좋을 경우엔 잠시 보이지도 않는 흑백화면이었다. 컴퓨터도, 휴대폰도, 아이팟도, 그 어떤 디지털 기기도 없는 세상에서 우리의 즐거움은 바깥의 들판이었다.

오늘날은 어떤가? 작가 리처드 루브(Richard Louv)에 따르면, 9~13세의 미국 아동 중 오직 6퍼센트만이 야외에서 뛰놀고 있다. 낚시하거나 수영하거나 심지어는 자전거 타는 아이들이 급격히 줄었다. '아이들과 자연의 네트워크(Children & Nature Network)' 공동 창립자인 루브에 따르면, 샌디에이고의 경우 "빈민지역의 아동 90퍼센트가 수영할 줄 모르며 34퍼센트는 한 번도 해안가에 가본 적이 없다."

내가 사는 곳은 밴쿠버의 해안가로, 아이들이 아직 초등학교에 다니고 있을 때 조수간만의 차를 기록한 차트를 살펴보곤 했다. 그 차이가 극히 낮은 날에는 딸들을 해변가의 (수영) 수업으로 데려가기 위해서였다. 얼마나 많은 어린이들이 '야생' 그대로의 해변에 한 번도 와본 적이 없는지를 알아차릴 때마다 너무나 놀랍다. 어떤 아이들은 갯벌의 지저분한 곳을 걷는 것조차 두려워했다. 대부분은 바위를 들추어 게나 베도라치류, 말미잘을 본 적이 단 한 번도 없었다. 대개 아이들의 즉각적인 반응이란 깔깔댐이었지만, 단 몇 분 만에 이러한 자연의 경이에 매료되지 못한 아이를 이제껏 단 한 번도 만난 적이 없다. 이제 난 노인네라서 이러한 감정들이 고작해야 '좋았던 옛날'에 대한 향수 따위에서 올라온 것일지도 모르겠다. 요즘 아이들이라면 내 유년시절의 세계를 짐작하기 어려울 것이다. 그들은 눈을 동그랗게 뜨고는 "그때 뭐하셨어요?"라고 묻는다. 손가락 하나만 움직이면 작동하는 그 모든 전자기기 없는 세계를 아예 상상하지 못하는 것이다!

하버드 대학의 저명한 생물학자 에드워드 윌슨(Edward Wilson)은 '바이오필리아(biophilia. 바이오=생명, 필리아=사랑)'라는 용어를 만들어냈다. 우리가 다른 생물종들과 함께 살아가야 할 필요를 말하기 위해서였다. 윌슨은 이 필요가 우리의 유전자에 각인되어 있고 우리의 진화사적 뿌리를 반영하고 있다고 생각한다. 도시에서 우리는 일종의 바이오포비아(biophobia)를 고취시키며 점점 더 생명 사랑의 필요로부터 멀어지고 있다. 집 안으로 침입한 자연에 대한 전형적인 반응으로 우리는 아이들을 가르친다. "내다버려. 만지지 마. 물지도 몰라." 문제가 아닐 수 없다. 우리가 주변의 세계를 취급하는 방식은 우리의 가치와 신념을 그대로 반영하기 때문이다. 어떤 생물을 단순한 자원이나 상품 또는 기회로서가 아니라 생물학적 일족이라 생각하며 취급하는 경우와 대조해보라. 세계를 보고 이해하는 방식은 세계를 취급하는 우리의 방식을 결정하며, 우리가 알고 사랑하는 이들만을 보호할 수 있다.

그러나 도시는 사람보다는 자동차의 수요와 상업적 수요와 관련하여 확대되어왔다. 어느 아빠가 아이들이 로드 하키를 하며 놀 권리를 위해 법정 투쟁에 나서야 한다면 (최근 뉴스 기사에서 읽은 것처럼) 이건 무언가 잘못된 것이다. 세계화는 우리를 실제 세계와 분리시켰다. 우리는 그 원자재의 기원이 무엇이든, 어디에서 어떤 조건에서 그 부품이나 성분이 제조되고 조립되었든, 오직 그 브랜드만을 보고 제품을 구매한다. 오늘날 식품은 더 이상 계절이나 장소를 반영하지 못한다. 점점 더 경제와 소비에만 집중하기 쉬워지고 있다. 우리가 필요로 하고 사용하는 그 모든 것의 진짜 원천인 자연은 망각하면서도.

우리 아이들은 전자제품들의 폐쇄된 세계를 위해 야외와 자연의 세험을 포기했다. 그리하여 리처드 루브가 말하듯 '자연 부족 질환(nature deficit disorder)'을 야기하고 말았다. 생물권의 상태를 우려하고 있는 이들에게 이것은 큰 근심거리가 아닐 수 없다. 자연을 이방의 것으로, 낯선 무언가로 여기는 사람이라면 자연환경 상태의 악화를 돌보기는커녕 인식조차 못 할테니 말이다.

수많은 환경주의자들이 어린이들의 성장 방식에 관심을 두는 까닭이 바로 여기에 있다. 컴퓨터, 텔레비전, 비디오 게임 그리고 인터넷은 정보를, 또 가상 세계의 즐거움을 제공해준다. 그리고 그 가상 세계엔 모기, 비와 추위, 가파른 오름길 또는 실제 세계의 '위험한' 동물들로부터의 위협이나 불쾌도 없고, 실제 세계가 제공해주는 그 모든 기쁨도 없다. 아이들이 자연 세계와 다시 교감하도록 또 그 세계를 이해하고 존중하도록 독려해야 한다. 그렇게 하지 못한다면 그 세계를 보호하고 돌보는 그들의 행동 역시 기대할 수는 없을 테니까.

학교 담장을 부수자

매년 가을 우리의 아이들과 손자들이 학교로 돌아가지만, 그때마다 그들에게 무엇을 가르칠 것인지만이 아니라 어떻게 가르칠 것인지 또한 생각해보는 일이 중요하다. 어찌되었든 오늘날 세계는 어떤 믿기 힘든 문제들에 직면해 있고, 어린 세대는 장차 그 문제들 중 다수와 씨름해야 할 처지에 놓이게 될 테니 말이다. 그렇다면 우리는 지금 정규 시험에서 성적을 평가하고자 사실과 수치만을 그들의 머릿속에 주입해야 할까, 아니면 그들이 스스로를 위해 생각할 수 있는 생각의 도구를 제공해야 할까?

1956년 대학에 재학할 당시, 생물학자이자 작가인, 또 내게 엄청난 영향을 끼쳤던 생태학자인 레이첼 카슨은 『우먼스 홈 컴패니언(Woman's Home Companion)』이라는 잡지에 「당신의 아이가 경이를 느끼게 하라」는 제목의 글을 싣는다. 그녀는 이 글을 확대해 나중에 『경이의 감각(The Sense of Wonder)』이라는 책으로 엮어낸다. 이 글에서 그녀는 이렇게 적고 있다. "아이가 무언가를 스스로 알기 원하도록 길을 열어주는 것이 아직 소화시킬 준비도 안 된 일련의 사실들을 주입하는 것보다 훨씬 더 중요하다."

내가 그러하듯, 카슨 역시 인류가 자연의 한 부분에 불과하다고, 하지만 자연 시스템들을 변형할 수 있는 우리의 능력이 우리를 자연과 분리시키고 있다고 생각했다. 또한 우리는 자연을 이해하지 못하거나 존중하지 않기에 자연에 해로운 방식으로 자연을 변형하기 쉽다. 어린이들에게 지구와 그 경이와 신비에 관한 경이의 감각을 불어넣어준다면, 그 아이들은 자연과 환경을 더욱더 잘 돌볼 수 있을 것이라고 카슨은 주장했다. 게다가 그렇게 되면 그들은 한층 더 충만하고 온전한 삶을 살 수 있을 것이다. 카슨은 이렇게 적었다. "그 사람이 과학자이든 평범한 사람이든, 지구의 아름다움과 신비 속에서, 그 곁에서 사는 사람이라면 결코 외롭지도, 삶에 지치지도 않을 것이다."

더욱 건강해진 세계에 사는 좀 더 충만하고 온전한 사람. 바람직한 말로 들린다. 하지만 어떻게 하면 이러한 상태에 도달할 수 있을까? 카슨은 아이들이 자연을 탐색하도록 그저 이끌기만 하는 일의 가치에 관해 이야기한다. 이렇게 한다면 앞으로 나타날 필수적인 (또 유용한) 사실과 수치 역시 아이들에게는 더욱 의미 있는 무엇이 될 것이다. 그녀는 이렇게 쓴다. "만일 사실이 장차 지식과 지혜를 만들어낼 씨앗이라면, 감각적 인상과 느낌은 그 씨앗이 자라는 양토일 것이다." 그러나 컴퓨터 게임과 텍스트 메시징의 시대에, 정규 시험과 교육 예산 축소의 시대에, 아이들은 그 어느 시대보다도 야외에서 짧은 시간을 보내고 있다. 학부모에게는 자녀를 밖에 데리고 나갈 책임이 있겠지만, 학교와 교사 역시 중요한 역할을 해야만 한다.

만일 우리가 자연 세계 내 그들이 사는 곳에 관해 흥미를 갖도록 그들을 가르치거나 그들에게 영감을 불러넣는 일을 경시한다면, 어떻게 그 아이들이 충만하고 온전하며 건강하게 성장하길 기대할 수 있을까? 물론 커리큘럼에 자연과학을 포함시키고 국어, 수학과 함께 책과 컴퓨터를 통해 자연과학을 가르칠 수는 있을 것이다. 하지만 대부분의 아이가 정보를 더 잘 배우고 간직하는 것은 직접적인 체험을 통해서다. 과학 연구들은 또한 인류가 자연과 내밀히 결속되어 있고, 자연에서 시간을 보내는 일은 엄청난 심리적 효능과 혜택이 있다는 점을 밝히고 있다.

사실, 배움의 환경을 가능한 한 야외로 옮긴다면 어린이들은 우리의 생존의 토대로서 자연과 지구가 어떤 가치를 지니는지 이해하고, 다른 배움과 관련해서도 도움을 받을 것이다. 연구에 의하면, 자연 환경에서 시간을 보내는 일은 기억력 증진과 암기 능력, 문제 해결 능력, 창의성과 관련하여 도움을 준다. 야외에서 좀 더 많은 시간을 보내는 아이들은 (그리고 어른들은) 또한 육체적으로 보다 건강하다.

잠재적 가치는 무궁하다. 한번 생각해보라. 만일 아이들이 수학을, 나무의 키를 재는 일처럼 자연 현상과 관련하여 배울 수 있다면, 그리하여 수학 자체가 (배우는 이에게) 훨씬 덜 추상적인 것이 된다면 얼마나 더 흥미롭고 가치 있는 것이 될지를. 만일 당신이 레이첼 카슨 같은 이의 작품을 읽어본다면, 자연이 얼마나 많은 종류의 글쓰기에, 그것이 시이든 아니면 과학적 분석이든, 얼마나 많은 영감을 줄 수 있는지 깨닫게 될 것이다. 생물학과 지질학 같은 과목들을 야외에서 배운다면 그 의미가 더욱 생생해지리라는 건 말할 필요조차도 없다. 모든 과목의 수업이 야외 수업으로 진행되어야 한다는 말이 아니다. 하지만 적어도 우리는 자연 속에서 배우는, 그 시간의 양을 늘리려는 노력을 기울여야 한다.

아이가 아주 어릴 적부터 자연에 대한 경이와 기쁨의 감각을 가지도록 이끌어준다면, 그렇게 자란 아이에겐 바이오포비아(자연에 대한 공포나 불쾌감)가 아니라 바이오필리아(자연에 대한 사랑과 친밀감)가 성장 중에 얻게 되는 주된 기질적 특성이 될 것이다. 악화일로에 있는 자연 세계의 상태는 수업 공간을 야외로 옮겨야 하는 절대적 당위, 그 근거일 것이다.

자녀에게 건강을 가르쳐라

내겐 거니(Gunny)라는 애칭으로 부르는 손자가 하나 있다. 어른으로 산다는 일의 번다함과 피로에서 해방되어 오직 그 아이에게만 집중한다는 것, 그저 아이와 놀기만 한다는 것은 얼마나 대단한 기쁨이란 말인가. 거니가 18개월쯤 되던 때의 어느 날, 밴쿠버에서 만날 수 있는 어느 평범한 겨울날처럼 비가 퍼붓고 있었고, 나는 퇴비를 정리해야만 했다. 그래서 거니에게 부츠와 스웨터와 장갑과 비옷을 착용케 하고, 밖으로 나갔다.

한 삽 가득 뜰 때마다 벌레가 나타났고, 거니에게 그중 큰 놈을 집어 거북이에게 먹여보라고 했다. 녀석은 즐거워 어쩔 줄을 모르며 벌레를 집었다. 꿈틀거리는 것, 색깔 있는 것이라면 무엇이든 즉각 아이의 관심을 끌었다. 박스 안에 퇴비 있는 쪽을 완전히 다 비우고 새로운 걸로 그 자리를 채우는 데는 시간이 꽤 걸렸는데도, 녀석은 아동용 삽으로 퇴비 파는 일을 멈출 줄 몰랐다.

내 손자 녀석의 두뇌 속에서 무슨 일이 벌어지고 있는지 상상할 능력은 내게 없다. 녀석은 아마도, 시작점으로 삼으면 좋은 기준점 없이, 하나의 세계 전체를 배우고 있었으리라. 거니가 좀 더 어렸을 때의 일로, 녀석의 또 다른 할아버지가 나무를 자르면, 녀석은 옆에 나무토막을 쌓았다. 거의 걷지도 못하는 녀석은 나무토막을 차곡차곡 쌓으려 분투 중이었다! 퇴비 만들기? 나무 쌓기? 혹자는 이러한 활동이 대도시에서 자랄 아이에게, 컴퓨터 화면 앞에 고정될 또는 텍스트 메시징을 하며 휴대폰에게 고정될 아이에게 도대체 무슨 의미가 있을지 의아해할지도 모르겠다. 나는 이 활동들이 그 아이의 미래와 모든 면에서 관련되어 있다고 생각한다. 아실지 모르겠지만, 생태 위기에 대해서만큼이나 난 비만 어린이의 경악할 만한 증가에 대해서도 마음을 쓰고 있다. 어린이들은 어른들의 본보기를 보고 배운다.

내 딸아이 세번(Severn)은 열두 살 되던 해인 1992년, 리우데자네이루 지구 정상회의에서 연설을 했다. 어린이들에 대해서, 우리가 어린이들에게 남겨놓은 세계에 대해서 더 많이 생각해볼 것을 어른들에게 촉구하는 호소였다. 녀석의 말은 많은 이들의 신경을 건드렸고, 언론에서는 한바탕 소란이 일었다. 어느 기자는 이렇게 말했다. "그래, 우린 환경을 돌보는 데는 형편없었지. 하지만 너희 아이들은 다를 거야. 너희들이 새로운 길을 열 거야." 내 짐작에 이 말은 세번을 칭찬하려고 한 말이었지만, 녀석의 답변은 충격적인 것이었다. "오, 그건 어른들이 아무 일도 하지 않는 데 대한 변명인 건가요? 게다가 당신들은 우리의 롤 모델들이에요. 우리는 당신들이 하는 일을 따라 하죠. 그런데 어떻게 우리에게 무언가 조금이라도 다른 것을 기대할 수 있죠?" 이 말의 깊이에 난 어안이 벙벙했다. 딸아이의 말에는 한 점의 오류도 없었다. 흡연하는 부모 가운데 얼마나 많은 이들이 제 아이들더러 금연하라고 권고하는 데 성공할 수 있을까? '내가 말하는 대로 해, 내가 행하는 대로가 아니라!' 이건 아이의 행동에 영향을 끼치려는 방법치곤 꽤나 빈약한 방법일 것이다.

이렇게 쓰고 보니, 생각이 다시 내 손자 세대로 향한다. 만일 그 아이들 주위에 너무나 바빠 놀 시간이 없는 이들이, 시간을 함께 보내는 방식으로 텔레비전 시청이나 컴퓨터 게임을 선택하는 이들이 롤 모델로 있다면, 그 아이들은 걷고 뛰고 움직이는 일이 우리 몸을 건강하게 유지하는 데 필요하다는 걸 어떻게 알 수 있을까? 우리는, 우리가 행한 그 모든 일이 우리의 근력과 관련되었던 자연 세계로부터 진화되어온 이들이다. 동물의 힘을 대신 동원하는 일은 거대한 진보였지만, 진화의 스케일로 본다면 그건 극히 최근의 일일 뿐이다. 건강을 유지하려면 몸을 반드시 움직여야만 한다.

운동은 당뇨병에서부터 뇌졸중, 알츠하이머, 심장병, 암에 이르기까지 여러 주요 건강 문제를 완화하는 데 중대한 기여를 하는 요소다. 우리의 몸은 활동적이게끔 진화해 왔다. 하지만 석유에 내장된 값싸고 풍부한 에너지를 동력화하기 시작하면서 우리는 몸 대신 기계를 활용해 왔다. 환경에 대한 관심과 마찬가지로, 운동은 전문가와 헬스클럽과 운동기구가 요청되는 어떤 대단한 활동이어서는 안 된다. 대신 그것은 우리 삶의 스타일의 한 부분이어야 한다.

움직이기 또는 걷기 등 에너지 소비를 포함하는 활동이라면, 그 어떤 활동도 운동이라 봐야 한다. 걷거나 자전거를 타는 대신 몇 블록 이동하는 데 자동차를 끌고가거나, 계단 대신 엘리베이터나 에스컬레이터를 이용한다면, 이는 곧 건강 유지에 몸이 필요로 하는 것을 박탈하는 길이다. 개인적으로 일상활동을 통해 운동하는 걸 선호하지만, 난 헬스클럽에도 간다. 그러나 몸을 만들려고 가는 것이 아니라 (내 나이에 이런 희망이 남아 있을 리가 없다) 건강을 위해서 간다. 내게 운동이란 일종의 약이다. 우리는 지금 에너지 가격 상승 시대에 다다라 있고, 따라서 삶의 방식 자체를 다시 생각해보아야 마땅하다. 운동은 중대한 건강의 한 요소로서 포함되어야만 한다. 당분간 나는 아이 돌보는 할아버지로서 손자들과 하이킹하고 놀며 더 많은 시간을 보내고 싶다.

우리가 만든 엉망진창을 아이들이 정리해줄 거라 기대해서는 안 돼

2011년 3월부로 내 나이는 일흔다섯이 되었다. 이것은 곧 아마도 내가, 기후변화의 최악의 여파나 다른 서서히 나타나기 시작한 환경 재난들을 또는 만일 우리가 이 문제에 대응하는 데 우물쭈물하지 않는다면 나타날지도 모를 훨씬 더 밝은 미래를 체험하지는 않을 것임을 뜻한다. 하지만 난 한 사람의 아버지이자 할아버지이기도 하며, 내 아이들과 손자들 나아가 전 세계 모든 어린이는 내게 소중한 이들이기에, 그간 환경 문제와 해법에 대해 난 계속해서 발언하고 또 일해 왔다.

기후변화는 이미 전 세계 곳곳에 눈에 띄는 여파를, 이를테면 식품 부족난, 극단적 기후 재난의 증가, 빙하와 만년설의 용해, 해수면 상승 등을 야기하고 있다. 이미 우리는 대기권의 탄소 균형을 깨뜨렸고, 그리하여 이 문제를 방치하면 방치할수록 상황은 악화될 것이다. 우리의 아이들과 손자들을 점점 더 황량하고 음산한 미래라는 유형지로 보내는 건 비양심적인 일이다. 특히나 바로 활용 가능한 해법들이 전 지구적 문제들을 해결하는 데 도움이 되는 정황에서라면 더욱 그러하다. 좀 더 청정한 에너지원은 환경오염을, 그와 동반되는 문제인 건강 문제를 완화시킬 것이다. 더욱 나은 사회정의를 이룩한다면, 사람들은 환경 문제와 삶의 질 향상을 중점적으로 생각할 수 있는 더 많은 시간과 자원과 의지를 가질 것이다. 화석연료에 대한 의존도를 줄인다면, 정치적·경제적 안정성을 위협하는 위기들 또한 해결할 수 있을 것이다.

우리가 만들어낸 엉망진창을 정리하는 일을 어린 세대에게 맡겨서는 안 된다. 어쨌거나 우리는 그들에게 투표권을, 즉 그들 대신에 누가 결정할지 선택할 권리를 허락하지도 않는다. 게다가 오늘 여기서 결정된 사항에 의해 가장 많은 영향을 받을 이들은 다름 아닌 그들이다. 그러나 너무나 많은 어른은 세계와 제 아이들에 대한 책무를 저버렸고, 그리하여 오늘날 젊은 세대는 이 문제를 스스로 해결할 수밖에 없는 형국에 처하고 말았다.

미국의 청소년 알렉 루루즈(Alec Loorz)는 심지어 열여섯 살 때 미국 정부를 법정에 기소하기까지 했다. 정부가 기후변화에 대해 행동하지 않는다는 것이 기소 사유였다. 그와 더불어 다른 이들은 주정부와 연방정부에 대항하는 행동을 개시했는데, 대기권을 일종의 '공공신탁(public trust)'으로 공표되도록 하기 위해서였다. 공공신탁이란 오염된 강과 해안의 청소에 활용되어온 개념이나. "우리는 기후변화가 돈에 대한 것이 아님을, 권력이나 편리에 대한 것도 아님을, 세상이 알게 할 겁니다." 루루즈는 이렇게 말한다. "기후변화는 미래에 대한 거예요. 또한 현세대와 앞으로 출현한 그 모든 세대들의 생존에 관한 거예요."

알렉 루루즈는 '아이매터(iMatter)'라는 단체를 조직하기도 했는데 매년 5월 둘째 주 동안 기후변화에 대한 의식 각성을 촉구하는 행진을 조직하여 진행하고 있다. 참여자들은 전 세계 젊은이들이다. 그의 주장에 의하면, 어린이들에게는 자기 부모와 지도자들에게 "난 당신에게 중요한 존재인가요?"라고 물을 수 있는 "도덕적 자격과 권한"이 있다. 이는 분명 답변을 들을 가치가 있는 질문이다. 수많은 어른에게, 솔직한 답변이란 이런 종류일 것이다. "아니, 우린 값싼 가스에, 경제에, 화석연료 산업의 이윤에, 또 더 많은 것의 소유에 더 관심이 있어."

알렉 루루즈에 관해 읽으니, 내 딸아이 세번이 지구 정상회의 때 한 연설이 떠올랐다. 녀석은 그때 대표단에게 물었다. "당신들의 우선항목 목록에 우리들이 있기는 한 건가요?" 또한 그들에게 "미래를 잃어버린다는 건 선거에서 진다거나 주식시장에서 몇 포인트 잃는다거나 하는 것들과는 차원이 다르다"는 점을 상기시켰다.

세번은 이제 한 아이의 어머니다. 그녀가 자신의 아이와 세상의 모든 아이들에 대한 진지한 헌신의 의지를 지니고 있다는 점이 난 자랑스럽다. 어머니로서도 훌륭하지만, 그녀는 글쓰기나 발언, 그리고 텔레비전 출연을 통해 환경 문제에 대한 관심과 이해를 높이는 일에 온 힘을 쏟고 있다. 우리는 우리가 만들어낸 이 엉망진창을 정리하는 데 우리의 아이들과 손자들에게 빚을 지고 있다. 또한 우리는, 그들이 참여할 때, 세계를 위해 더 많이 행하라고 우리를 압박할 때, 그들에게 경념과 지지를 표해야 마땅하다. 오늘날의 부모라면 제 아이들을 대신하여 환경 전사(eco-warriors)가 되어야만 한다. 그들이 살아갈 미래는 그들 자신에게 중요한 만큼이나 우리 자신에게도 중요한 것이어야 하므로.

10

생명, 우주, 만유

환경주의자가 되기 위한 조건은 무엇일까? 상대적으로 짧은, 지구상에서의 인류사로부터 우리는 무얼 배울 수 있을까? 진화는 우리에게 무얼 가르쳐주는가? 이런 질문들을 난 오랫동안 묵상해왔다. 또한 부모님이 내게 가르쳐준 것들, 그간 내가 만났던 이들, 함께 일했던 이들로부터 얻은 지식들, 우화에서부터 과학 논문에 이르기까지 그간 읽어온 그 모든 것으로부터 배운 바들을 생각해보았다. 내 자신의 삶을 되돌아보건대, 또 인류와 인류가 지구와 맺어온 관계의 역사를 살펴보건대, 변하지 않는 것이란 오직 변화뿐임을 자각하게 된다. 무수한 퇴보가 있었지만, 우리는 언제고 생존과 번영의 길을 찾아냈다. 큰 그림을 살펴보면 희망이 생긴다. 우리가 이 자그마한 놀라운 푸른 세계에서 잘 생존할 수 있는 길을 찾을 수 있으리라는, 아직 시간이 남아 있다는 희망이.

70억은 너무 많은 걸까?

오늘날 세계 앞에 놓인 가장 거대한 과제는 무얼까? 기후변화? 경제 불평등? 생물종 멸종? 서구에 사는 억만장자라면 인구 증가를 거론할 공산이 크다. 북미와 유럽에 사는 제법 산다 하는 사람들도 이에 동의하리라. 하지만 맞는 이야기일까?

한번 생각해볼 만한 문제이기는 할 것이다. 특히 세계 어딘가에서 70억 번째 사람이 최근에 태어났다는 사실을 떠올린다면 말이다. 내 생애 동안만, 인구는 3배 이상 증가했다(이 인구 붐에 나 역시 한 명의 기여자라는 점 또한 알고 있다). 그러나 인구과잉은 실제로, 그렇다고 주장되고 있는 것만큼의 문제일까? 만일 그렇다면 우리가 할 수 있는 일은 무엇일까?

우선, 유한한 자원을 지닌 유한한 어느 행성 위에서 보다 많은 사람들을 부양한다는 건 심각한 과제다. 그러나 기아와 비만이 동시에 만연한 어떤 세계에서라면 번식률이 주요 문제일 수는 없는 노릇이다. 게다가 인구과잉이 원인이라고 지목되는 사안들을 살펴본다면, 도리어 가장 특권을 누리고 있는 이들에 의한 과소비야말로 미쳐 날뛰는 환경 파괴와 자원 고갈의 더 큰 원인제공자라는 사실에 눈뜨게 될 것이다.

언젠가 생태학자 에드워드 윌슨에게 지구가 무한히 부양할 수 있는 사람의 수가 얼마나 되겠냐고 물어본 적이 있다. "만일 당신이 북미인들처럼 살고 싶다면, 2억 명"이라는 게 그의 답변이었다. 북미인, 유럽인, 일본인, 그리고 오스트레일리아인은 세계 인구의 20퍼센트를 차지할 뿐인데도 세계 자원의 80퍼센트 이상을 소비하고 있다. 이들이야말로 지구의 주요 포식자이고 약탈자다. 그리고 이들이 문제의 원인으로 지목하는 것이 바로 인구과잉이다. 하지만 기억하라. 대다수의 환경 유린의 직접적인 주체는 개인이나 가정이 아니라, 인간의 필요보다는 이윤에 의해 움직이는 기업이다.

비영리기구인 세계 생태발자국 네트워크(Global Footprint Network)는 인류가 소비하는 총 자원을 생산하고 이산화탄소 배출물을 흡수하는 데 어느 만큼의 땅과 물이 필요한지 그 면적을 계산한 적이 있다. 우리가 1년에 사용하는 양을 자연이 다시 만들어내는 데 약 1년 또는 그보다 더 적은 세월이 소요된다면, 이는 지속 가능한 방식일 것이다. 그러나 이 기구는, 우리가 1년에 사용하는 양을 자연이 대체하는 데 1.5년의 세월이 걸린다는 점을 밝혀냈다. 이는 곧 우리가 우리의 이익을 생각한 채 살아가기보다는 우리의 기본적인 생물학적 자본을 남용하고 있음을 뜻한다. 이 수치는 1980년대 이래로 계속 올라가고 있다.

개발도상국가의 국민은 우리가 당연시하고 있는 제품들과 부를 더욱 많이 요구하고 있고, 그로 인해 환경에 끼칠 악영향은 증가할 것이 자명하다. 이 문제들에 대한 최고의 대응법은 쓰레기와 소비의 양을 줄이는 것, 청정에너지원을 찾는 것, 서구인들이 활용해온 것보다 더 지속 가능한 방식의 발전 방법을 찾도록(즉 서구인들의 실수로부터 무언가를 배우도록) 다른 국가들을 돕는 것이다. 인구 증가율을 안정·감소시킨다면 그 또한 도움이 되겠지만 이것이 가장 큰 문제는 아니다. UN 보고서 「2011년 세계 인구 상태」에 따르면, 심지어 인구 증가율이 제로가 된다 해도 지구고온화에 큰 영향을 미치지는 못한다.

그러나 유한한 지구 내의 지속적 성장에 기반한 경제 체제에 의존하는 것이 모순이듯, 계속되는 인구의 기하급수적 증가 역시 지속 가능하지는 않을 것이다. 그렇다면 다행스러운 소식은 하나도 없는 걸까? 인구 증가율은 사실 낮아지고 있다. UN 보고서에 따르면, 한 여성당 아이의 평균 수는 지난 60년간 6명에서 2.5명으로 줄어들었다. 몇몇 연구에 의하면, 인구 증가율을 안정·감소시키는 최고의 방법은 여성의 권리를 더욱더 많이 보호하고 존중하며, 출산 조절을 더 잘하게 하는 길, 성행위와 생식에 관한 보편 교육을 시행하고, 부를 재분배하는 길이다.

하지만 인구 증가를 최대 문제로 지적하는 부유한 보수주의자들은 많은 경우 그 인구 증가율을 낮출 수 있는 방안들을 반대하는, 바로 그 사람들이기도 하다. 이는 특히 기업의 우두머리들과 이들을 지원하는 정치인들이 환경 보호에, 성교육과 좀 더 나은 출산 조절에 (부의 재분배는 말할 것도 없고) 반대하고 있는 미국의 경우에 그러하다.

인구, 환경 문제, 사회정의 문제는 서로 긴밀히 얽히고설켜 있다. 여성에게 자신의 몸에 대한 더 많은 권리를 부여하는 일, 그들의 평등한 사회 참여를 보장하는 일, 성교육과 피임을 보편화하는 일은 인구 증가율 안정화에 도움이 될 뿐만 아니라 수많은 다른 혜택도 줄 것이다. 부자와 빈자 간의, 국가 간의 경제 불평등을 완화한다면, 이는 자원에 대한 한결 공평한 분배로 귀결될 것이다. 그러나 심각한 환경 문제들을 해결하는 일에는 인구 증가 완화 이상의 노력이 요청된다는 점만은 확실하다.

더욱 밝은 21세기를 상상하라

지구상에서의 우리의 짧은 역사 동안 인류는 일종의 혼돈의 세계에서 떨쳐 일어났다. 수많은 방식으로 의미와 질서를 부여하며, 또 우리 앞에 출현하는 새로운 세계를 상상하며. 이러한 점이 우리가 지닌 가장 위대한 힘이리라. 이제 21세기의 두 번째 10년으로 이동한 우리는, 좀 더 나은 세계를 창조할 충분한 상상력을 갖추었다고 스스로에게 증명할 수 있을까?

우리의 과제는 우리의 부가 인간관계 속에 있는 세계, 자연의 나머지와 조화롭게 사는 법을 배우는 세계를 상상하는 일이다. 미래를 상상할 수 있을 때 비로소 우리는 그것을 가능하게 할 수 있다. 우리는 늘 그래왔다. 하지만 우리가 계속해서 인간과 인간 외부의 경계를 긋고, 경제를 최고의 우선가치로 삼는다면, 우리의 제도와 활동의 파괴성과 맞서 싸울 수 없을 것이다.

더 나은 세계를 상상하는 과정에서 우리는 스스로가 혁신적인 사고를 할 수 있게 해야 한다. 또한 우리는 인류의 역사 전 기간에 비전을 갖춘 이들이 철지난 사고방식과 행동방식을 계속해서 전복해왔다는 사실을, 많은 경우 거대한 저항에 맞섰다는 사실을 기억하는 게 좋을 것이다. 미국 같은 국가에서 국민들이 노예제는 경제적 필요이며 노예제 폐지는 '자유' 시민의 삶의 방식과 경제를 파괴할 것이라고 믿었던 것은 그리 오래되지 않은 과거의 일이니까 말이다.

우리 자신의 이익을 위해 얼마나 신속히 행동할지 또는 비용을 얼마나 들일지에 관해서라면, 1957년 소련이 스푸트니크 1호를 발사한 이후 미국이 얼마나 신속히 자체 우주항공 프로그램을 만들어낼 수 있었는지를 생각해보라. 미국은 어마어마한 에너지와 생각과 자원을 들여 달에 사람을 보냈고, 또 그러한 것들을 활용하여 24시간 텔레비전 뉴스 채널, 휴대폰, GPS 내비게이션과 같은 기술혁신을 촉발해왔다.

환경적 중요사안에 관해서라면, 전 세계 지도자들은 1987년 몬트리올에서 프레온가스 사용으로 오존층에 가하던 환경 영향 문제에 대응하고자 협력한 바 있다. 이들이 맺은 국제 의정서는 무역 제재와 인센티브를 활용, 국가들로 하여금 오존층 파괴에 기여하던 화학물질 사용을 단계적으로 폐지하도록 강제했다. 또한 산업화된 국가들이 이 문제에 기여한 정도가 높으므로, 개발도상국가들에게는 프레온가스 사용 폐지를 위해 더 많은 시간을 허용했다.

정말이지 이제는 시야를 넓혀 생각해야 한다. 대다수의 사람에게, 지구 위 모든 생명체에게 혜택을 제공할 수 있는 미래란 어떤 모습일지 상상해야 한다. 물론 빈곤과 분쟁과 인권 유린을 줄이는 것은 중대한 일이다. 그런데 환경 문제는 이러한 문제를 악화시키고 있고, 그리하여 이 문제와 함께 취급되어야만 한다. 문제는 정치 지도자들 중 다수가 영속적 경제성장이 필수라는 사고방식에 갇혀 있다는 것이다.

예컨대 2009년 한국 국회에서 캐나다 총리 스티븐 하퍼는 이렇게 말하지 않았던가. "성장으로부터 나오는 부 없이는 세계가 직면하고 있는 환경적 위협도, 개발상의 문제도, 평화와 안보 문제도 점점 더 다루기 어려워질 겁니다." 그러나 영속적 경제성장이 수반하는 건 희소자원의 고갈과 그 자원을 둘러싼 경쟁의 심화, 그리고 더 많은 쓰레기 배출량, 즉 환경적 위협, 개발상의 문제, 평화와 안보 문제다. 유한한 자원을 갖춘 유한한 세계에서 끝없는 경제성장이란 불가능하다. 영속적 경제성장에 대한 우리의 관심 집중은 또한 기괴한 이례적 현상을 초래하기도 한다. 예컨대 전쟁과 자연 재난은 고용과 자원 활용 활동을 창출함으로써 경제성장에 기여한다.

인류가 정해놓은 이러한 인공적인 지침들을(이러한 지침들이 20세기 중엽에서야 만들어졌다는 사실을 기억하라) 넘어 생각의 지평을 넓히는 과정에서, 좀 더 지속 가능한 삶의 방식에 대한 상상도 가능할 것이다. 요크 대학의 경제학자 피터 빅터(Peter Victor)가 자신의 뛰어난 책 『성장 없이 나아가기: 재난이 아니라 디자인으로 속도 낮추기』에서 상상하듯 말이다. 빅터는 지적한다. 하룻밤 만에 바꿀 수는 없을 것이다, 하지만 우리의 계속되는 필요를 충족시켜줄 지구의 부양능력이라는 한계 내에서 살아가는 미래를 상상함으로써, 우리 자신을 바람직한 방향으로 이끌어갈 수 있을 것이다.

일단 이러한 의미의 더 나은 미래를 상상한다면, 이미 구식이 된 사고방식으로 우리가 일으킨 문제들을 해결하는 데 더욱 진지한 태도를 견지할 수 있을 것이다. 기후변화, 동식물종의 대규모 멸종, 환경 내 오염물질과 독극성 화학물질, 물 부족과 같은 여러 문제에는, 전 세계 시민들의 노력과 지원과 더불어, 과학적이면서도 정치적인 해법이 요청된다.

우리는 21세기로 순조롭게 진입했다. 이제는 책임지는 21세기 시민답게 생각하고 행동하기 시작해야 할 때다. 우리가 정말로 어떤 사람들일 수 있는지 상상을 시작할 때다.

자연이 있는 고향에서

지구상에 생명이 출현한 것은 약 40억 년 전이라고 한다. DNA 검사는 현생인류라는 생물종이 약 15만 년 전에 아프리카에서 출현했다는 점을 밝히고 있다. 이는 곧 우리가 진화사적으로는 유아라는 이야기다. 이 지구 위에서의 짧디 짧았던 인류사 대부분의 기간 동안, 우리는 우리가 자연과 하나였음을, 또 우리 자신의 생존과 웰빙을 위해서 자연에 전적으로 의존하는 존재들임을 이해했다. 이러한 현실은 변하지 않았지만, 그 현실에 대한 우리의 인식은 변하고 말았다.

인류사 대부분의 기간 동안 우리는 계절에 따라 유용한 식물과 동물을 따라다니며 살아가던 유목 수렵채취인들이었다. 우리의 생태발자국은 (또한 우리의 필요를 충족하는 데 요구되던 땅과 물의 양은) 미미했다. 소유물을 전부 가지고 다녀야 하는 정황에서라면 꼭 필요한 것만을 가지고 이동하기 마련이니까. 사람들은 자연의 풍요와 관대함을 이해했고 감사하는 마음을 품었다.

약 1만 년 전 시작된 농업혁명은 인류의 존재 방식상의 기념비적인 전환이었다. 계획에 따라 먹을거리를 심고 재배함으로써 인류는 한 곳에 정착, 정주할 수 있었다. 문명들이 나타났다 사라져갔다. 진화사의 시간으로 볼 때는 상대적으로 신속한 속도였다. 하지만 20세기까지 대부분의 인류는 시골의 지역공동체에서 거주하면서 식품 생산과정에 참여했다.

농민은 계절의 추이를 자세히 관찰한다. 그들은 겨울의 눈과 여름의 습기가 어떤 관계에 있는지를 이해하며, 어떤 식물과 곤충이 이로우며 무엇이 해충인지도 안다. 자연은 농민에게는 지배적인 현실인 것이다. 또한 1900년경엔 너무나 많은 사람들이 농업에 관계되어 있었으므로, 자연은 전 세계의 차원에서도 지배적인 현실이었다.

20세기 들어 인류는 심원한 변신을 감행한다. 1900년에서 2000년까지 세계 인구는 60억으로 4배 증가했고, 인구 100만이 넘는 도시의 수는 30곳에서 400곳 이상으로 폭증했다. 이제 산업화된 국가에서는 80퍼센트 이상의 사람들이, 전 세계적으로는 총인구의 절반이 넘는 사람들이 도시에서 살아가고 있다. 이러한 변화는 우리가 자연과 맺는 관계에서도 (그에 걸맞은) 변화를 불러오고 말았다.

현재의 어린이 세대는 인류사에 출현했던 그 어느 세대에 비해서도 더 적은 시간을 야외에서 보내고 있다. 하지만 왜 이런 사실에 놀라야 할까? 오늘날 뉴욕, 토론토, 시드니, 또 다른 대도시에서 에어컨이 있는 아파트에 사는 사람이라면, 엘리베이터를 타고 지하 주차장으로 이동하여 에어컨이 있는 자동차를 타고 도심의 빌딩 지하 주차장에 도착한 후, 에어컨이 있는 사무실에서 온종일 일할 수 있다. 쇼핑, 식사, 오락 활동 일체를 서로 연결된 빌딩들 안에서 할 수 있고, 그리하여 며칠 동안 야외에 나갈 필요조차 없다.

어느 한 텔레비전 시리즈물을 진행한 적이 있었는데, 방송을 위해 타 지역에 사는 10~12세 아이들을 촬영했다. 시리즈 중 한 쇼에서 우리는 남자아이와 여자아이 둘을 도론도 외곽의 농장으로 내려갔고, 그곳에서 이틀간 아이들과 함께 달걀을 모으고, 소젖을 짜고, 돼지를 먹이고, 말을 탔다. 셋째 날 우리는 아이들을 도살장으로 데려갔다. 열두 살 먹은 이 아이들은 이곳에서 햄버거와 소시지가 어느 동물의 살코기들로부터 만들어지고 있는지 알고는 어쩔 줄을 몰라 했다! 대체로 도시 아이들은 전기나 수돗물이 어디에서 오는지, 변기에서 빠져나간 것들 또는 도로변에 쌓인 쓰레기의 운명이 어떻게 되는지 알지 못한다.

자연은 우리가 사용하는 물과 전기의 절대적 원천이며, 또한 우리가 배출하는 쓰레기를 흡수한다. 그러나 세계화된 이 세계에서 우리는 경제가 자연에 우선한다고 생각하고 있다. 또 이러한 생각은 언젠가 날 호되게 나무라면서 한 주정부 환경부 장관이 목청 높여 역설하던 관념이기도 하다. "만일 강력한, 성장하는 경제를 갖지 못한다면 우리는 환경을 보호할 수조차도 없어요." 다른 많은 주장도 같은 목소리를 내고 있다. 온실가스 감축 노력은 비록 필요한 것이긴 해도 경제에 장애물이 되어서는 안 된다는 주장 따위에서 말이다. 하지만 경제는 인간이 만들어낸 무엇인 반면, 자연은 모든 생명들이 의존하는 무엇이다. 그 모든 것보다 경제를 우선시한 채, 우리는 우리 자신이 유한한 생물권의 한계 내에서 살고 있고 유한한 생물권으로부터 생계를 꾸려나간다는 현실을 외면하고 있다.

어느 유한한 세계 내에서라면 그 어떤 것도 무한정 성장할 수는 없는 법이다. 거기에는 한계치가 있다. 만일 진정으로 지속 가능한 미래를 원한다면, 경제학에 생태계를 다시금 통합시켜야 할 것이다.

반(反)녹색파는 과거에 머물러 있는 이들

환경주의자들은, 우리가 동굴에서 살며 초목의 뿌리나 베리를 찾아다니며 살기 전까지는 결코 만족할 수 없을 것이다. 그동안 귀가 따갑도록 들어온 말이다. 이런 말을 하는 사람은 아마도, 지구와 그 미래를 염려하는 이들은 근대적 삶의 방식을 신뢰하지 않는 신(新)원시인들이라 주장하는 사람일 것이다.

우리 이전에 살았던 많은 사람들은 수백 년 또는 수천 년의 문화적 진화를 겪으며 복잡한 사회를 만들어왔다. 또한 많은 사람들은 어떻게 자신들의 식품과 에너지와 다른 필요물품들이 (그것들의 근간인) 생태계에 영향을 미치는지에 관해, 테크놀로지 사회에서 흔히 드러나는 것보다 훨씬 더 세련되고 정교한 이해를 발전시켰다. 그렇다면 우리는 선조들로부터 지구에서의 우리의 위치에 관하여 무언가 배울 바가 있을 것이다. 예컨대 많은 사람들은 우리가 자연의 밖이나 위에 서 있는 존재가 아니라 자연의 한 부분이라는 사실을 망각한 듯하다. 전통 사회들이 유지했던 이러한 관점을 높이 산다는 건 '원시적' 삶으로 되돌아가려는 격세유전(隔世遺傳)의 소망 같은 것이 아니다. 도리어 그것은 더욱 합리적인 삶의 방식의 전 면모를 인식하는 것이다.

내가 알고 있는 환경주의자들 대개는 미래를 생각하는 이들이다. 현대적이고 청정한 테크놀로지가 현재의 환경적·경제적 난국으로부터 우리를 해방시켜줄 미래 말이다. 우리는 태양·바람·지열학·조수를 활용한 발전과 같은 분야에서의 기술혁신이, 아울러 우리가 자연과 맺는 관계에 대한 보다 진보된 사고방식이 현재 걷고 있는 길보다 훨씬 더 정의롭고 온전한 길로 우리를 인도해주리라 믿는다.

인류가 이룩한 최초의 진보는 연료용으로 목재나 대변을 연소하는 일에 기초했다. 그러나 오늘날에도 여전히 우리는 구석기 시대 책략을 활용하고 있다. 화석연료 형태로 된 부패한 유기물질을 연소하는 책략 말이다. 이게 우리가 그간 이동해온 새로운 시간이란 말인가? 석기 시대의 혈거인(穴居人)으로 계속 살아가기엔 우리의 수는 너무나 많다. 또 우리의 활동이 미치는 여파는 너무 거대하다. 내겐 우리를 비판하는 이들, 즉 반(反)환경주의자들이야말로 자신들의 미래로부터 등을 돌리길 원하는 이들, 그리하여 계속 무언가를 태우며 살아가기를 원하는 이들로 보인다.

인류의 역사는 변화의 역사다. 즉 인구 증가에 발맞추어 자원을 제공할 필요를 충족하고자 새로운 생각과 기술을 만들어온 역사다. 환경주의자로서 우리는 더 나은 것을 위한 변화를 수용한다. 반면 우리를 비판하는 이들은 우리 모두가 미래 없는 어느 시간에 머물러 있기를 원한다. 그들은 진보를 거부하며, 우리가 철지난 기술과 에너지원으로 우리의 파괴적인 삶을 계속해서 유지해야 한다고 주장하고 있다. 인류의 활동이 지구 위 우리의 미래 자체를 위협하는 지구 평균 기온의 상승에 기여하고 있음을 보여주는 약 98퍼센트의 세계 기후과학자들의 연구 결과를, 또 무수히 많은 과학 연구소들의 연구 결과를, 이들은 거부한다. 이처럼 압도적으로 많은 과학적 증거자료들을 거부하는 이들 중 다수에게, 그 거부의 이유란 다름 아닌 자기 이익이다. 거대한 이윤 창출 산업인 화석연료 산업, 그리고 그들과 연계된 로비 단체들은 의심과 공포를 퍼뜨림으로써 진보의 길을 막는 캠페인에 막대한 자금과 시간을 투자해왔다.

이들의 전술은 과연 효력이 있었다. 수많은 사람들은 변화를 두려워하고 있는 것이다. 게다가 이미 가지고 있는 것을 지키는 편이 (심지어 그것이 제대로 기능하지 않음을 알고 있을 때조차) 새로운 생각을 수용하는 것보다 마음 편한 경우란 기실 많다. 그러나 과학적 예측과는 무관하게, 기후변화의 실제적이고 즉각적인 여파를 부인하기란 점점 더, 하루하루가 지날수록 어려워지고 있다. 이미 기후변화가 초래한 환경 피해로 인해 연간 30만 명이 사망하고 있고, 그 경제적 영향은 연간 1,250억 달러에 달한다.

우리 자신, 아이들, 또 손자들을 위한 더 나은 세상은 분명 가능하다. 기후변화로 인한 환경적 피해에 관한 증거들을 만나는 만큼이나 우리는 그 문제들에 적용되고 있는 혁신적 생각들 역시 만나고 있다. 수많은 과학자, 경제학자, 환경주의자, 기업인 그리고 시민들이 이미 해법을 제안하고 있고 또 시행하고 있다. 이 노력들은 비단 기후변화의 파국적 결과 앞에서 희망을 제공하는 데 그치는 것이 아니라, (공급가능한 화석연료가 희박해짐에 따라) 점차 쓸모없어져가는 기술과 일자리를 대체할 신기술을 도입함으로써 비틀대고 있는 경제에 대한 희망 역시 제공하고 있다. 하지만 이러한 해법들을 완전히 수용하기를 연기하면 할수록, 우리는 우리의 삶을 더욱더 어렵게 만들 것이다.

아마도 우리는 더는 연소할 것이 남아 있지 않을 순간까지 연료들을 계속 연소할 수 있을 것이다. 또 화석연료 기업들이 비용 지불 없이 공중에 오염물질을 계속 게워내도록 허용할 수도 있을 것이다. 하지만 그 결과로 우리는 어디로 가 있을까? 아마도 우리는 초목의 뿌리나 베리를 찾아 헤매고, 잠자리를 찾아 동굴에 모이게 될 것이다.

환경주의자가 되는 법

젊은 친구들은 묻곤 한다. 환경주의자가 되려면 무엇을 해야 하냐고. 그들은 세상을 바꾸고 싶어 한다. 내 답변은 이러하다. "가슴이 시키는 대로 해라. 그대가 가장 사랑하는 일을 해라. 열정을 가지고 그 일을 추구하라." 아시겠지만, 환경주의란 어떤 직업도 학문 분야도 아니다. 그것은 세계 내 우리의 위치를 이해하는 한 가지 방법이다. 우리 자신을 포함한 모든 것들이 다른 모든 것들과 절묘한 방식으로 상호연결, 상호의존하고 있는 곳에 우리가 살고 있다는 점을 인정하고 인식하는 것. 이것이 바로 환경주의다.

생명을 만들어내는 물은 해양에서 공중으로 또 육지로, 전 지구를 이동하며, 물의 순환경로를 통해 모든 생명을 연결한다. 우리가 들이마시는 모든 숨마다 육지와 바다의 모든 식물들에서 나온 산소가, 지구 위 모든 공장의 굴뚝과 차량에서 나오는 것들과 더불어 포함되어 있다. 그 물로 엮여 있는 살아 있는 그 모든 것들은 쉬지 않고 공기와 물과 흙과 에너지를 먹고, 세정하며, 채우고, 복원한다. 이런 식으로 세계를 바라본다면 분명 우리는 단지 가장 중요한 자연의 선물을 받기만 하는 존재는 아니다. 우리 역시 자연의 순환운동의 참가자들인 것이다.

우리가 주변환경에 생각 없이 내던지는 또는 의도적으로 폐기하는 것들은, 그것이 무엇이든 간에 단순히 사라지거나 희석되지 않는다. 공기와 물과 흙을 쓰레기 매립지로 활용하는 행태는 곧, 그 배출물과 오염물이 생물권, 생태계, 서식지, 최종적으로는 우리 자신의 몸과 세포를 통해 이동한다는 것을 의미한다. 환경주의란 이러한 현실에 관한 인식이다. 그 모든 사람들, 배관공, 교사, 의사, 목수, 자동차 정비사, 기업가, 예술가, 과학자…… 들은 세계를 이런 식으로 보고 이해할 필요가 있다. 왜냐하면 일단 이를 '이해하기만 하면', 우리의 주변환경을 현격히 다른 방식으로, 즉 우리 자신의 몸과 사랑하는 이들에 대해 가지는 경념과 함께 대하게 될 테니 말이다.

대부분의 존립 기간 동안 인류는 우리 자신이 얼마나 깊이 자연과 하나가 되어 있는지, 얼마나 전적으로 자연에 의존하는 이들인지 이해했던 수렵채집인들이었다. 농업 활동에 기초한 삶에서 대도시의 삶으로 거대한 전환을 하기 전까지 사람들은, 우리가 자연의 일부이며 우리의 생존에 자연이 소중함을 알고 있었다. 날씨의 변화 조짐을 또는 철새의 이동을 보려고 하늘을 관찰했고, 나무의 싹눈이 나올 때, 겨울이 사라져가고 있다는 신호에, 또는 해빙이 되는 첫 순간에 환호했다.

그러나 오늘날 우리는 어떤 부서진 세계에서 살고 있다. 모든 방향에서 쏟아져 나오는 정보의 급류가 우리를 공격해오는 세계에서 말이다. 뉴스 헤드라인에는 하키 플레이오프의 종료 소식이, 또는 미국 남부의 파괴적인 토네이도가, 그다음에는 오프라 윈프리의 마지막 텔레비전 방송과 또 다른 섹스 스캔들 소식이 실릴 수도 있다. 그리고 우리는 파키스탄 또는 매니토바의 홍수 소식을, 앨버타 북부에 번져가는 산불 소식을, 점점 얇아지는 북극의 빙판과 사라지는 빙하 소식을, 우림지대의 가뭄 소식을 듣는다.

홍수, 가뭄, 빙판, 기후변화에 대한 기사들은 스캔들과 유명인사들에 대한 동영상들 사이에 샌드위치처럼 끼여 있고, 우리는 이것들을 별개의 사건들로 본다. 환경적 입장은 많은 사건들이 실은 아래에 있는 한 원인에 연결되어 있을 가능성을 고려한다. 그러한 입장은 우리로 하여금 문제의 뿌리에 접근하도록 도와준다. 화재의 원인을 찾아내지는 않고 산불 진압 노력만을 하는 것이 아니라 말이다.

우리는 환경주의자들이라 하면 자연이나 멸종위기종이나 위험에 처한 생태계에 관심을 둔 족속으로 이해하는 경향이 있다. 환경주의자들은 사람이나 일자리보다 나무나 점박이 올빼미를 더 돌보는 이들이라고 비난받는다. 말도 안 되는 소리다. 환경주의자들은 서로 연결된 것으로서 세계를 보며, 전 지구적 생태위기의 심부에는 사람들이 있다는 점을 이해한다. 또 참된 의미의 지속 가능성이란 기아와 빈곤, 불평등, 허약한 사회정의, 테러리즘, 인종학살, 전쟁과 같은 사안 역시 다루는 것이라는 점 또한 이해한다. 이러한 사안이 인류 앞에 놓여 있는 한, 지속 가능성이란 부차적인 사안이 될 테니까 말이다.

서로 연결되어 있는 세계에서, 위에 열거한 사안 모두는 우리가 걸어가고 있는 지속 불가능한 길의 일부분이다. 해법을 찾고자 한다면, 거대한 그림을 살펴봐야만 한다.

인류가 만루를 만들었을지 모르지만 마지막 타자는 자연

오늘날 인류는 이전에 직면해야 했던 그 어떤 것과도 다른 성질의 난제를 마주하고 있다. 우리는 전례 없는 변화의 시대를 살고 있는 것이다. 기하급수적 증가로 인해 이미 거대할 대로 거대한 인구는 점점 더 짧은 시기 내에 배가되고 있다.

내가 태어난 해인 1936년, 지구에는 겨우 20억 명의 사람들이 살고 있었다. 그동안 인구수가 3배 이상으로 늘어났는데, 실로 경이로운 일이 아닐 수 없다. 이러한 놀라운 인구 증가와 더불어 기술혁신상의, 소비상의 그보다 더더욱 빠른 증대가, 그리고 지구 전체를 원자재의 원천이자 독극 배출물과 쓰레기의 매립지로서 착취하는 전 지구적 경제가 함께 나타났다. 우리는 어떤 지질학적 규모로 지구의 물리적·화학적·생물학적 내용물들을 변형시키는 새로운 종류의 생물학적 힘이 되고 말았다. 실제로, 노벨상을 수상하기도 한 화학자 파울 크루첸(Paul Crutzen)은 현재의 지질학적 시기가, 전 지구적 힘으로서의 우리의 새로운 지위를 고려하여 '인류 시대(Anthropocene epoch)'로 호명되어야 한다고 제안하기도 했다. 수많은 과학자들이 이에 동의하고 있다.

『이코노미스트』에 실린 글 「인류 시대에 오신 걸 환영함」이 지적하듯, 우리는 지구의 탄소 사이클을 변형하고 있고, 이것은 기후변화로 이어지고 있다. 또 우리는 지구의 질소 사이클을 150퍼센트 이상 가속화했고, 이는 산성비, 오존층 파괴, 해안의 '죽음의 구역' 등의 여파로 이어지고 있다. 우리는 또한 야생의 땅을 농지와 도시로 대치했고, 이는 생물다양성에 어마어마한 영향을 미치고 있다.

그뿐만이 아니다. 『이코노미스트』에 따르면, "단 하나의 엔지니어링 프로젝트인, 애서배스카 타르 샌드 합성원유 채광업으로 300억 톤의 흙이 이동된다. 이 양은 한 해 동안 침전되어 전 세계 모든 강으로 흘러 들어가는 흙의 양의 2배다." 이러한 전 세계 침전물 흐름에 대해서 이

글은 이렇게 지적한다. 그 흙은 거의 5분의 1가량 잘려나갔고 그리하여 "대체 가능한 속도보다 빠른 속도로" 지구의 델타(deltas)를 침식하고 있다. 그리고 그 원인은 지난 반세기 동안 전 세계에서 건설된 거의 5만 개에 이르는 거대한 댐들이다.

우리는 모든 대륙과 대지를 점령하고 있고, 새로운 자원을 위해 지구의 구석구석을 탐사하고 있다. 인류의 집합적인 생태적 파급력은 지구가 현 수준으로 계속해서 우리를 부양할 수 있는 능력을 훨씬 초과하고 있다. 연구에 의하면, 오늘날 한 해 동안 인류가 재생 가능한 자원으로부터 제거하는 자원을 자연이 복원하는 데 1.5년이 걸리고, 이러한 결손 기간은 1980년대 이래 계속해서 증가하고 있다.

인류사 초유의 일로, 단일 생물종으로서 인류는 자신이 만들어낸 위기들에 대답해야 하는 상황에 처해 있다. 지금까지 이런 종류의 집합적 노력은 오직 과학소설에서만, 우주의 외계인이 지구를 침공하는 이야기 속에서만 있었다. 이런 이야기 속에서는 세계 지도자들이 모든 차이를 넘어 공동의 적에 공동으로 대응한다. 1970년대 코믹물 캐릭터인 포고(Pogo)가 이야기하듯(시의적절하게도 '지구의 날' 포스터에 실렸다) 이제 "우리는 그 적을 만났고, 그 적은 바로 우리 자신이다." 인류는 오랜 세월 동안 환경에 영향을 미쳐왔지만, 지금과 같은 규모로서 그러했던 적은 단 한 번도 없었다. 팀 플래너리(Tim Flannery)가 『미래를 먹는 이들(The Future Eater)』에서 개략적으로 말했듯, 또 재레드 다이아몬드(Jared Diamond)가 『문명의 붕괴(Collapse)』에서 서술했듯, 과거에 사람들은 심지어 원시적 도구와 무기로도 지역의 동식물군에 영향을 끼쳤다. 자원이 감소하면 사람들은 자원을 유지할 필요 또는 새로운 가능성을 찾아 이동할 필요와 씨름하곤 했다.

이 위기들과 씨름하여 해법을 찾아낼 수 있는 유일한 길은 우리가 청정한 공기와 물을, 청정한 음식과 흙과 에너지를, 또 생물다양성을 절대적으로 필요로 하는 생물학적 존재임을 이해하는 길이다. 자본주의도, 공산주의도, 민주주의도, 자유로운 사업활동도, 기업도, 경제도, 시장도 이러한 기본적 필요를 바꾸지 못한다. 결국 이러한 것들은 모두 인류가 만들어낸 것들이지, 자연력은 아니다. 마찬가지로 우리의 재산, 도시, 주정부, 국가의 경계라며 만들어낸 일체의 경계선들 역시 자연에는 아무런 의미가 없다.

우리가 계속해서 경제적이고 정치적인 고려사항들을 생물학적·사회적·영적인 근본적 필요보다 중요한 것으로 취급하는 한, 1992년 리우데자네이루에서의 지구 정상회의, 1997년 교토와 2009년 코펜하겐 그리고 2010년 칸쿤에서의 기후회의와 같은 회합들이 생태적 문제들을 해결하는 데 도움을 줄 수 있을 거라는 그 모든 희망은 아무런 소용도 없는 것이 되고 말 것이다. 어쩌면 우리 인류는 강타자일지도 모른다. 하지만 기억해야 한다. 마지막 타석에 오르는 이는 자연임을 말이다.

우리의 지각 필터가 세계를 주조한다

만일 일련의 사람들의 뇌를 부검하여 진열한다면, 그 어떤 전문가도 그 해부된 뇌 또는 뇌의 신경회로로부터 그 시체의 성별이나 종교 또는 사회경제적 계급을 구분해낼 수는 없을 것이다. 인류는 단일 종의 구성원이고, 그에 따라 우리의 뇌, 신경, 감각 기관들은 그 구조와 화학작용이 비슷한 것이다. 그러나 당신이 남성과 여성 모두에게 사랑과 가족에 대해 물어본다면, 또 이스라엘 사람과 팔레스타인 사람에게 가자

(Gaza) 지구에 대해, 벨파스트(Belfast)의 가톨릭 신자와 개신교 신자에게 영국의 점령에 대해, 공화당파와 민주당파에게 칼 로브(Karl Rove)에 대해, 시아파와 수니파와 쿠르드족에게 미군에 대해 물어본다면, 아마 당신은 그 질문에 대한 답변자들이 각기 다른 행성 출신들이라고 생각할 것이다.

이러한 사정이 일러주는 것은, 우리가 유전, 양육과정, 개인적 체험, 종교, 사회경제적 차이 등으로 일정하게 다르게 형성된 지각의 렌즈들을 통해서 세계를 보는 법을 터득한다는 것이다. 비록 우리는 우리의 주변환경을 눈, 귀, 코, 피부, 혀를 통해 같은 방식으로 식별해내지만 우리의 뇌는 이렇게 안으로 들이오는 정보가 개인적 가치와 신념에 비추어 "말이 되도록" 여과해낸다. 바로 이러한 사정 탓에 기후변화와 같은 사안을 토론하는 자리에서 화석연료 기업의 간부와 환경주의자들, 그리고 정치인들 간의 거대한 불협화음이 나타난다.

민속식물학자 웨이드 데이비스(Wade Davis)와 함께 페루의 어느 거대한 산 아래 외진 마을에 간 적이 있는데, 사물을 보는 능력에 가치가 얼마나 심대한 영향을 미칠 수 있는지 다시금 생각하게 된 건 바로 이때였다. 웨이드에 따르면, 이 마을 사람들은 그 산을 하나의 '아푸(apu)', 즉 신으로 여기며 그 산이 마을에 그림자를 드리우는 한 자신들의 삶 역시 그 산이 주조할 거라고 믿는다. "이 마을의 한 어린이가 그 산을 대하는 방식과, 산은 금과 다른 가치 있는 미네랄로 가득하다고 배운 로키 산맥의 한 캐나다 아이는 얼마나 다른가요." 웨이드는 이렇게 말한다. 세계를 지각하고 이해하는 방식이 세계를 대하는 방식을 주조한다.

난 자주 웨이드의 이야길 생각해보곤 한다. 만일 우리가 숲을 목재와 펄프가 아니라 어떤 신성한 나무숲으로 생각한다면, 강을 관수나 전력의 원천이 아니라 대지의 혈관으로 생각한다면, 토양을 흙이 아니라 어떤 복합적인 유기물 공동체로 생각한다면, 다른 생물종을 자원이라기보다는 우리의 진화사적 친족들이라고 생각한다면, 주택을 재산이라기보다는 가정이나 안식처로 생각한다면 얼마나 다른 식으로 행동할 수 있겠는가.

환경적 사안에 관해 우리들이 벌이는 전투 중 대부분은 우리가 어떻게 이 문제를 이해하고 규정하는지의 차이로 생겨난다. 1990년대 「사물의 자연(The Nature of Things)」을 위해 산림관리에 관한 특별 프로그램을 찍을 때, 우리 촬영진은 밴쿠버 아일랜드의 우클루렛(Ucluelet) 근처에서 일하던 벌목꾼들을 인터뷰한 일이 있었다. 촬영지에 도착하여 카메라를 세팅하자 벌목꾼들은 숲에서 나와 우리들을 자기네 직업을 위협하는 환경주의자들로 취급하며 욕을 퍼붓기 시작했다. 이런 대치 덕분에 좋은 프로그램을 만들 수는 있었지만, 당시 난 서로의 공통점을 찾지 못하는 우리들의 무능력에 크게 낙심했다. 마지막으로 그들에게 이렇게 전했다. "저는 목수로 8년 동안 일했고, 지금까지도 나무 일을 즐기지요. 제가 아는 한 벌목에 반대하는 환경주의자란 한 명도 없어요. 우리가 원하는 건 단지 당신의 자녀들과 손자들도 당신이 지금 하는 만큼 숲에서 마음껏 벌목할 수 있게끔 하려는 것이지요."

그 즉시 그들 중 한 사람이 답변했다. 이대로라면 자기 아이들은 결코 벌목할 수 없을 거라고. "남아 있는 나무가 하나도 없을걸요!" 그가 말했다. 그렇다, 그럴 수밖에 없으리라. 그들은 자신들이 미래의 벌목 세대가 쓸 수 있는 목재를 남겨놓지 않게끔 벌목하고 있음을 알고 있었다. 그럼에도 그들은 매일매일 테이블 위에 음식을 놓듯, 월말에 집세와 자동차세를 지불하듯 나무를 취급하고 있었다.

이러한 관점 차이를 어떻게 극복할 수 있을까? 잘 모르겠다. 하지만 이 문제가 우리의 두개골 내에 들어 있는 무언가와 관련 있다는 것만은 확실하다. 40년 넘게 전자 미디어를 활용해 알리고 교육하려는 일을 해왔건만 나는 아직도 이러한 지각의 필터들이 지닌 힘에 깜짝깜짝 놀라곤 한다.

이러한 장벽을 넘어설 수 있는 길을 찾아내야만 한다. 그렇게 하여 모종의 기본원칙에 동의하는 일을 시작할 수 있어야 한다. 우리는 살아 있는 것들의 그물망 밖이나 위에 있지 않다는 것, 우리는 그 그물망과 하나이며 생존과 웰빙을 위해 그 그물망에 절대적으로 의존하고 있다는 것. 이러한 이해 없이는, 우리의 광기 어린 파괴는 지속될 것이다.

녹색으로 가는 길은 쉽다

워싱턴 주 스포캔(Spokane) 시에 사는 한 여인에 관한 기사를 읽은 적이 있다. 그녀는 인산이 첨가되지 않은 식기세척제를 좋아하지 않는 여인이었다. 스포캔 카운티에서 인산 함유 세척제는 그 환경적 악영향 탓에 금지되고 있었는데, 그래서 그녀는 인산 함유 세척제가 여전히 판매되는 지역인 아이다호까지 40분을 차로 이동해서 그 세척제를 구입하고 있었다. 이 기사는 또한 그녀에게 다섯 살짜리 딸아이가 있다는 사실을 지적했다. 기사를 읽으며 난 경악하지 않을 수 없었다.

환경 보호에는 너무나 많은 희생이 따른다고 사람들은 자주 주장한다. 그러나 그렇게 말하는 이들은 도대체 어떤 '희생'을 말하는 걸까? 식기세척기에 넣기 전에 접시를 미리 헹구는 일에 신경 쓰지 않는다는 것, 그렇게 하여 아이들의 미래를 위태롭게 한다는 걸 말하는 걸까? 인산은 접시에 묻은 식품 미립자들을 제거하고 기름을 분해하는 데 효능이 좋아서 세척 제품에 첨가된다. 그러나 인산은 또한 하천과 호수에 엄청난 악영향을 미친다. 이 물들을 변형함으로써 인산은 조류의 급증을 초래하고, 그리하여 물속 산소를 없애고, 수중 생태계를 질식시키며, 물고기, 양서류, 곤충, 식물류를 죽인다. 현재 세탁 세제용으로 인산을 사용하는 건 수년째 대부분 지역에서 금지되고 있지만, 소비자들은 식기 세척제용으로 인산 사용을 금지하는 데에는 저항하고 있는 실정이다.

그 기사는 스포캔 강이 미국에서 가장 위험에 처한 강 가운데 하나이고, 스포캔 카운티의 주요 식수처리 시설물 내 인산 오염이 2011년 7월 식기세척제법이 통과된 이래 14퍼센트 감소했다고 지적하고 있다. 하지만 그 여인은 자신의 딸이 자라는 동안 그 강에 생명이 줄어들어도 전혀 개의치 않을 것이다. 그녀의 접시들이 얼룩 하나 없이 깨끗한 이상 말이다!

그 여인은 자신이 '환경적으로 깨어 있는' 사람이라고 주장한다. 아마도 이 말은, 오직 자신에게 편리하다는 조건에서만 환경을 돌본다는 뜻일 것이다. 이 이야기는, 참으로 환경과 미래를 염려하는 이들의 앞에 놓인 과제의 성질을 일러주는 좋은 사례일 것이다. 문제의 일부는 어떤 사람들의 경우 자신의 행동과 그 결과를 제대로 연결시키지 못한다는 것이다. 자기 집에서 또는 SUV를 운전하는 동안에도 계속해서 담배를 펴대는, 천식을 앓고 있는 아이의 부모를 생각해보라. 다른 이들은 단순히 환경 문제와 관련하여 가장 조그마한 희생도 감내하지 않으려는 이들이다. 하지만 대체적으로 (환경 문제에 대응하는 데) 무슨 대단한 희생 따윈 요구되지 않는다.

예컨대 나는 출근길에 운전대를 잡는 대신 좀 더 일찍 일어나 좀 더 많은 에너지를 써가며 자전거를 이용하기는 어려울 거라고 생각하는 사람들을 자주 만난다. 하지만 바로 그 사람들은 자전거 라이딩의 혜택이 (더 나은 몸 만들기에서부터 야외에서 즐기는 일까지) 그 어떤 부정적인 결과보다도 훨씬 더 크다는 점에 금세 눈뜬다. 자전거 타기란 어떤 걸 포기하는 것이라기보다는 우리의 사고방식을 바꾸는 일에 관한 것이다. 만일 사물을 더 넓게, 더 드넓은 관점에서 본다면, 주변환경을 보호하려고 무언가 우리 자신의 삶을 바꾸어갈 때 대체로 잃는 것보다는 얻는 게 많다는 점을 깨달을 수 있을 것이다.

앞서 본 것과 비슷한 종류의 저항이 탄소세의 경우에도 발견된다. 탄소세보다 시장 자체가 연료비 상승에 훨씬 더 큰 기여를 한다는 사실 따윈 잊어라! 사람들은 가정용 난방비로 또 가스비로 몇 푼 더 내야 할지도 모른다는 것을 알고는 즉시 아우성친다. 탄소세를 낸다면 자동차를 포기하고, 겨우내 가정에서 냉장고도 사용할 수 없을 거라고 말이다. 그러나 탄소에 가격을 매기면 즉각적이면서도 장기적인 이익을 얻게 된다. 사람들은 에너지 절감의 길을 찾을 수 있고, 기업은 재생 가능 에너지를 활용하는 기술에 투자할 수 있으며, 우리는 지구고온화에 기여하는 배출물과 오염물질이 더 적은 세상에서 살 수 있을 것이다.

우리는 오늘날 소비 사회에서 살고 있고, 특히 이 북미에서는 그러하다. 우리가 사용하는 제품들을 신형으로, 더 '나은 것'으로(많은 경우 과다포장된 제품들) 계속해서 업그레이드해야만 한다고 확신하게 되었다. 심지어 제품들이 망가지기 전에 내다버린다. 그리고 그로 인해 힘들어지는 것은 바로 세계 그 자체다. 보다 많은 사람들이 청정한 공기와 물과 식품을 접할 수 있는, 더욱 청정한 지구 위에서, 더욱 온전하고 충만한 삶을 살아갈 수 있다. 필요한 것은 어떤 상상력 그리고 어떤 진취적 사고방식뿐이다. 만일 진정으로 우리의 세계를, 또 자녀들과 손자들을 염려한다면, 이 세계를 더 나은 곳, 더 건강한 곳으로 만들기 위해 일부 희생을 자발적으로 감수할 수 있어야 할 것이다. 하지만 대부분의 경우 우리가 생각하는 그 희생이라는 것은, 광적인 소비주의로부터 얻고 있다고 우리 스스로 착각하는 어떤 혜택만큼이나 환각적인 것이다.

생명을 뒤바꾼 전 지구적 체험

보험회사, 정치인 그리고 기업인들은 우리의 통제권 밖에 있는 사건들에 대한 책임을 회피하려고 '신이 하는 일' 또는 '자연재해'라는 표현을 자주 사용하곤 한다. 오늘날 인류의 활동과 테크놀로지는 너무나 강력해진 나머지 우리는 과거라면 자연재해라고 불렸을 사태를 만들어내는 데 기여하고 있다. 허리케인, 토네이도, 기형적인 폭풍, 홍수, 가뭄, 전염병, 열풍, 지진이 그 어느 때보다도 더 빈번하고 더 혹독하게 발생하고 있는데, 이것들 중 일부는 인류의 활동이 기원인 것이다. 온실가스, 거대한 댐, 유정, 수정(water well), 이 모든 것은 자연력에 영향을 준다.

약 40억 년 전 지구상에 첫 생명체가 출현한 이후, 생명은 지구의 물리적이고 화학적인 내용물을 변형하는 데 중차대한 역할을 수행해왔다. 처음 10~20억 년 동안 지구는 미생물의 세계였지만, 그 미생물 유기체들은 다른 자연력과 더불어 지구의 암반들을 분해하게 된다. 시간이 흘렀고, 이 분해 과정은 산과 거석을 깎아 돌, 자갈, 먼지로 만들었고, 유기체들의 사체는 미네랄과 토양을 만들어냈다.

생명은 바다에서 진화한 것으로 추정되고 있다. 대기 중의 탄소는 물에 용해되어 탄소 셸(carbonaceous shell)을 형성했고, 이것들은 일부 생명체에게 보호막이 되어주었다. 이 탄소 셸은 죽어 바다의 밑바닥으로 침전했고, 결국 그렇게 하여 누적에 누적을 거듭한 후 가압을 겪어 석회암으로 변형된다. 석회암은 생명에 의해 창조된 하나의 암석으로, 지하에 탄소를 저장한다.

생명체들은 진화해갔고 그에 따라 몸집도 커져갔다. 부분적으로는 물을 내부로 통합하고 저장하면서 말이다. 이 과정에서 유기체들은, 물이 증발하여 구름을 만들고 지상에 또 비로 내려 돌아오는 끝없는 원운동인 물의 순환운동의 중차대한 일부가 된다. 유기체들은 (물에) 용해된 미네랄을 섭취하고, 물속 화학물질을 복사하며, 자신들의 배실물로써 그것들을 배출하는 것이다. 식물이 육지로 올라와 나무로 진화하는 과정에서, 나무는 토양에서 물을 흡수하고 그 물의 대부분을 공중에 분출하는 데 능수능란해졌고, 그에 따라 날씨와 기후에 영향을 미치게 되었다.

광합성의 진화는 거대한 생물학적 전환점이었다. 광합성은 지구상의 생명체로 하여금 햇빛의 형태로 된 막대한 양의 에너지를 포획하도록 한 것이다. 광합성 활동 중 식물은 산소를 배출한다. 수백, 수천만 년 동안 이러한 과정은 대기 내 이산화탄소의 양을 줄이는 동시에 산소가 풍부한 공기를 만들어냈다. 우리 같은 동물들이 생존을 위해 의존하는 바로 그 산소 말이다.

이렇게 수십억 년의 세월 동안 생명의 그물은 지구의 물리적·화학적·생물학적 특징을 바꾸는 데 중요한 역할을 수행해왔다. 생명은 지구의 물리적이고 화학적인 가능성을 활용하는 일에서만 유능한 것은 아니었다. 살아 있는 유기체들은 서로 상호작용하며 지구의 대지와 물과 공기를, 또는 생물권을 변형했다. 그러나 그러는 데는 막대한 시간이, 수백, 수천만의 다양한 생물종이 개입했다. 이 모든 시간 동안 그 어떤 단일한 생물종도 일종의 지질학적 규모로 지구의 내용물들을 신속하게 변형할 수는 없었다. 지금까지는 말이다.

현생인류는 지금까지의 이러한 진화사의 시간 중 마지막 순간에, 아마도 15만 년 전에 출현했다. 이 짧은 생존 기간의 대부분 기간 동안 인류는 부족 단위로 묶인 동물들이었다. 바다나 사막 또는 산 건너편에 다른 인간이 살고 있는지 아닌지조차 알지 못하며 살아간 이들 말이다. 오직 자기네 부족이나 영토만을 염려하면 되었다. 갑자기, 우리는 일종의 지질학적 힘으로 변모했고 지구상에서 가장 많은 후손을 만드는 포유류가 되었다. 강력한 기술의 힘으로, 사물에 대한 만족시킬 수 없는 갈망을 추진력 삼아, 전 지구적 경제의 도움으로 가능한 일이었다. 우리의 머릿수, 기술, 소비, 전 지구적 경제, 이 모든 것은 우리를 지구상의 새로운 종류의 힘으로 만들었다. 역사상 최초로 우리는 이렇게 질문해야 하는 것이다. "70억 인류가 집합적으로 가하는 힘의 여파는 어느 정도일까?" 이 질문에 답하려 할 때, 우리는 우리 자신의 활동이 초래한 전 지구적 위협에 대응하는 일이 얼마나 어려운지를 비로소 깨달으리라.

많은 이들은 생물권의 이 위기라는 현실을 부인하는데, 이는 충분히 납득할 만한 것이다. 미약한 인간들이 이 커다란 행성 위에 그처럼 거대한 힘의 여파를 남긴다는 게 도대체 말이 되는가 말이다. 어떤 이들은 또한 테크놀로지의 영웅적 개입으로 우리가 점차 이 난국에서 벗어날 수 있으리라는 단견을 고집하기도 한다. 하지만 우리는 핵발전, DDT, 프레온가스 등 지난날의 테크놀로지의 체험을 통해, 예상치 못한 결과를 예측하고 최소화하기에 충분할 정도로 세계의 작동 방식을 잘 알지 못한다는 점을 이미 배웠다.

사실 우리가 지구상에서 처리하고 관리할 수 있는 유일한 행위자나 생물종은 우리 자신일 뿐이다. 도시, 에너지 수요, 농업, 어선, 광산 등을 생명을 부양하는 다른 행위자들과 균형을 맞추는 상태로 되돌리는 길 밖에는 다른 선택지가 없다. 만일 지금의 이 위기를 잘 붙들어 해법을 찾아낼 수 있다면 일종의 기회가 될 수도 있다.

근육이 아니라 두뇌가 생존의 지름길

많은 이들은 만년의 조지 월드(George Wald)가 하버드 역사상 최고의 강사였다고 말한다. 내가 들어본 최고의 강의 역시 단연 그의 강의였다. 조지는 1967년 눈의 색채 분별능력의 생화학적 기초에 관한 업적을 인정받아 노벨상을 수상한 인물이다. 그와 나는 1970년대에 친구가 되었는데, 특히 베트남전 동안 과학이 오용되고 있던 사태에 함께 관심을 쏟았기 때문이었다. 어느 날 조지가 들려준 다음과 같은 이야기는 내 마음을 사로잡았다.

1억 5,000만 년 가까운 세월 동안 지구를 지배한 공룡은 실로 인상 깊은 종이었다. 이들은 꼬리에 달린 뿔, 거대한 발톱, 예리한 이빨 같은 무기를 장착한 거대몸집 동물이었다. 몸은 철갑으로 덮여 있었고, 누구도 이들을 정복할 수 없어 보였다. 공룡이 지구를 호령할 때 다른 생물들은 공포에 떨며 도주했다. 하지만 이들에게는 치명적인 결함이 있었으니, 그 몸집 크기에 비해 상대적으로 작은 두뇌가 바로 그것이었다. 결국 인상적인 그 모든 특질에도 불구하고, 공룡은 멸종하고 만다. 부분적으론, 근육 대비 낮은 두뇌용량 비율에 희생된 것이었다.

　공룡이 멸종한 후 약 6,400만 년 후 어느 아름다운 동물이 아프리카 초원지대에 모습을 나타냈다. 이 동물은 곧추서서 두 발로 걸을 수 있었고, 그 피부에는 짐승들에게 있는 두터운 털이 없었다. 풍요롭던 검은꼬리누(wildebeest)와는 달리 이 동물의 수는 적었다. 몸집은 하마보다도 작았다. 코끼리보다도 빨리 달리지 못했다. 침팬지만큼 힘이 세지도 못했고, 독수리만큼 시력이 좋지도 못했으며, 개만큼 냄새를 잘 맡지도, 가젤(gazelle)만큼 잘 듣지도 못했다. 하지만 이 최초의 아름다운 현생인류는 이제까지 그 누구도 성취하지 못했던, 최고의 근육 대비 두뇌용량 비율을 갖추고 있었고, 그리하여 단 15만 년 만에 지구의 모든 구석을 차지한다. 결국 인류의 머릿수는 지구상의 다른 포유류들을 넘어서게 되었다. 근육 대비 높은 두뇌용량 비율은 인류에게 많은 것을 가져다주었다. 동물과 식물을 길들여 생활의 일부로 만들고, 북극의 툰드라, 사막, 산호섬, 산악 비탈지대에, 습지에 그리고 그 모든 종류의 숲에, 그토록 다양한 환경에 거주하는 법을 배우는 동안에 말이다.

　하지만 이후 이들은 총과 대포를 발명했고, 근육질 대비 두뇌 비율은 감소했다. 또한 자동차와 탱크, 비행기에 올라탔고, 네이팜탄과 핵폭탄을 떨어뜨렸다. 그리고 새로운 기술혁신이 있을 때마다 근육 대비 두뇌용량 비율은 점점 더 감소했다. 공룡의 수준까지로!

　조지가 들려준 이러한 이야기는 내게는 너무나 매력적이다. 우리가 가진 딜레마의 많은 부분을 잘 요약하고 있기 때문이다. 인간의 두뇌는 육체적·감각적 능력 부족을 한껏 보상해준 중대한 인자였다. 우리의 기억 능력은 우수했고, 호기심을 가지고 관찰하기 좋아했으며, 또 창의적이었다. 과거 바늘, 활과 화살, 도자기와 같은 우리의 혁신적 사물들은 거대한 반향을 불러일으켰다. 하지만 이것들이 문화로 진화하는 데는 수백, 수천 년이 걸렸다.

농업은 유목하는 수렵채집인으로부터 우리를 해방시켜 농민을 마을 거주민으로 바꾼 거대한 전환이었다. 이후 산업혁명은 또 하나의 거대한 전환을 포고했다. 단 2세기 만에 사람들은 값싸고 이동가능한 화석연료 에너지를 동력화하여 믿기 힘들 정도로 대단한 힘을 지닌 기계들을 창조할 수 있었다. 영화 「아바타」에 등장하는 자이언트 로봇은 머리가 없는데, 이것은 한 생물종으로서 인간이 어떤 존재가 되었는지에 대한 좋은 상징이다. 우리는 어마어마한 기술력을 획득했지만, 그 힘을 잘 활용하는 데 요구되는 두뇌능력 또는 지혜는 턱없이 모자라다.

다음의 간단한 예화를 살펴보라. 심해에서 '오렌지 러피'라는 물고기를 발견했을 때 뉴질랜드 어부들은 금광맥을 발견했다고 생각했다. 심해에서 물고기를 잡는 데 쓰이는 테크놀로지(레이더, 수중음파탐지기, GPS, 냉동고, 거대 그물망) 덕분에 그들은 대량으로 이 풍부한 물고기들을 잡아올릴 수 있었다. 이 생물종에 관해서 알려진 바는 사실상 아무것도 없었건만 이 물고기는 새로운 타깃 생물종이 되었고 다량이 포획되었다. 말로는 '수확'이라고 하나 사실상 '채광' 작업이었다. 오직 수년이 흐른 뒤에야 우리는 이 물고기가 100년 이상을 산다는 걸, 다른 연안의 어종들보다 훨씬 천천히 성장한다는 걸 알게 되었다.

오렌지 러피를 마지막으로 먹었던 게 언제이던가? 이들은 전 세계에서 거의 사라지다시피 했다. 원인은 우리의 지식에 비해 테크놀로지가 지나치게 강력했다는 것이었다. 우리는 우리의 한계를 생각하지 못했다. 그랬다면 훨씬 더 조심스럽게, 그 종을 보호하려고 행동할 수 있었을 텐데 말이다. 그 테크놀로지는 인간의 근육 대비 두뇌용량 비율이 공룡들의 그것 가까이 내려갔음을 말해주고 있었다.

테크놀로지는 커다란 혜택을 줄 수 있다. 하지만 그 테크놀로지를 적용하는 과정에서 두뇌를 사용하는 법을 배우지 못한다면 우리 역시 공룡이 걸어간 길을 가게 될 것이다.

우리 시대에도 의미를 지닌 옛 시절의 우화들

정치적 변명이나 전문가연하는 이들의 말을 들어야 할 때, 어린 시절 배웠던 단순한 진리가 어쩔 수 없이 떠오른다. 강력한 교훈과 함께 우리를 사로잡았던 이솝, 안데르센, 그리고 그림 형제들의 그 이야기들. 혹시 기억나는가? 두 가지 우화가 특히 오늘날 중요한 듯하다.

옛날 옛적 어느 한 부부에게 매일 황금알을 낳는 거위가 있었다. 이들은 부자가 되었지만 하루 한 개의 알로는 만족할 수 없었다. 한꺼번에 많은 알을 꺼내려고 부부는 결국 거위 배를 가르고 만다. 물론 부부는 그 거위가 여느 거위와 같은 내장을 지녔음을 알게 되고 아무것도 얻지 못한다.

아마존 우림지대의 파괴를 다룬 「사물의 자연」 프로그램을 만들 때 난 이 이야길 떠올렸다. 1980년대 브라질 정부는 생계를 위해 또는 부를 위해 아마존으로 이주할 것을 자국민들에게 권고했다. 당시 정부의 홍보문구는 "땅 없는 사람들을 위한, 사람 없는 땅"이었다. 이렇게 하여 지구에서 가장 거대하고 복잡하며 대체 불가능한 생태계 중 한 곳이 수십 년 동안 벌목되고, 채광되고, 불에 타고 또 범람되었다. 브라질 사람들이 자신들만의 전설적인 황금 도시인 엘 도라도(El Dorado)를 찾는 와중에서. 그러나 황금알을 낳는 거위 이야기에서처럼, 엘 도라도는 파괴를 통해 획득하는 자원이 아니라 숲 그 자체일 따름이다.

많은 사람들은 남미의 이러한 파괴적 활동이 가난 탓이라고 생각한다. 만일 이것이 변명거리라면, 우리들의 변명거리는 무엇인가? 지속 불가능한 행태의 개벌로 북미에 있는 대부분의 숲은 파괴되고 말았다. 나라 전역에 걸쳐 숲이 잘려나가면서 벌목 집단들은 호황을 누리다가 파산을 맞았다. 황금알은 벌목으로 인한 경제적 수익이었고, 그 수익은 그 거위가, 즉 숲이 건강한 한, 해를 거듭해 얻을 수가 있었다.

우리는 더 많은 알을 얻고자 안달하고 있고, 그러는 와중에 끝내 거위를 잃고 말 것이다. 농업도 마찬가지인데, 수천 년에 걸쳐 만들어진 표토를 우리가 고갈시키고 있는 것이나. 어업의 경우도 해당되는 것이, 개선되는 기술력으로 우리는 점점 더 빠른 속도로 더 많은 양의 어류를 포획하고 있다. 앨버타 주 타르 샌드도 같은 우화가 적용된다. 우리는 북부의 생태계들에 생채기를 내고, 물을 오염시키며, 대기권에 막대한 양의 온실가스를 배출하고 있는 것이다. 이 모든 것이 더 많은 황금알을 얻기 위함이다. 빌어먹을 거위 같으니라고!

2010년 CBC 뉴스에서 피터 맨스브리지(Peter Mansbridge)가 스티븐 하퍼 총리를 인터뷰했을 때, 난 또 다른 우화를 떠올렸다. 이 인터뷰에서 총리는 캐나다인들이 오직 경제에만 관심을 두며 아프가니스탄에서 일어나는 고문에 캐나다 정부가 개입되어 있을 가능성은 그다지 중요하게 생각하지 않는다고 주장했다. 하퍼는 또한 코펜하겐에 앞서 있었던, 기후변화 리더십에 대한 대중의 요구를 묵살한 바 있다. 머릿속에 떠오른 우화는 바로 벌거벗은 임금님 이야기다.

어느 옛날, 자랑하기 좋아하고 자기 외모에 대해 드러내놓고 떠벌리는 임금님이 살고 있었다. 두 명의 교활한 직공은 그 임금님에게, 어리석거나 걸맞지 않은 자리에 앉아 있는 이들의 눈에는 보이지 않는 재료로 만들어진 멋진 의상을 바치겠노라고 약속한다. 그 직공들이 샘플을 보이는 것처럼 가장했을 때, 임금님은 자신이 그것을 볼 수 없다고 인정하지 못한다. 볼 수 없다고 말하면 곧 자기의 어리석음이나 무능력을 인정하는 꼴이 될 테니까. 마찬가지로 그의 신하들도 자신들이 아무것도 보지 못했음을 인정하지 못한다. 직공들이 완성된 의상을 가지고 왔을 때, 모든 이들은 와! 하고 경탄한다. 대중들이 그와 그의 새 의상을 칭송케 하려고 임금님은 이 상상의 옷을 입고 가두행진을 한다. 군중들은 왕의 권위에 눌려, 또 자신들도 지혜로운 이들로, 패션을 아는 이들로 보이고 싶은 마음에 사로잡혀 침묵으로 일관한다. 직공들의 주장으로부터 자유로운 한 아이만이 너무나 자명한 것을 이렇게 지적했다. "임금님이 벌거벗었다!"

오늘날 우리는 그 모든 곳에서 지구 생태계의 상태가 악화되고 있는 시대를 살고 있다. BC 주의 북부 삼림들은 붉게 변했는데, 너무 더워지는 바람에 추위로 인해 죽지 않게 된 산악 소나무좀(pine beetles)이 원인이다. 농민들은 수확철이 늦어지고 있음을 알고 있고, 조류 사육가는 2주 빨리 북쪽으로 이동하고 평소보다 몇 주 늦게 떠나는 철새들을 보고하고 있고, 또 스키 선수들은 유럽에서 열리는 대회가 눈 부족으로 인해 취소되었다고 말하고 있다. 빙하는 줄어들고, 북극의 얼음은 녹고 있으며……. 이 목록을 다 말하자면 너무나도 길다. 사정이 이러함에도 임금님과 그의 비위를 맞추는 아첨꾼들은 허영심에 눈이 멀었고, 우리는 경제와 정치라는 가면에 가려 사태를 보지 못하고 있다.

우리의 눈을 가리는 것들을 이제는 집어던지고, 아이들의 눈으로 세계를 보자.

크리스마스 때 뭐하고 싶니?

대부분의 서구 세계에서 12월의 축제 시즌은 낭비와 이색적인 소비의 축제 기간이 되고 말았다. 크리스마스까지 이어지는 '쇼핑데이'를 염두에 둔 채 우리는 마치 미친 사람들처럼 쇼핑몰을 쏘다닌다. 우리가 아는 모든 이를 위한 완벽한 선물을 찾아서 말이다. 칠면조와 파이를 게걸스레 먹는 동안 잠시 쉬긴 한다. 하지만 크리스마스 이튿날이 되면, 또 어떤 종류의 할인품목을 얻을 수 있는지 보려고 쇼핑몰로 다시 몰려간다.

친구와 가족에게 선물하는 게 잘못되었다는 말이 아니다. 멋진 축제일과 관련된 것들을 축하하는 일 또한 하등 잘못된 일이 아니다. 비록 난 크리스천은 아니지만, 연휴와 함께 오는 가족과의 시간을, 또 그 축제의 의식들을 사랑한다. 그러나 우리는 감당할 수 없는 상태에까지 가고 말았다. 이러한 연례행사는 경제에는 좋을지도 모르지만 우리의 정신 건강에도 좋을까? 또한 환경에도 좋을까? 긴 밤이 긴 낮으로 바뀌는 이맘때를 기념한다고 할 때 정말 중요한 것은 무얼까? 2009년 후반기에 밴쿠버에서 있었던 '유산(Legacy)'이라고 불리는 강의를, 또 스웨덴에서 '올바른 생활상(Right Livelihood Award)' 수상을 준비하는 과정에서 이러한 몇몇 질문을 생각해볼 기회가 있었다.

연설문을 쓰면서 나는 이 지구에서 살아온 시간 동안 내가 배웠던 가치들을 반추해보았다. 이 과정에서 사회적 동물로서 우리에게 가장 필요한 것은 바로 사랑이라는 나의 신념을 다시금 확인할 수 있었다. 우리 자신의 삶과 아이들과 손자들의 삶이 보다 건강해질 수 있도록 환경을 보호하겠다는 약속, 우리 모두는 우리가 들이마시는 공기, 마시는 물, 먹는 음식을 통해 서로, 또 자연 세계와 연결되어 있다는 인식, 세계 모든 사람은 정의와 평화를 누릴 권리를 지닌다는 신념 등 그 모든 것은 바로 이 필요로부터 흘러나온다.

이 시즌이 신성한 날들을 위한 시간이든 아니면 그저 겨울의 극점이든 (또는 그 둘 다이든) 해마다 이 시기는 우리가 사랑하는 사람들을 다시금 떠올리고, 또 그들과 함께할 수 있는 기회를 제공한다. 많은 사람들에게 이 극점은 재생과 재탄생을 상징한다. 우리는 바로 이 점을 잘 활용해야 한다. 이 시간을 좀 더 슬기롭게 보냄으로써 말이다. 아마도 이 시간을 가장 슬기롭게 보내는 방법이란 스트레스 받아가며 쇼핑에 몰두하는 것이 아니라, 사랑하는 이들과 그저 함께 시간을 보내는 것, 그리고 우리에게 그토록 많은 것을 선사해준 이 대지를 위해 우리가 무얼 할 수 있는지 잠시 생각해보는 것이리라.

우선, 우리는 이 연휴 시즌 자체를 좀 더 녹색화할 수 있다. 선물하기는 대단한 상징 가치를 지닌 하나의 전통이지만, 채 일 년도 안 되어 매립지에서 삶을 다할 기계장치나 겉만 번지르르한 싸구려 장식물을 선물하는 대신, 무언가 뜻깊은 것을, 지역에서 생산되었고 오래 지속되도록 만들어진 것을(그 선물이 식품이나 음료가 아니라면 말이다. 비록 내가 본 어떤 크리스마스 케이크는 영속할 것처럼 생겼지만 말이다!) 선물로서 생각해봐야 한다. 우리가 이미 활용했던 무언가를 다시 순환시키는 건 어떨까? 이를테면 좋은 책 같은 것 말이다. 또한 가치 있는 일을 하는 비영리기구나 보호 단체가 제공하는 선물도, 선물 받는 이의 이름으로 기부를 하는 것도 생각해볼 수 있을 것이다. 개인적으로 중요한 삶의 의식 중 하나는 (국내에서든, 빈국에서든) 우리만큼 잘살지 못하는 다른 이들에게 선물하는 행사다.

선물 포장과 카드 역시 환경에 악영향을 미친다. 선물을 꼭 포장해야만 한다면, 재활용지나 지난해에 썼던 포장지를, 또는 심지어 신문종이를 활용하길 바란다. 재활용지로 만들어진 카드를 사용하거나 e-카드를 사용하길. 또한 옛 카드의 앞장을 찢어 다시 사용할 수도 있고, 심지어는 봉투를 포기하고 봉투 자체를 엽서로 활용할 수도 있다. 데이비드 스즈키 재단의 녹색 여왕 린드세이 쿨터(Lindsay Coulter)는 옛 카드를 휴가를 상징하는 형태들로 잘라 훌륭한 선물 태그로 활용할 것을 제안한다.

크리스마스트리를 진짜 나무로 하는 게 좋은지 모형 나무로 하는 게 좋은지 질문을 받곤 한다. 지속 가능성 연구 기업인 엘립소스 주식회사(Ellipsos Inc.)가 수행한 생명 사이클 평가 연구에 따르면, 모조 나무보다 진짜 나무가 전반적으로 환경에 더 좋다. 밴쿠버에서는 '카본싱크(CarbonSync)' 같은 단체에서 화분을 대여하기도 한다. 이들은 '번스 보그 보호협회(Burns Bog Conservation Society)'와 협조하여 화분을 배달하고, 크리스마스가 지난 다음에 수거하여 땅에 심는다.

크리스마스 시즌을 가족과 친구들만의 축제가 아니라 우리의 집과 고향이기도 한 멋진 지구의 축제로 만드는 길을 우리 모두는 생각해낼 수 있으리라 확신한다.

모든 것은 밝혀진다

북반구인들에게 12월은 전통적으로 빛을 기념하는 시간이었다. 밤은 12월 21일까지 길어지는데, 이날 지구의 북쪽 축은 태양으로부터 가장 멀리 기울어진 후 차츰 낮의 길이가 길어지기 시작한다.

하누카(Chanukah)는 빛을 기념하는 유대인들의 축제다. 그리스도교는 자주 빛으로 표현되는 예수의 탄생을 기념한다. 영어 단어 'yule'은 되돌아오는 태양의 빛과 온기를 기념하는 (그리스도교가 들어가기 이전) 스칸디나비아 반도의 불 피우기 전통으로부터 온 단어다. 수많은 토착원주민 역시 낮의 길이가 길어지기 시작하는 전환점을, 식물들이 싹을 틔우고 동물들이 동면에서 깨어나는, 생명의 임박한 부활을 기념했다.

우리는 우리의 빛 그리고 에너지의 거의 대부분을 태양으로부터 얻는다. 대부분의 빛은 가시적인 형태로 되어 있지만, 일부는 고에너지의 자외선이고 또 다른 일부는 저에너지의 적외선이다. 이 빛은 여러 다채롭고 멋진 과정들을 통해 다른 형태의 에너지로 변환된다. 사람들은 태양이 하는 방식으로 (즉, 열과 함께) 에너지를 활용해 빛을 만들어냈다. 횃불과 촛불의 불에서부터 백열전구에 이르기까지 우리 인류는 우리의 삶에 빛과 온기를 가져다줄 방법들을 찾아왔다.

빛은 원자에 에너지를 부과함으로써 생산된다. 가장 기본적인 방법은 원자에 열을 가하는 것이다. 저온에서라면 원자는 붉게 되겠지만, 더 많은 에너지를 원자에 부과하면 그 빛은 더욱 밝은 빛을 띤다. 가장 밝은 빛은 흰빛인데, 실은 이것은 전혀 색깔이 아니고, 수많은 다른 색의 진동들이 결합되어 생긴 것이다.

색채 자체는 각기 다른 진동에 따라 흔들리는 빛의 파도에 대한 우리의 지각을 통해 생긴다. 우리는 색을 어느 한 사물에서 특정 진동으로 흘러나오는 빛의 파도로서 보거나, 그 사물이 다른 진동들을 흡수할 때 반사되어 나오는 파도로서 본다. 우리가 식물을 녹색으로 보는 것은, 엽록소의 색소(chlorophyll pigments)가 그 파장을 우리에게 녹색으로 보이게 하는 방식으로 태양의 광자를 흡수하기 때문이고, 또 이러한 색소제가 다른 약한 놈들을 가려버리기 때문이다. 가을이 되어 잎들이 이 색소제의 생산을 그치고 엽록소가 분해되기 시작하면, 다른 색소제들이 붉고 노랗고 누런색들로 세계에 모습을 드러낸다. 식물은 태양으로부터 오는 빛을 잡아 이것을 광합성을 통해 화학에너지로 변환한다. 그리고 우리는 그 식물을, 또 그 식물을 먹었던 동물을 섭취함으로써, 그 화학에너지를 흡수·저장·변환하여 체내 세포에 에너지를 불어넣는다.

수억 년 전 일부 식물과 동물은 죽으면서 이 화학에너지를 사체에 보존했다. 수천, 수억 년간 땅에 묻히고 압착되며 이 에너지는 탄화수소의 형태로 농축되어 석탄과 석유로 변형되었다. 우리는 이 물질들 안에 저장되어 있는 그 화학에너지를 끄내려고 이깃들을 연소한다. 우리는 이 연료들을 재생 불가능하다고 부르는데, 왜냐하면 이러한 연료들을 더 많이 만들어내는 데는 수백만 년이 걸리기 때문이다. 따라서 화석연료는 실로 태양에너지의 한 형태라고 할 수 있다. 그들의 힘은 본래 태양에서부터 온 것이기 때문이다.

풍력에너지 또한 태양광 작용으로 생기는 것 중 하나다. 태양이 지구의 대기를 덥게 하는 과정에서 바람이 만들어지는 것이고, 그 바람이 터빈을 돌려 전기를 생산하니 말이다.

에너지는 창조되거나 파괴될 수 없다. 그것은 오직 하나의 형태에서 다른 형태로 변환될 수 있을 따름이다. 오늘날 우리가 사용하는 대부분의 에너지는 화석연료의 연소로부터 나온다. 이 에너지는 수천 년에 걸쳐 고도로 농축된 것들이므로, 화석연료는 강력한 힘을 내장하고 있다. 대규모 발전소의 경우, 이 에너지는 열을 통해 방출되고 전기 에너지로 변환되어, 차후 케이블을 통해 이동된다. 하지만 이 과정은 비효율적이고, 오염물질을 유발하며, 지구고온화에 기여한다. 예컨대 한 발전소에서 연소되는 매 3톤의 석탄 가운데 2톤은 석탄으로부터 에너지를 꺼내고, 꺼낸 에너지를 전기로 변환하고, 또 그 전기를 소비자들에게 전달하는 과정에서 손실되는 것이다.

조명을 비추기 위해서든, 집을 따뜻하게 하기 위해서든, 자동차에 연료를 공급하기 위해서든 우리는 더욱 효율적인 에너지 생산법을 찾아야만 한다. 즉 대부분의 에너지를 의도한 목적에 사용하며, 조달·변환·수송 과정에서 쓰레기와 오염물질을 많이 유발하지 않는 방법을. 우리는 또한 에너지를 더 적게 사용하는 방법을 찾아야만 한다.

에너지와 관련하여 우리가 직면하고 있는 문제들에 대한 해결책 중 일부는 태양에너지를 좀 더 직접적으로 활용하는 법을 찾아내는 데 있을지도 모른다. 그리고 이것은 북반구로의 태양의 귀환을, 그때 태양이 함께 가져오는 온기와 색채와 재탄생을 묵상할 때, 우리 모두가 기념하고 축하할 수 있는 무엇일 것이다.

아버지가 내게 가르쳐준 것들

유년시절의 세계를 떠올릴 때면 이웃들끼리 함께 쓰던 전화선이, 아이스박스와 라디오의 연속극이, 텔레비전 없던 날들이 함께 떠오른다. 마치 어느 고대의, 사라진 문명인 것만 같다. 하지만 어린 시절 내가 배웠던 생각과 가치는 래퍼, 억만장자, 영화 스타를 롤 모델로 삼는 오늘날의 어린이들이나 젊은이들에게도 똑같이 중요한 것인 듯하다.

내가 소년이었을 때, 아버지는 내게 현실에서는 찾아보기 힘든 위대한 인물이었다. 또 그는 특유의 외향적인 성격으로 사람들을 매혹했던 멋진 이야기꾼이기도 했다. 아버지는 나의 영웅이었다. 그는 캠핑장과 낚시 현장에 나를 데리고 가 자연과 들판에 대한 사랑을 불어넣어주었다. 일을 마치고 집에 오면 아버지는 언제나 내게 학교에서 무얼 배웠는지 물어보았다. 지금 생각해보니, 아버지는 정말로 내가 말하는 것에 관심을 기울였던 것 같다. 때로는 내가 말한 것에 부연설명을 덧붙이고 또 바로잡기도 하면서. 난 그 시간을 사랑했다. 그리고 지금은, 당시 아버지는 내가 (학교에서) 배운 바를 다시 이야기하게 만듦으로써 내 배움의 과정을 보강해주고 있었다는 것을 깨닫고 있다.

아버지는 가장 열렬한 후원자였다. 하지만 그는 나에 대한 가장 혹독한 비평가이기도 했다. 내가 텔레비전 일을 시작하자 아버지는 내가 하는 모든 작업을 지켜보았다. 내 이야기를 한 번 이상 이해하시지 못할 때면 전화를 걸어 불호령을 놓은 것도 아버지였다. "네가 말하는 걸 내가 이해하지 못한다면, 어떻게 너를 전혀 모르는 누군가가 네 생각을 따르리라고 기대할 수 있겠니?" 오늘날까지 나는, 책의 원고를 준비할 때마다, 아버지를 내 청자(聽者)로 생각하고 있다.

어머니는 바위처럼 단단한 가정의 토대였다. 그녀는 가족 누구보다 먼저 일어나 누구보다 나중에 잠들었지만, 아버지와는 달리 침묵하며 그렇게 했다. 어머니의 알츠하이머병이 심해지고 아버지가 어머니에게 신발을 신겨주려고 애쓰는 모습을 볼 때에야 난 비로소 어머니가 얼마나 소중한 존재인지를 깨달았다. 아버지를 도울 사람을 고용할 수 있게 해달라고 간청했지만, 그는 거절했다. "네 어머니는 나를 위해 자기의 전부를 바쳤어." 아버지의 말은 이렇게 이어졌다. "이젠 내가 빚을 갚을 차례야."

부모님은 두 분 다 돌아가셨고, 이제 나 또한 인생의 황혼기에 서서 내 아이들과 손자들에게 전해주고 싶은 중요한 삶의 교훈들을 생각하고 있다. 그리고 난 깨닫는다. 그 교훈들이란 내가 아버지로부터 얻었던 것과 같은 것들임을. 난 그 교훈들이 과거의 기괴한 생각들이 아니라 오늘날 우리에게 절실하게 요청되는 매우 현대적인 것들이라고 믿는다.

"나이든 분들을 존경해라." 아버지는 이렇게 말했다.

"하지만 아버지." 난 항변했다. "사이타 씨는 바보예요."

"데이비드." 아버지는 이렇게 타일렀다. "그분은 오랜 세월을 살아오셨고 또 많은 경험을 한 분이란다. 또 네가 생각해보지 못한 수많은 것들을 생각해보신 분이야. 그가 고집이 세고 바보같이 보인다는 건 나도 알아. 하지만 네가 듣는다면, 그분은 너에게 무언가를 가르쳐줄 수도 있을 거야."

아버지는 또 말했다. "캐나다에서 일본인-캐나다인으로서 잘 살려면 열 배는 더 노력해야 해. 즉석에서 바로 일어나 말할 수 있어야 하고, 춤도 출 수 있어야만 해." 다행히 고된 노력은 내게 한 번도 장애물이 되지 못했고, 웅변대회에도 나갈 수 있게 되었다. 그 대회를 위해 아버지는 내게 대중 연설의 기술을 훈련시켜주었고 말이다. 하지만 춤의 영역은 결코 이해하지 못했고, 이 분야에서는 성공하지 못했다.

"무얼 하든지, 마음에서 솟아나는 즐거움을 느끼며 하렴. 너절하게, 마음을 반절만 쓰며 하지 말고, 가진 열정을 다 쏟아 부어. 그게 바닥 닦는 일이든, 체리 따는 일이든, 농구 경기든. 그게 삶에서 최대의 결실을 얻는 비법이란다."

"우리 모두는 누구라도 생활을 위해 돈이 필요한 법이지. 하지만 화가 난 사람, 너에게 동의하지 않는 사람을 만날 준비를 해두렴. 모든 이들의 사랑을 받고자 한다면, 넌 그 어떤 것을 위해서도 싸울 수는 없을 거야."

"네가 말하는 바가 아니라 네가 '행동'하는 바가 바로 너란다." 아이들은 이 말을 이렇게 재미나게 표현한다. "모든 사람들은 떠들어대지, 행동은 없고."

어머니 역시 내게 유용한 가르침을 주셨다. 이를테면 이런 것들. "네가 어지럽힌 건 언제나 네가 치워라." "동물들에게 다정히 대하렴." 그리고 "나누렴, 욕심 많은 사람이 되면 안 돼."

오늘날 젊은이들은 유명인들의 어릿광대짓과 록 스타들에 관한 뉴스에 포위된 채 그들을 자기 삶의 롤 모델로 삼고 있지만, 그러한 사태야말로 나이 든 이들의 말에 귀 기울여야 하는 이유일 것이다.

과거를 묵상하는 어느 까칠한 노인네

난 이제 일흔다섯 살 생일이 지난 노인네이고, 그리하여 내 아이들과 손자들 그리고 그들 앞에 놓인 삶에 관해 생각해오고 있다. 우리는 20세기가 성취한 어마어마한 과학적 진보와 기술혁신을 자화자찬하지만, 정말로 오늘날의 세계는 내가 태어날 때의 세계보다 더 나은 곳인 걸까?

우리의 손자들에게 우리가 남겨놓고 가는 것들을 생각해볼 때, 울림이 큰 목소리로 '아니'라고 대답해야만 할 것이다. 그렇다, 많은 것들이 내 생애 동안 변모했고, 때로는 더 나아졌다. 내가 태어났던 때엔 대양을 연결하는 전화선도, 장기이식도, 제트기도, 인공위성도, 텔레비전도, 먹는 피임약도, 복사기도, CD도, 컴퓨터도, 항생제도, 휴대폰도 없었다. 오늘날 우리는 1년 내내 과일과 채소를 먹을 수 있고, 24시간 텔레비전을 시청할 수도 있고, 지구의 절반을 이동하여 온 물을 마실 수도 있다.

그리고 그 많은 제품들, 맙소사, 우리가 살 수 있는 것들! 우리가 선택할 수 있는 아침용 시리얼의 브랜드만 200개가 넘는다. 지난해의 휴대폰은 구식으로 보일 뿐만 아니라 폐기되도록 디자인되어 있는 것들이다. 알약들은 단지 발기부전 공포에서의 해방을 제공하는 데 그치지 않고 매일 섭취 가능하고 그리하여 언제라도 행동을 개시할 수 있는 상태로 만들어놓는다. 이것이 과연 진보인가?

내 유년시절은 오늘날 얼마나 기괴하게 보일까. 당시 이러이러한 것들도 없었다고 내가 말하면 아이들은 놀란 눈으로 날 쳐다본다. 누군가 그러한 원시적인 삶의 방식을 기억할 수 있다는 것 자체가 놀라운 것이다. 그들은 묻는다. "그때 대체 뭐하셨어요?" 텔레비전도, 컴퓨터도, 휴대폰도 없는 세상을 애써 상상해내며 말이다. 그렇다, 내 세계는 고대 문명의 세계다. 이제는 멸망한.

진보된 것들 중 많은 것들을 내가 수용하지 않는다는 말은 아니다. 1950년대 십 대였을 때, 폐렴에 걸려 사경을 헤매던 적이 있었다. 당시 의사는 페니실린 주사를 놓아주었는데, 이튿날 난 침대에서 일어나 돌아다닐 수 있었다. 그것은 실로 기적의 약이었다. 1980년대 내가 구입한 최초의 컴퓨터 덕에 나는 세계 어디에서든 칼럼을 써서 『글로브 앤 메일』에 보낼 수 있었다. 또 1990년대 아이들이 대학에 들어가 떨어져 살아야 할 때 우리는 이메일로 소통할 수 있었다.

그렇다, 오늘날 우리는 놀라운 소비 상품들의 코르누코피아(cornucopia)를 제공해주는 세계에 살고 있다. 그러나 이를 위해 어떤 비용을 치르고 있는 걸까? 내가 어린아이였을 때 우리의 놀이터는 풀밭, 도랑, 시냇가였다. 강물과 호수의 물을 마셨고, 물고기를 잡아서 또 바로 먹었다. 그 안에 어떤 종류의 화학물질이 들어 있는지에 대한 걱정

따윈 없었다. 내가 어렸을 때만 해도 바다에는 해양생물들이 그득했고, 아마존과 콩고 같은 곳은 여전히 착취를 모르는 생태 시스템이었으며, 핵무기도 무기 경쟁도 아직 없었다.

내가 태어난 이후 세계 인구는 세 배 이상으로 증가했다. 우리들 모두는 각기 수많은 독성 화학물질을 체내에 지닌 채 살고 있고 암은 최대의 킬러가 되었다. 또한 우리는 우리의 대기와 물과 토양을 오염시켰다. 자원을 채취하려는 또는 땅을 차지하려는 인류의 질주로 인해 육지와 해양의 동식물들은 처참한 지경에까지 이르렀다.

그렇다, 우리는 우리의 아이들과 손자들에게 경이로운 테크놀로지의 세계, 개인의 과잉 소비의 세계를 물려주고 있다. 하지만 그로써 희생되는 건 공동체, 생물종 다양성, 그리고 청정한 공기와 물과 토양이다. 어린아이였을 때 나는 한 번도 박탈감이나 지루함을 느꼈던 적이 없었다. 내 친구들은 내 이웃들이었고 우리의 주변환경은 우리가 발견하고 탐색해야 할 생물학적 보물들로 가득 차 있었다. 우리가 먹었던 음식의 거의 전부는 지역산이었고 또 화학물질의 도움 없이 자란 것들이었다. 또 자라면서 우리는 날씨와 기후의 여파에 우리 자신의 음조(音調)를 맞추었다. 우리는 사계절과 그 계절들이 가져올 변화를 기다리고 고대했다.

나는 이제 과거를 멋지게만 보고 현대는 헐뜯기만 하는 까칠한 늙은이가 된 것일까? 아마 그렇지는 않을 것이다. 하지만 난 공동체와 이웃이 사회적·경제적 삶에 매우 중대한 일부였던 시대, 자연이 여전히 풍요로웠던 시대가 사라져가는 현실을 진심으로 가슴 아파한다. 과거를 창조할 수는 없겠지만, 우리는 힘을 합쳐 우리의 아이들과 손자들을 위한 보다 밝은 미래를 창조할 수는 있을 것이다. 우리는 문제가 어디에 있는지를 알고 있고, 과학은 많은 해결책을 제공해준다. 이제 행동에 나설 때가 되었다. 지난 75년간의 세월 동안 배운 점이 한 가지 있다면, 그건 사태를 개선하고자 한다면, 모든 사람이, 정부와 기업에서 일하는 이들을 포함한 그 모든 사람이 협동해야 한다는 것이다.

역자 후기

1. 저자가 어떤 사람이냐가 중요한 책이 있다. 저자의 특색이 책의 성격을 상당 부분 일러주기 때문인데, 이 책도 그러한 듯하다. 저자는 어떤 사람일까? 우선은 노인이다. 이 책에는 무엇보다도 어느 노인의 혜안과 통찰이 담겨 있다. 노지식인의 원숙한 관점이 책으로 우리를 인도한다. 그리고 그는 한국의 노인이 아니라 캐나다에 사는 노인이다. 마지막으로, 저자는 학자이면서도 운동가인데, 더 구체적으로는 유전학자·생물학자이면서 동시에 세계적 환경운동가이기도 하다.

좀 더 나아가보자. 이 책이 어느 노인이 쓴 작품이라는 건, 여기서는 세 가지를 뜻한다. 하나는 몸에 익은 경험과 지식에서 자연스레 배어 나오는 노년기의 예지가 이 책의 네비게이터가 되고 있다는 것. 둘째, 그래서인지 문체가 퍽 평이, 담담하다. 셋째, 이 노인이 회상하는 시대가 20세기인 까닭에 이 책은 20세기 역사에 관한 지적 통찰의 성격을 지닌다. 아직 20세기의 연장선에 있다고 봐야 하고, 20세기 후반기의 후과로 시난고난한 삶이 이어지고 있는 오늘의 현실을 짚어볼 때, 저자의 통찰이 주는 울림은 뜻깊다.

그런데 저자는 한국인이 아니라 캐나다인이다. 그래서일 텐데 영어권 독자를 위해 쓴 책이라는 느낌이 강하다. 그러나 이 점이 한국어권 독자에게 어떤 한계는 아닐 것이다. 저자의 관심이 전 세계의 문제에 향해 있고, 세계어가 되다시피 한 영어로 이야기하고 있어서 외려 더 자연스럽다. 아니, 이 책은 전 세계라기보다는 태양 아래서 살아가는 모든 숨 쉬는 것들에 관한 이야기, 그중에서도 20~21세기의 지평 속 인류의 삶에 관한 이야기라고 이해해야 옳다.

마지막으로, 태양 아래 모든 숨 쉬는 것들, 숨 쉬는 일에 관한 이야기가 어느 노(老)생물학자이자 생태·환경주의자의 목소리에 실려 있다. 유전학을 비롯한 생물학과 여타 과학에 관한 저자의 박학을 기조음으로 한 흥미로운 과학 소개가 독자를 기다리고 있지만, 동시에 독자는 생물종 멸종, 도시와 쓰레기·교통, 에너지, 전 지구적 자본주의 경제 시스템, 기후변화와 지구 고온화, 해양생태계, 숲, 먹을거리와 농업, 미생물, 인체, 미용·화장품, 운동 등 실로 다양한 주제에 관한 이야기를 접하게 된다. 한마디로 노생물학자의 종합 환경론이다. 바로 이 점이 생태환경 문제 또는 자연 교섭의 문제가 실은 인간이 살아간다는 것 전반에 걸쳐 있는 주축(主軸)의 문제임을 우리에게 확인케 해준다. 다른 한편으로, 이런 다양한 주제가 여기 망라되어 있다는 건, 문외한도 이 책 한 권으로 현대 생태환경론에 또는 현대 생태환경주의자의 세계에 입문하는 것이 충분히 가능함을 뜻한다. 실제로 저자는 이를 위해 매우 쉬운 언설법을 취하고 있다. 듣기로, 충분히 익은 지식일수록 먹기 좋게 떡을 내놓는다 한다. 이 책이 바로 그런 책이다. 건강한 삶을 원하는 수많은 이들을 친절히 안내하는 안내서의 성격을 이 책은 지닌다.

이렇게 말하고 나서는 반드시 첨언해야 하는 말이 있다. 알아듣기 쉬운 이야기이지만, 공부를 요청하는 이야기라는 것이 그것이다. 아마도 과학도, 과학자로서 일평생 살아왔기 때문일 텐데, 저자의 주장은 방대한 과학적 논거들에 둘러싸여 있다. 그래서 독자들은 이 책에서 통계 수치를 많이 만나게 된다. 저자 자신 미처 생각하지 못했을 수도 있지만, 이는 곧 공부에 대한 요구이기도 하다. 즉, 독자로서는, 매우 많은 대목에서, 읽는 과정이 강의실에 앉아 있는 과정이 된다.

2. 저자의 20세기 통찰, 그 핵심은 무엇인가? 저자가 보기에 20세기는 과학기술의 놀라운 성취로 점철된 '위대한 성취'의 시대였다. 또 과학이 생활 세계에 미치는 힘의 크기가 점점 커진 과학 상승기이기도 했다. 어두운 이면도 있었다. 그가 보기에, 20세기는 인류가 지구의 지질학적 생태 균형을 변형할 정도의 강력한 파워로 변신한 시대, 그 결과 인류의 근육 대비 두뇌 용량 비율이 급감한 시대, 인류가 세계의 균형을 깨뜨리는 무시무시한 무지의 파괴자로 전락한 시대이기도 했다. 이는 곧 인류가 20세기의 성취를 이룩하는 동안 스스로를 극히 위험천만한 곳으로 밀어붙이고 말았다는 진단과 다름없다. 과학기술의 힘이 뒷받침된 것이었지만, 무엇보다도 화석연료 연소에 기반한 산업 자본주의 시스템이(20세기 후반에는 전 지구적으로 구축된 금융 자본주의 시스템이) 이 성취와 퇴행의 동시 진행을 이끌었다. 치명적 원인은 이 시스템이 무한정한 자원 채취[착취]를 가정한 채 작동한 시스템이자 무한정한 성장을 추구하고 무한정한 소비를 부추기는 시스템이었다는 것

이다. 즉 생산과 소비의 한계성에 대한 근본적 감각이 부재한, 아니 이 감각 자체를 억압한 경제 시스템이었다는 게 문제의 핵심이다. 그렇게 하여 생태적으로는 극히 위험천만한, 즉 더는 지속 불가능하고, 사회 경제적으로는 극히 불평등한 삶의 세계로 우리가 이동해버렸다는 것이 저자의 20세기 진단이다. 요지는 변해야만 살 수 있다는 것이다. 즉 혁신만이 생존을 보장한다. 왜 혁신이고 어떻게 혁신인가, 가 이 책의 골자다.

1장에서 저자는 오늘날의 인류의 활동으로 인해 어떻게, 어떤 규모로 생물종들이 멸종되어가고 있는지, 그리고 어떻게 이 현실을 지양할 수 있는지를 소상히 다룬다. 기후변화에 대비해 생물종 멸종에 관한 정치인의 관심도가 매우 낮은 현실을 우려하며, 오늘날의 심각한 멸종 사태가(조류의 12퍼센트, 포유류의 23퍼센트, 양서류의 32퍼센트를 비롯한 17,000여 종의 동식물이 오늘날 멸종 위기에 처해 있다) 인류의 생존 자체를 위협하고 있다고 역설한다. 생존이 화두가 된 시대에 와 있다는 말이다.

2장의 초점은 현대 도시 혁신의 문제다. 저자는 쓰레기 처리, 재생 가능 에너지 공급, 에너지 효율성 증대, 녹지와 공원의 확장, 자동차 중심 문화의 혁신 등 더욱 살기 좋은 도시를 만드는 데 어떤 면면이 고려되어야 하고 실제로 세계 곳곳에서 어떤 방식으로 고려되고 있는지 일러준다. 이를테면 저자가 소개하는 혁신 도시의 현장으로는 멕시코의 멕시코시티, 캐나다의 밴쿠버, 콜롬비아의 보고타, 스위스 취리히 등이 있다. 세상을 바꾸는 건 결국 도시를 바꾸는 일이라는 저자의 말이 인상적이다. 자동차와 자전거의 기술 발전사에 관한 이야기도 퍽 재미나다.

3장의 주제는 오늘날 인류가 직면한 가장 중요한 문제인 에너지 문제. 핵연료, 석탄·석유 등 화석연료가 결코 21세기의 에너지 대안이 될 수 없다는 것이 저자의 주장이다. 물론 이는 새로운 주장은 아니다. 하지만 저자가 스스로의 주장을 뒷받침하기 위해 동원하는 정보들은 우리의 시선을 포획한다. 예컨대, 우라늄 원가의 급상승, 온실가스 배출 등 핵발전(원전)이 지닌 잘 알려지지 못한 문제점에 관한 지적, 캐나다 알버트 주에서 벌어지는 타르 샌드 석유 채광의 현실에 관한 저자의 보고는 이 책의 빛나는 대목들이다. 1967년부터 있어왔던 대형 석유 유출 사고사의 요약, 탄소포집(CCS)기술 대안론의 허구적 면모에 관한 고발은 또 어떠한가.

4장의 주제는 과학이다. 과학지로서 지지는 현대의 여러 삶의 문제를 해결하는 데 과학이 얼마나 중요한지를 재삼 역설한다. 논문과 연설 등 추적 가능한 연구 이력을 근거로 한 좀 더 효율적인 과학 진흥법을 역설하며, 새로 등장한 과학인 지속 가능성 과학, 이를테면 생체 모방과 같은 신과학을 소개하는 데 주력한다. 어떤 식으로의 과학 혁신인가, 그리고 혁신 과학들이 등장하고 있는가를 논한다.

4장에 비해 5장의 주제인 경제는 저자의 이력을 볼 때 언뜻 의외로 다가온다. 과학자가 경제를 알면 얼마나 알까? 그러나 경제학자로서가 아니라 노지식으로서 저자는 생태계들과 그 안쪽의 문명 세계에서 들리는 그 모든 고통, 소외, 갈등의 불협화음의 진앙지가 2차 세계대전 직후에 성립되어 (처음에는 브레턴우즈 체제였지만) 변형 진화된 전 지구적 경제 시스템임을 분명히 한다. 그의 논지는 간명, 확고하다. 경제 시스템이 불변의 물리력인 양 사고하는 것은 큰 사고 오류이며 그 시스템은 고작해야 인류의 발명품들 중 하나에 불과하다는 것이다. 필요 물자를 공급하는 것이 아니라 이윤 창출을 위해 돌진하는 광기의 경제 시스템으로 변질되었으니 시급히 교정해야 한다는 것이다. 또 하나는 생태계 서비스를 하나의 서비스로서 고려하는 새로운 경제관의 도입이 필요하다는 것이다. 카본 옵셋, 자연자본주의론에 대한 비판적 시각이 첨예하지 못한 허점도 보이지만, 성장주의에 대한 저자의 강력한 반대 입론은 이 책의 저자가 보기 드문 급진적 사상가라는 점을 우리에게 일러준다. 그렇다, 급진 사상가의 생태환경론이다.

6장에서 저자는 기후변화에 관한 일체의 혼란을 말끔히 정리한다. 오늘날 다수의 한국인들은 심정적 기후변화 부인론자들로 보인다. 아무 일이 없어야 경제성장을 하고, 선진국이 되고 우리 '국민'도 그들(서구인)처럼 보무당당히 살아볼 텐데, 그 성장을 어렵게 할 기후변화와 같은 돌연한 변수를 현실적 힘으로 수긍하기란 쉽지 않은 일일 것이다. 그래서 자연 기후변화론은 음모론이거나 설사 다가올 현실이라 해도 먼 미래에나 다가올지 모르는 '가능한 것'으로 여기고 생각과 논의의 우선순위에서 밀쳐버리게 된다. 이 장은 바로 그런 사람들이 읽으면 좋을 장이다. 각성(覺醒)! 우매의 취기에서 깨어나야 한다.

이 책의 7장은 우리가 잘 모르는 또 다른 현실계인 바다로 우리를 인도한다. 그러나 신비한 바다 세계가 아니라 아픈 바다 세계가 주제다. 기후변화 또는 그 원인자인 과도한 탄소 방출로 인한 해양 산성화, 기후이상을 상쇄할 수 있는 해양생태계의 탄소 흡수력, 질소 과다 흡수로 인한 산소 희박화의 문제, 어류 남획의 현실, 유람선 산업의 어두운 면모, 무뇌아적 쓰레기 투척으로 인한 해양생태계 오염의 현실이 소개된다. 소용돌이를 이루며 바다를 둥둥 떠다니는 다섯 개의 플라스틱 섬 이야기는 듣기 섬뜩하지만, 우리 모두가 들어야 할 이야기다.

8장을 열면서 우리는 좀 더 일상의 삶과 가까운 곳으로 올라온다. 숨 쉬는 일 다음으로 자주 해야 하는 일, 먹는 일에 관한 장이기 때문이다. 웰빙이니 로하스니 하는 소위 친환경 열풍과 함께, 먹을거리에 관한 대중의 관심은 '건강하고 맛있는' 먹을거리로 옮겨갔다. 그러나 오늘날 누가 식탁 위 음식을 땅(흙, 대지)과 바다의 건강과 관련지어 생각할까? 땅과 바다가 건강하지 못하면 먹을거리도 건강하지 못하고, 땅과 바다가 지속적으로 건강해야 건강한 먹을거리도 지속적으로 공급 가능하다는 지극히 상식적인 생각으로 나아가기란 그리 쉽지 않은 듯하다. 땅에 대한 관심은 곧 농업에 대한 관심이다. 이 장에서 저자는 땅과 사람을 위한 농업, 지역산 청정 먹을거리, 생각하는 소비의 중요성을 강조한다. '건강하게 맛있다'의 주문에 빠져 있는 이들에게 약과 침이 될 것이다.

9장은 건강을 다룬다. 그러나 지구 생태계의 건강이 아니라 인체의 건강이다. 그런데 저자는 인체가 건강하려면 인체로 들어오는 것들과 그것들이 살아가는 삶의 장소가 건강해야 한다는 절대불변의 건강 철칙이 있음을 우리에게 상기시킨다. 건강에 대한 관심은 곧 질병에 대한 관심이기도 하다. 질병을 유발하는 불건전한 현대인의 생활(소비) 양태에 관한 저자의 고발은 지나칠 정도로 상세해서 경이롭다. 어떻게 해서든 몸을 움직이라는 저자의 건강론, 인체론도 인상적이다.

10장은 지금까지 이야기한 모든 것을 총망라하고, 인류사를 정리하며 21세기의 새길을 이야기하는 총론이다. 시간이 없는 이라면 이 10장만이라도 읽어보면 좋을 듯하다. 인류가 이제껏 성취한 빛을 유지하려면 반드시 변화되어야 하는데, 그 변화의 길을 선도하는 이들의 이름이 바로 환경주의자라고 저자는 역설한다. 그러나 이는 결코 자기 과시가 아니다. 왜 환경주의자인가에 대한 설명이자, 환경주의자로서 어떻게 살아가면 되는지, 왜 그 길이 그다지 어려운 길이 아닌지에 대한 따뜻한 안내다.

3. 생각건대, 이 책은 '생태환경 문제'라는 항목으로 분류되기 쉬울 텐데, 한국 사회에서 생태환경론이 처한 슬픈 처지를 생각해보면 걱정부터 앞선다. 우선 '생태' 또는 '환경'이라는 카테고리를 둔 국내 언론지 웹사이트를 찾아보기 어렵다. 그나마 『경향신문』이 과학·환경이라는 카테고리를 두고 있는데 특별한 경우에 속한다. 국내의 힘 있는 온라인 서점 사이트들을 들어가봐도 '환경'은 상위 분류 항목에 위치해 있지 않다. 이러하다는 건 곧 이 분야에 관한 사회적 관심도가 턱없이 낮다는 걸 뜻한다.

여러 이유가 있겠지만, 두 가지 이유가 먼저 머리를 스쳐간다. 정치경제라는 중요한 문제가 있고, 그보다 덜 중요한 문제로서 또는 그 주요 문제 외곽에 생태환경 문제가 있다고 생각되기 쉽다는 것이, 먼저 생각나는 이유다. 사실 이는 심각한 사고 오류가 아닐 수 없다. 이 책에서도 먹을거리 공급 문제와 에너지 수급 문제를 다루고 있지만, 이 문제는 중차대한 정치 사안이기도 하다. 말할 것도 안 되지만, 먹을거리 생산, 즉 농어업이나 에너지 수급 문제는 동시에 중요한 경제 사안이다. 기후변화 또한 일개 '환경' 이슈로 여겨지기 쉽지만, 그 대처에 엄청난 수준의 예산이 소요되는 엄중한 경제 문제인 것이다. 널리 알려진 일이지만, 영국 정부가 일찍이 「스턴 리뷰(Stern Review)」(2006)를 작성케 한 이유 중 하나도 이 예산을 추정해보기 위해서였다.

또 한 가지, 한국 사회에서 생태환경론에 대한 관심도가 낮은 건 생태환경론을 과격분자들 또는 별종들의 '뻔한 이견'이라 단정하고 마는 문화가 팽배하기 때문일 것이다. 사실 생태환경론자들의 주장을 주류 가치관과 충돌하는, 여전히 생소한 주장으로 여길 이들은 많다. 당장 자연이라는 자원 저장소에 기계 들이밀기를 멈추면 경제성장에 장해가 될 텐데, 그 기계 작동의 속도를 늦추거나 작동 방법을 달리하자는 생태환경론자들의 주장은 과격분자의 주장처럼 들린다. 사실 이 문제는 경제성장주의의 마술에 씌인 채 경제성장과 기술발전을 궁극의 절대 가치로 내면화해온 한국인의 심리적 반발과 관련이 깊을 것이다. 더욱이, 생태환경론은 일상생활상의 선택과 윤리의 담론으로 귀착되기 쉬운데, 일상생활과 윤리의 문제에 관한 한, 우리 모두는 타인의 말을 경청하기 꺼려하는 성향이 있지 않던가. 그나마 우리의 귀가 열리는 건 생태환경론이 건강의 문제와 포개질 때뿐이다. 서글픈 일이지만, 대개 우리는 생태환경론의 주장을 '아직은 그럴 단계가 아니다' '그쯤은 나도 안다'는 입장에서 삶의 영역 저 구석으로 알게 모르게 밀쳐버리는 경향이 있다는 말이다.

문제는 이러한 태도가 오늘날의 현실에서 극히 몰지성적이고 반지성적인 태도라는 것이다. 생태환경론의 궁극적 주장은 언뜻 식상한 것일 수 있지만, 그 각론은 '모두가 알아야 할 새롭고 중요한 정보'를 제공해주고 있기 때문이다. 오늘날 생태환경 담론에 귀를 닫는 건 그래서, 그보다 더 중요한 건 없을지도 모르는, 실로 귀중한 정보에 귀를 닫는 일이 되고 만다. 예를 들어 한국의 하늘을 뒤덮는 초미세먼지는 어떠한가. 초미세먼지가 왜 발생하고, 어떻게 대기에 떠돌며, 인체에 어떤 영향을 미치는가에 관한 정보는 분명 '모두가 알아야 할 새롭고 중요한 정보'일 것이다. 그러함에도 우리의 귀에 들리는 초미세먼지에 관한 정보는 피상적인 수준에 그치고 있는데, 제대로 된 정보를 들려주는 과학은 다름 아닌 생태환경과학이다. 한마디로, 생태환경론은 결코 뻔한 이야기를 들려주지 않는다. 도리어 가장 중요할지 모를 엄중한 정보를 들려준다. 삶의 생태환경이 급변하는 시대에, 이 급변의 사태가 삶과 문명의 전체적 조정을 다급히 요청하는 시대에 우리가 몸을 싣고 있기 때문이다. 요컨대, 모종의 사고 오류로 인해 생태환경 문제를 주변부 문제로 밀쳐버리는 시대에 우리는 살고 있지만, 동시에 그 시대는 생태환경 문제가 점점 더 중차대하고도 주된 삶의 문제로 떠오르게 되어 있는 시대다.

이 간극—사고 오류와 현실 사이의 이 간극이 클수록 우리는 더 뒤늦게 삶을 바꿀 것이고, 그만큼 삶의 병리적 상황은 지속될 것이다. 그런데 이 상황의 어느 지점을 뚫고 들어가, 사고 오류를 교정하고 사고 오류와 현실 사이의 간극을 줄일 힘을, 이 책은 충분히 갖추고 있다. 만일 이 역서가 한국 사회에서 가치를 지닌다면, 그 가치의 중핵은 바로 이 점이다.

이 책 앞에서 독자는 결국 선택의 기로에 선다. 또 하나의 뻔한 이야기, 듣고 또 들었던 식상한 이야기로 치부하고 멀찍이 밀쳐버릴 것인가, 아니면 뻔하지 않은 이야기, 새로 귀를 씻고 들어야 할 소중한 이야기임을 간파하고 현재의 병리 상황의 실체를 살펴보는 시간을 스스로에게 허락할 것인가.

이 책의 10장에서 우리는 이런 말을 듣는다.

"우리는 모든 대륙과 대지를 점령하고 있고, 새로운 자원을 위해 지구의 구석구석을 탐사하고 있다. 인류의 집합적인 생태 파급력은 지구가 현 수준으로 계속해서 우리를 부양할 수 있는 능력을 훨씬 초과하고 있다.……인류사 초유의 일로, 단일 생물종으로서 우리 인류는 우리 자신이 만들어낸 위기들에 응답해야 하는 상황에 처해 있다."

그렇다. 우리가 사는 시대는 '위기에 응답해야 하는 시대'임이 틀림없다. 달리 말해 새로운 종류의 행복이나 쾌락보다는 생존과 건강 회복과 치유가 훨씬 더 중요한 과제로 등장하게 되는, 될 시대다. 그러나 정말로 위기에 응답하려면, 병리적 현실의 직시와 인정이 우선이다. 우리는 왜 아프고 어떻게 아픈가가 먼저고, 어떤 치료법이, 어떤 건강의 길이 우리 앞에 있는가가 그다음이다.

그런데 이 한 권이면 족하다. 태양 아래 모든 것이 현재 우리의 삶과 어떻게 연결되는지 여기 이토록 간약하게 적어놓았으니, 또 성실히 연구하고 운동해온 칠십 평생과 그 사유를 여기 이토록 지혜로이 집약해 놓았으니, 다른 곳에 갈 까닭이 없다. 머리와 손 사이에 이 책을 하나의 가교로 놓고 싶은 이유다.

2014. 12.

우석영

찾아보기

ㄱ

가스 파이프라인 91~95
감축, 재활용, 재순환 53~55
개구리 21~23
거니(손자) 267~68
건강
    개인 미용 제품 243~46, 247~48
    계속 활동하기 257~61
    야외 활동 261~63
    운동 269
    유전병 250
    자전거와 건강 60~61
    타르 샌드 87~88
    풍력으로 인한 영향 81~82
    환경과 건강 241~43
걷기 56~57
게놈 연구 249~51
『경이의 감각』 264~65
경제 139~42, 148~50
경제 위기 100, 128~29, 137~38, 259
경제 패러다임 124~27
경제성장 127~30, 278~79
고래 43~46, 204~06
곰 16, 19, 39~41, 45
공격적 외래종 16, 36~38
공격적 외래종 식물 36~38
공룡 299~100
과일 211~14
과학
    과학 기금 111~13
    과학과 정치인 117~19
    과학을 거부하는 정치인들 117~19
    과학의 오용 299
    기후변화의 위험 155~58
    새로운 과학 108~10, 111~13
    할리우드와 과학 120~122
교토 의정서 77, 143, 159, 290
구글 83, 199~101
구자우(하이다 족 지도자) 38~39
『국립 과학학회 활동』 42, 175, 231
국제 연합(UN)
    기후변화 다자간 협약(IPCC) 162, 164
    기후변화협약(UNFCCC) 159, 169
    밀레니엄 생태계 평가 137
    삼림 관리 254~57
    생물다양성 협약 37
    생물다양성의 해 19~20
    세계환경발전위원회 109
    세계식량기구(FAO) 191~92, 225~28
    인종차별 철폐 위원회 102
    지구 정상회의 168, 197
    환경 프로그램 190, 191~92
국제자연보호연맹(IUCN) 16~17, 23, 237
규제 실패 100~103
그레이트 베어 레인 포레스트 26, 39
그리스트(grist.org) 139, 215~16
그린벨트 137
금융 구제 130~133
기업 혁신 206
기후변화
    경제적 광기 148~50
    과학 118~19
    과학과 기후변화의 위협 155~58
    기후변화 비용 132
    도시 거주와 온실가스 56
    물과 기후변화 176~79
    부인론과 음모론 163~65
    생물종 멸절 50
    인간유래 기후변화 158~61, 183
    카리부 개체수와 기후변화 15
    탄소 포집 103~06
    포유류 멸종과 기후변화 16

해양 생물 186~88
해양과 기후변화 192
기후변화 다자간 협약(IPCC) 20, 50, 155~58, 159, 162~63, 171
길리언 디콘 248

ㄴ

나노테크놀로지 105
나무 포옹자 171
나비 29~32
나오미 오레스케스 159, 180
나탈리 포트만 120~21, 122
낸시 터너 217
노스웨스트 테리토리 34, 135
녹색 여왕 307
녹색으로 가는 길 293~96
농업 214~17, 280, 301
뉴질랜드 19, 301

ㄷ

다니엘 폴리 234
다니카 맥켈러 121
『당신의 립스틱에는 납이 있다』 248
데이비드 렐만 241
데이비드 부데스쿠 155~58
데이비드 쉰들러 178, 253
데이비드 스즈키 재단 44, 134, 146, 199, 224, 229, 248
떼죽음 49~51
도라 앤 밀스 82
도시 거주 56~59
『돌묵상어: BC 주 유순한 거인들의 피살』 208
독일 에너지 송전망 77~80
드네 족 35
DDT 105, 174, 212, 297
디에틸프탈레이트(DEP) 245
딘 와이어트 40

딥워터 호라이즌 72, 89, 94, 97~98

ㄹ

러시아 48, 75
레이 앤더슨 116
레이첼 매도우 99
레이첼 카슨 174, 264~66
로스 클레인 202
로카보리즘 223~25
롤 모델 268
루비콘 호수 인디언 공동체 100~102
리사 잭슨 182
리처드 루브 261
린드세이 쿨터 307
릴리아나 라발레 215

ㅁ

마르코 피조 24
마시에 키버 203
마이클 만 160, 162
마이클 자히 차펠 215
마이클 톰슨 59
마이클 폴란 213
마틴 블레이저 242
만두비 나무 24~26
말론 루이스 183
머커 24~26
먹이사슬 19, 50
메시 에너지 92
메탄 배출 54
메티스 족 33, 217
멕시코 만 72, 87, 89, 94, 205
멕시코 만 석유 유출 72, 87, 89, 94, 97~98, 205
멸종 16~18, 21~23, 47~48, 49~51, 168, 186~88
멸종위기종 32, 204, 208
멸종위기종 보호법(SARA) 32, 44, 208

몬산토 211~12, 219, 220
『문명의 붕괴』 289
물 176~79, 252~54
미국
    공공 재산 판매 91~94
    과학과 정치인 117~19
    국립연구위원회 110
    금융 구제 131~32
    내무부 252
    물 252
    부시 행정부 91
    상원의원 158~59
    쓰레기와 재순환 53~55
    어류·야생동물국 17
    이산화탄소 57~58
    청정수 법 245
    해양대기청 183
    환경보호국(EPA) 119, 182
『미래를 먹는 이들』 289
미생물 241~43
밀크위드 30~31

ㅂ

바버라 매클린톡 113
발전을 위한 농업적 지식, 과학, 기술의
    국제적 평가 221
밴쿠버(브리티시컬럼비아 주) 28, 36, 56,
    58, 61, 66
밴프 스프링스 달팽이 45
버락 오바마 92, 103
벌 26~29, 136
벌목 25, 45, 133~35, 167, 170, 219, 292,
    303
베리 136, 217~20
보리스 웜 183
보퍼트 해 50, 197
부인론자 161~63
북부 삼림 생태계 32~35, 86, 218, 255

북태평양 연안 통합관리지역(PNCIMA)
    25~26, 197
붉은 날개 블랙버드 49
브라이언 기스본 208
브레턴우즈(뉴햄프셔 주) 125~27
브리짓 스터츠베리 226
브리티시컬럼비아
    돌묵상어 207~08
    벌 136
    얼룩 부엉이 서식지 135
    연어 231~32
    정어리 어업 235~36
    카리부 개체수 25, 33~34
    트랜스미션 코퍼레이션 172
    포상 사냥 38~41
    하이드로 172
브리티시 페트롤럼(BP) 87, 89, 94, 95
블루베리 136, 218~19
블루핀 참치 236~39
BBC 199
비전(제초제) 219
BPA 117~18
빌 매키번 172

ㅅ

사냥 38~40, 41~43
〈사물의 자연〉 292, 302
사이먼 루이스 162~63
산호초 187
살리에 발리우나스 160
살충제 22~23, 27
상하이 털게 36
생물다양성 18~21, 37, 168, 256
생물부양능력 109
생물종 감소 18~21, 47
생물중심주의 125
생태계 25~26, 45, 135~38, 189~91,
    194~99, 241~43

생태관광 산업 40
생태발자국 109, 280
서구 기후 계획 178, 254
서식지 27, 43, 45, 133
서식지 손실과 손상 16, 22, 27~28, 45, 168
석유수출국기구(OPEC) 78~79
석유·가스 개발 33, 169, 256
석유·가스 산업 91, 94~97
석유 산업 20, 78, 83~91
석유 시추 94~97
석유 유출 94, 97~98
석탄 채광 139~40
성장호르몬 212
『성장 없이 나아가기: 재난이 아니라 디자인으로 속도 낮추기』 128, 279
세계 야생동물기금 31, 48
세계화 37, 223, 238, 263
세번 쿨리스 스즈키 268, 271~72
셔우드 롤런드 180~81
소비문화 53, 197~98, 295, 305~06
수분매개자 27, 136
수산식품발달국 234
수산업 관리
수확 217~20
숲
    관리 218, 254~57
    보존 133~36
    보호 168~70
    서식지 손실 25, 33~34
    지구고온화와 숲 166~68
    카리부 서식지 손실과 숲 33~34
스마트스택스 220, 221
스콧 윌러스 208, 233
스탠리 파크 36, 38
스턴 경 132, 148
스티븐 칵프위 35
스티븐 하퍼 74, 86, 103, 175, 278, 303
스포츠 사냥 38~41

스포캔(워싱턴 주) 293~94
스푸트니크 1호 117, 277
쓰레기 53~56
쓰레기 폐기 53~56, 189, 201~203
「식량 안보와 생물다양성: 우리는 둘 다 가질 수 있나?」 215
식물성 플랑크톤 182~84
식품 생산
실비아 얼 199

ㅇ

아마존 우림 302
아킴 슈타이너 180
아트 스테릿 40
알렉 루루즈 271
알렉스 로저스 187
암반 박테리아 104, 176
앤드루 니키포럭 83, 140~41
앤드루 위버 165, 171
앤디 팰만 64
앨 고어 80
앨리슨 윌슨 251
앨버타 주 34, 69, 83, 86, 96, 100~102, 103~06
야생 베리 채취 217~20
야생생물 19, 25~26, 49~51, 82
야외 활동과 어린이 261~63
양서류 21~23
양식업 230~33
어린 시절의 교훈 310~13
얼룩 부엉이 서식지 135
에너지 57, 77~80, 80~82, 171~73, 309~10
에드워드 윌슨 50, 262, 274
에른스트 미쇼 60
에릭 콘웨이 180
에즈라 레반트 86, 87~88
엑손 모빌 87, 97, 158, 159~60

엔리크 페날로사 61
엘리엇 콜맨 215~16
역청 83~87
언어 18, 42, 230~33
영국 66, 235
오염 16, 53, 69, 81~82, 186, 201~202, 244, 293~94
오존층 합의 179~82
온실가스 53~57, 69, 73, 86, 87, 147, 169~70
외래종 36~38
우라늄 74~77
우화 302~04
운동 269
워커톤(온타리오 주) 253
원주민 33, 39~40, 217
웨이드 데이비스 291
윌리 순 158~59, 160~61
UNESCO의 정부 간 해양학 위원회 192
유람선 산업 201~203
유럽 금융 구제 131~32
유럽 연합(EU) 61, 143, 246
유럽위원회 76, 245
유산 강의 305
유전자 변형 식품 212, 220~23
유전자 변형 유기체 221~23
유전자 조작 유기체 105
유전학 112, 249~51
유타 주 91~92
『윤리적 석유』 86
『음식을 옹호하며』 213
이산화탄소 57, 103, 166, 189, 191~93
이솝 우화 302
인간유래 기후변화 158~61, 183
인간유래 지구고온화 141, 142, 163~64, 220~21
인간의 이동 37~38
인간중심주의 125
인구 증가 274~76
인류 시대 114, 288
일본 72~74, 236~38
일본의 지진 위기 72~74
임업 33
『의심의 상인』 159

ㅈ

자동차 52~53, 57~58, 65~70, 258~59
자동차 중심 도시 지역 52~53, 57~58
자연
  상품과 서비스 136~39
  자연의 가치 126~27, 129
  자연의 한계 151~53
  집에서 자연과 함께 279~82
자연 부족 질환 263
자연재해 296~99
자원 착취 140~51
자전거 56, 59~62, 63~65
재난 베니어스 114~15
재레드 다이아몬드 289
재생 가능 에너지 77~80, 171~73
정부
  공공 재산 판매 91~94
  블루핀 참치 어업 238~39
  생태계 기반 관리법 198~98
  수자원 보존 254
  은행 규제 100
정어리 233~36
정치 혁신 206
정치 담론 142
정치경제 연구소 64
제인 스마트 17
제임스 인호페 119
제임스 한센 145
제초제 219
조너선 래덤 251
조지 몬비오 68, 149~50

조지 앤틸 120
조지 월드 299~300
존 베일런트 47, 48
존 카레이 177
존 행크 199
중국 61, 68, 70
지구 정상회의 268, 271, 290
지구고온화 22~23, 141~42, 142~48, 163~70, 171~73, 179~82, 187, 220
지구저온화 165
지속 가능성 과학 109~10
『지속 가능한 공동체를 위한 일곱 가지 규칙: 탄소 이후 세계를 위한 디자인 전략들』 57
지속 가능한 발전 109
지속 가능한 수산식품 229~30
지역산 먹을거리 생산 223~25
진화상의 변화와 사냥 42
질소 사이클 288

ㅊ

찰스 그린우드 69
채광 33, 45, 139~40
채소 211~14
체르노빌 74~75
초대형 유조선 95~97
『침묵의 봄』 174

ㅋ

카리부 25, 32~35, 108
캐나다
　과학과 정치인 117~19
　대서양 연안 캐나다 19
　보건부 117~18, 245
　북대서양 수염고래 43~46
　삼림 보호 134~35, 255~57
　석유 달러 91
　수산해양부 44, 197
　쓰레기와 재순환 53~55
　유전자 변형 식품 220~21
　이산화탄소 56~58
　자전거 사용 61
　카리부 32~35
　탄소 포집(CCS) 103~06
　핵발전 75~76
　환경부 36, 177
캐나다 멸종위험 야생생물 상태 위원회(COSEWIC) 204, 209
커피 225~28
케네스 쿠치넬리 118
코치-엑손-스카이페 159
퀘벡 34
퀸 오브 더 노스 96
크리스마스 305~07
기후 게이트 119, 160, 162
키트리드(균류) 22~23

ㅌ

타르 샌드 83~85, 86~88, 140~41
『타르 샌드: 더러운 석유와 어느 대륙의 미래』 83, 140~41
타이거 우즈 46
탄소
　관리 책임 169~70
　옵셋과 지구고온화 142~45
　카본 싱크 166~67
　탄소 포집 103~06, 193
　탄소세 145~48, 295
태양에너지 308~09
테크놀로지 174~76, 296~99
템스 강 36
토레이 캐넌 94
투칸 24~26
툴리스 온스톳 104~05
트랜스캐나다 코퍼레이션 100, 102
팀 드크리스토퍼 91~94

팀 플래너리 289

ㅍ

파울 크루첸 288
파이살 물라 219
파이프라인 91~95
패트리시오 베르날 192
패트릭 콘던 57, 58~59
포상 사냥 38~41
포식 25, 41
포장 54
폴 르페이지 117
폴 밀러 105
폴 킹스노스 149~50
풍력 80~82
프탈레이트 245
플라스틱 쓰레기 190~91, 194, 205
피터 맨스브리지 303
피터 빅터 128, 279
피터 켄트 86

ㅎ

하이다 과이 26, 257
하젤 헨더슨 130
학교 264~66
학교와 어린이 264~66
할리우드 120~122
해양 생태계
  구글 199~101
  돌목상어 207~09
  산성화 186~88, 194~96
  인간과 해양 생태계 189~91
  죽음의 구역 215
  탄소 192
  플라스틱 쓰레기 191~91, 194~95, 205
  해양 생물 멸종 186~88
  해양 생태계 보호 194~96
  흰돌고래 204~06

해양의 상태에 관한 국제 프로그램(IPSO) 186
핵발전 74~77
핵연료 72~74
향수 244, 246~49
헤디 라마 120
헤르만 셰어 77~79
헴프(삼) 섬유 69
호랑이 46~49
『타이거: 복수와 생존을 둘러싼 신화』 47
화석 연료 72~74, 131, 192
화석 연료 산업 88~91, 91~94, 159, 184
화장품 산업 247~48
화학물질 186~88
환경
  경제와 환경 139~142
  녹색으로 가는 길 293~96
  환경 배우기 265~66
  환경 위기 148~50
  환경과 어린이 270~72
  환경보호 151~52, 228~30, 241~43
  환경에 대한 이해 290~93
  환경주의자 273, 282~84, 285~87
후쿠시마 제1 핵발전소 72

태양 아래 모든 것

초판1쇄 인쇄 2016년 4월 15일
초판1쇄 발행 2016년 4월 22일

지은이 데이비드 스즈키, 이언 해닝턴
옮긴이 우석영
펴낸이 김수영
펴낸곳 로도스출판사

출판등록 2011년 2월 22일 제307-2013-56호
주소 서울시 성북구 동소문로 118 플라망스타워 1105호
전화 02-3147-0420~0421
팩스 02-3147-0422
이메일 rhodosbooks@naver.com

© 로도스, 2016, Printed in Seoul, Korea.

ISBN 979-11-85295-19-0 03400

값은 뒤 표지에 있습니다.
잘못된 책은 바꿔드립니다.